CB141288

CONTABILIDADE GERAL

NA MEDIDA CERTA PARA CONCURSOS

abdr
ASSOCIAÇÃO BRASILEIRA DE DIREITOS REPROGRÁFICOS
Respeite o direito autoral

Alexandre Ogata

CONTABILIDADE GERAL

NA MEDIDA CERTA PARA CONCURSOS

6ª edição
revista e atualizada

2026

EDITORA JusPODIVM
www.editorajuspodivm.com.br

EDITORA *Jus*PODIVM
www.editorajuspodivm.com.br

Rua Canuto Saraiva, 131 – Mooca – CEP: 03113-010 – São Paulo – São Paulo
Tel: (11) 3582.5757
• Contato: https://www.editorajuspodivm.com.br/central-de-relacionamento

Copyright: Edições *Jus*PODIVM

Diagramação: Equipe *Jus*PODIVM

Capa: Ana Caquetti

O34c Ogata, Alexandre
Contabilidade Geral na Medida Certa para Concursos / Alexandre Ogata – 6. ed., rev., atual. e ampl. – São Paulo: Editora JusPodivm, 2025.
312 p.

ISBN: 978-85-442-6518-5.

1. Contabilidade Geral. 2. Concurso Público. I. Ogata, Alexandre. II. Título.

CDD 342.219

BIBLIOTECÁRIA RESPONSÁVEL

Ana Carolina Ribeiro Mois – CRB7 – RJ 007348/0

Todos os direitos desta edição reservados a Edições *Jus*PODIVM.

É terminantemente proibida a reprodução total ou parcial desta obra, por qualquer meio ou processo, sem a expressa autorização do autor e das Edições *Jus*PODIVM. A violação dos direitos autorais caracteriza crime descrito na legislação em vigor, sem prejuízo das sanções civis cabíveis.

APRESENTAÇÃO

Bem-vindo ao livro *Contabilidade Geral na Medida Certa para Concursos.*

Esta obra de Contabilidade Geral foi cuidadosamente elaborada para atender às necessidades de candidatos que se preparam para provas de concursos públicos. O livro foi escrito com o objetivo de proporcionar um estudo conciso e completo, sem perder a profundidade necessária para a compreensão plena da matéria.

A Contabilidade Geral é uma disciplina cobrada em diversos concursos públicos e exige um conhecimento sólido e atualizado. Pensando nisso, este livro foi estruturado de maneira a facilitar o aprendizado e a revisão dos principais tópicos cobrados em provas, oferecendo uma abordagem clara e direta, que simplifica conceitos complexos e destaca os pontos mais relevantes.

Além de apresentar a teoria de forma acessível, o livro inclui exemplos práticos e dicas valiosas para otimizar o estudo e melhorar o desempenho nas provas. Com uma linguagem didática e objetiva, esta obra é um recurso indispensável para quem busca uma preparação eficiente e eficaz.

Acredite no seu potencial e conte com o livro *Contabilidade Geral na Medida Certa para Concursos,* para alcançar seus objetivos e conquistar a aprovação.

Boa leitura e bons estudos!

SUMÁRIO

Capítulo 13

Capítulo 14

Capítulo

1

CONCEITO DE CONTABILIDADE E PATRIMÔNIO

1. CONCEITO

O 1º Congresso Brasileiro de Contabilidade, realizado no Rio de Janeiro, em 1924, definiu Contabilidade como "a ciência que estuda e pratica as funções de orientação, de controle e de registro relativos à administração econômica".

Conforme CLÓVIS LUÍS PADOVEZE (2012, p 3), Contabilidade é "o sistema de informação que controla o patrimônio de uma entidade".

A **Contabilidade** é uma ciência social aplicada e tem como **objeto** de estudo o **patrimônio de uma entidade**.

O patrimônio é o conjunto de bens, direitos e obrigações de uma entidade.

A entidade que administra o patrimônio pode ser uma pessoa física ou jurídica. A pessoa jurídica pode ter fins lucrativos, caso das empresas, ou não ter finalidade lucrativa, como uma associação ou entidade de classe.

A finalidade da Contabilidade é fornecer a seus usuários informações sobre a situação do patrimônio da entidade.

Os usuários da informação contábil podem ser tanto internos como externos. Os usuários internos estão ligados à administração da empresa, tais como, os sócios, os acionistas majoritários, os administradores, os diretores. Os usuários externos têm interesse indireto, como os investidores, os bancos, os credores, os fornecedores, os clientes, os empregados, o Governo.

2. TÉCNICAS CONTÁBEIS

Para atingir sua finalidade, a Contabilidade utiliza as seguintes técnicas: Escrituração, Demonstrações Contábeis, Análise de Balanços e Auditoria.

2.1. Escrituração

Técnica contábil utilizada para registrar todos os fatos que afetam o patrimônio de uma entidade qualitativamente ou quantitativamente. É efetuada através de lançamentos em livros contábeis como o Diário e o Razão.

2.2. Demonstrações contábeis

São relatórios, elaborados ao final de um período, para apresentação de informações contábeis de forma sintética. Segundo a Lei nº 6.404/76, as demonstrações contábeis obrigatórias para as sociedades por ações são: balanço patrimonial, demonstração do resultado do exercício, demonstração dos lucros ou prejuízos acumulados, demonstração dos fluxos de caixa e, se companhia aberta, demonstração do valor adicionado.

2.3. Análise de balanços

Técnica contábil que consiste na decomposição, comparação e interpretação do conteúdo das demonstrações contábeis, para avaliar a situação do patrimônio e dos resultados econômicos da entidade.

2.4. Auditoria

Técnica contábil que tem por objetivo a verificação de todos os procedimentos adotados pela Contabilidade, visando avaliar a adequação e a veracidade das informações. De acordo com FRANCO e MARRA (2001, p. 28), a auditoria "compreende o exame de documentos, livros e registros, inspeções e obtenção de informações e confirmações, internas e externas, relacionados com o controle do patrimônio, objetivando mensurar a exatidão desses registros e das demonstrações contábeis dele decorrentes".

3. PATRIMÔNIO

O objeto de estudo da Contabilidade é o patrimônio de uma entidade, que consiste no conjunto de bens, direitos e obrigações com terceiros, pertencentes a uma pessoa física, a um conjunto de pessoas físicas ou a uma pessoa jurídica, independentemente da finalidade lucrativa ou não. Para ser objeto de estudo da Contabilidade, o patrimônio deve ser autônomo em relação aos demais patrimônios existentes.

A Contabilidade estuda o patrimônio em seus aspectos quantitativos e qualitativos.

O aspecto qualitativo refere-se à natureza dos elementos que compõem o patrimônio. Exemplo: dinheiro, valores a receber, valores a pagar, máquinas, estoques de mercadorias.

O aspecto quantitativo diz respeito à expressão do valor em moeda de cada item patrimonial.

A riqueza da entidade é representada pelo Patrimônio Líquido, o qual é obtido pela diferença entre os valores positivos (bens e direitos) e negativos (obrigações):

(Bens + Direitos) – (Obrigações) = Patrimônio Líquido

A igualdade demonstrada acima é conhecida como equação básica da Contabilidade.

Bens são coisas úteis às pessoas e avaliáveis economicamente. Podem ter substância física ou serem incorpóreos. Exemplos: moeda, estoques de mercadorias, prédios, máquinas, marcas, patentes etc.

Direitos abrangem os valores a serem recebidos de terceiros e os valores de propriedade da entidade que estão em posse de terceiros. Exemplos: duplicatas a receber, valores a receber de clientes, cheques pré-datados, tributos a recuperar, adiantamento a empregados, adiantamento a fornecedores, empréstimo concedido.

Obrigações representam dívidas ou compromissos assumidos perante terceiros, bem como bens de terceiros em posse da entidade. São exemplos: contas a pagar, financiamentos bancários, impostos a recolher, adiantamentos de clientes, receitas antecipadas para entrega futura de bens ou serviços etc.

Patrimônio Líquido é o resultado da soma dos bens e direitos menos as obrigações da entidade. Corresponde aos valores que os sócios ou acionistas têm na empresa.

3.1. Representação gráfica do patrimônio

Partindo da equação básica da contabilidade, ao se transferir as obrigações do lado esquerdo para o lado direito da igualdade, tem-se a seguinte representação:

Bens + Direitos = Patrimônio Líquido +Obrigações

A equação apresentada dessa forma mostra um equilíbrio entre o lado esquerdo (bens e direitos) e o lado direito (obrigações e patrimônio líquido). O Patrimônio pode ser representado graficamente no seguinte formato denominado Balanço Patrimonial:

<table>
<tr><th>ATIVO</th><th>PASSIVO</th><th></th></tr>
<tr><td rowspan="2">Bens
e
Direitos</td><td>Passivo Exigível
(Obrigações)</td><td>Capital
de Terceiros</td></tr>
<tr><td>Patrimônio
Líquido</td><td>Capital Próprio</td></tr>
</table>

Aplicações de Recursos **Origens de Recursos**

O **conjunto de bens e direitos é conhecido como Ativo** e figura no lado esquerdo do gráfico.

O **Ativo representa as aplicações de recursos** provenientes de investimentos dos sócios ou acionistas e de recursos de terceiros (dívidas ou obrigações).

O Passivo Exigível (obrigações com terceiros) e o Patrimônio Líquido (obrigações com os sócios) formam o Passivo, sendo apresentados no lado direito do gráfico. Portanto, o Passivo é formado pelo Passivo Exigível e pelo Patrimônio Líquido e representa as origens dos recursos aplicados no Ativo.

As obrigações com terceiros constituem o Passivo Exigível. Este também é denominado Capital de Terceiros ou Passivo Real.

O Patrimônio Líquido também é denominado Situação Líquida ou Capital Próprio. Basicamente o Patrimônio Líquido é formado pelos valores investidos pelos sócios ou acionistas na empresa e pelo saldo remanescente dos lucros ou prejuízos acumulados ao longo do tempo e ainda não distribuídos. SÉRGIO DE IUDÍCIBUS et al (2010, p 19) definem "Patrimônio Líquido como a diferença entre o valor do Ativo e do Passivo de uma entidade, em determinado momento". É considerado uma obrigação com os sócios ou acionistas, porém não é exigível como as obrigações com terceiros.

Às vezes o termo Passivo é utilizado como sinônimo de Passivo Exigível, referindo-se apenas às obrigações com terceiros. Nesse caso, o termo Passivo Total é adotado para se referir ao lado direito do gráfico (soma do Passivo Exigível e do Patrimônio Líquido).

3.2. Situações patrimoniais

O Patrimônio Líquido pode assumir diversas situações, dependendo do valor do Ativo e do Passivo Exigível, conforme demonstrado a seguir:

1ª) Situação Líquida Positiva, Favorável ou Superavitária

O valor do ativo é superior ao valor do passivo exigível (A > PE), sendo PL >0. É a situação que ocorre com mais frequência.:

<table>
<tr><td rowspan="2">A</td><td>PE</td></tr>
<tr><td>PL</td></tr>
</table>

A = PE + PL

A – PE = PL

2ª) Situação Líquida Plena ou Propriedade Total dos Ativos.

O passivo exigível é inexistente, uma vez que não há obrigações a pagar. Geralmente ocorre no início das atividades da empresa e no encerramento de suas operações. Nesse último caso, após o pagamento de todas as dívidas e antes da partilha do ativo remanescente entre os sócios.

A	PL

A = PL

3ª) Situação Líquida Negativa, Desfavorável, Deficitária, Capital Próprio Negativo ou Passivo a Descoberto

O ativo é inferior ao passivo exigível (A < PE). A venda de todos os bens e direitos da empresa seria insuficiente para cobrir o valor das obrigações. Logo, o patrimônio líquido é negativo (PL < 0). Essa situação também é denominada Passivo a Descoberto.

A	PE
PL	

A + PL = PE

PE – A = PL

4ª) Situação de Inexistência de Ativos

O passivo está totalmente descoberto. Os recursos gerados pela venda de todos os bens e direitos foram totalmente consumidos com o pagamento de parte das obrigações com terceiros, mas ainda restaram dívidas não quitadas. Quando essa situação ocorre, a empresa está em situação falimentar.

PL	PE

PE = PL

5ª) Situação Líquida Nula ou Compensada ou Equilíbrio Aparente ou Ausência de Capital Próprio

O valor da soma dos bens e dos direitos equivale ao valor das obrigações. O ativo é igual ao passivo exigível (A = PE). Nessa situação, o patrimônio líquido é nulo (PL = 0):

A	PE

A = PE

A seguir são apresentados exemplos de diversas operações, com a elaboração sucessiva de balanços patrimoniais após cada uma delas, de forma a ilustrar as diferentes situações líquidas:

1ª Operação – Constituição da empresa, com investimento inicial de R$ 100.000,00 pelos sócios, com a integralização do Capital Social, em dinheiro:

ATIVO		PATRIMÔNIO LÍQUIDO	
Caixa	100.000,00	Capital Social	100.000,00

TOTAL 100.000,00 TOTAL 100.000,00

Situação Líquida Plena ou Propriedade Total dos Ativos

2ª operação – Compra de estoque de mercadorias no valor de R$ 75.000, com parte do pagamento à vista, em dinheiro, no valor de R$ 45.000,00 e o restante para pagamento a prazo:

ATIVO		PASSIVO	
Caixa	55.000,00	Fornecedores	30.000,00
Estoque	75.000,00		
		PATRIMÔNIO LÍQUIDO	
		Capital Social	100.000,00

TOTAL 130.000,00 TOTAL 130.000,00

Situação Líquida Positiva, Favorável ou Superavitária

3ª operação – Prestação de Serviços no valor de R$ 25.000, com recebimento à vista, em dinheiro.

A prestação de serviços representa uma receita. Ao fim do período, é feita a apuração do resultado pela diferença entre receitas e despesas: haverá lucro (se as receitas forem superiores às despesas) ou prejuízo (caso as despesas sejam superiores às receitas). O lucro ou prejuízo apurado é transferido para o Patrimônio Líquido, na conta Lucros ou Prejuízos Acumulados.

ATIVO		PASSIVO	
Caixa	80.000,00	Fornecedores	30.000,00
Estoque	75.000,00		
		PATRIMÔNIO LÍQUIDO	
		Capital Social	100.000,00
		Lucros Acumulados	25.000,00
			125.000,00
TOTAL	155.000,00	TOTAL	155.000,00

Situação Líquida Positiva, Favorável ou Superavitária

Atenção

As receitas e as despesas não fazem parte diretamente da equação patrimonial, mas o resultado delas (lucro ou prejuízo) é transferido para a conta Lucros ou Prejuízos Acumulados do Patrimônio Líquido, alterando-o. Por isso, as receitas e as despesas são os principais elementos que alteram o valor total do Patrimônio Líquido.

4ª operação – Pagamento de R$ 10.000,00 referente a aluguel do período

O aluguel representa uma despesa. Como não houve outras despesas ou receitas no período, o resultado apurado foi um prejuízo no valor de R$ 10.000,00. Esse valor negativo será transferido para a conta Lucros Acumulados, que possuía um saldo anterior positivo de R$ 25.000,00. Portanto o saldo atual da conta Lucros Acumulados passou a ser de R$ 15.000,00.

ATIVO		PASSIVO	
Caixa	70.000,00	Fornecedores	30.000,00
Estoque	75.000,00		
		PATRIMÔNIO LÍQUIDO	
		Capital Social	100.000,00
		Lucros Acumulados	15.000,00
			115.000.00
TOTAL	145.000,00	TOTAL	145.000,00

Situação Líquida Positiva, Favorável ou Superavitária

5ª operação – Reconhecimento de despesas de salários de R$ 115.000,00 referentes ao período, mas ainda não pagos.

Os salários representam despesas independentemente de terem sido pagos ou não. No exemplo, essa despesa não foi paga e, por isso, irá gerar uma obrigação a ser paga no futuro (salários a pagar). Como não houve outras receitas ou despesas, o resultado é um prejuízo de R$ 115.000,00. Ao ser transferido para a conta Lucros Acumulados, que tinha um saldo anterior positivo de R$ 15.000,00, o novo saldo será R$ 100.000,00 negativo. A conta passará a ser denominada Prejuízos Acumulados.

ATIVO		PASSIVO	
Caixa	70.000,00	Fornecedores	30.000,00
Estoque	75.000,00	Salários a Pagar	115.000,00
			145.000,00
		PATRIMÔNIO LÍQUIDO	
		Capital Social	100.000,00
		Prejuízos Acumulados	(100.000,00)
			0
TOTAL	145.000,00	TOTAL	145.000,00

Situação Líquida Nula ou Compensada ou Ausência de Capital Próprio

6ª operação – Pagamento de R$ 9.000,00 referente a energia elétrica do período.

A energia elétrica do período representa uma despesa. O resultado do período é um prejuízo de R$ 9.000,00, que somado aos Prejuízos Acumulados de R$ 100.000,00, irá determinar um saldo final negativo de R$ 109.000,00.

ATIVO		PASSIVO	
Caixa	61.000,00	Fornecedores	30.000,00
Estoque	75.000,00	Salários a Pagar	115.000,00
			145.000,00
		PATRIMÔNIO LÍQUIDO	
		Capital Social	100.000,00
		Prejuízos Acumulados	(109.000,00)
			(9.000,00)
TOTAL	136.000,00	TOTAL	136.000,00

Situação Líquida Negativa, Desfavorável, Deficitária ou Passivo a Descoberto

7ª operação – Venda de todo estoque pelo preço de custo, para recebimento à vista, em dinheiro.

Não houve lucro ou prejuízo, uma vez que a venda ocorreu pelo preço de custo. Por essa razão, o saldo da conta Prejuízos Acumulados não foi alterado.

ATIVO		PASSIVO	
Caixa	136.000,00	Fornecedores	30.000,00
		Salários a Pagar	115.000,00
			145.000,00
		PATRIMÔNIO LÍQUIDO	
		Capital Social	100.000,00
		Prejuízos Acumulados	(109.000,00)
			(9.000,00)
TOTAL	136.000,00	TOTAL	136.000,00

Situação Líquida Negativa, Desfavorável, Deficitária ou Passivo a Descoberto

8ª operação – Utilização de todo caixa para pagamento parcial das obrigações.

Com a venda de todo ativo, foi gerado R$ 136.000,00 de caixa, possibilitando o pagamento de parte das dívidas. Tendo em vista a inexistência do Ativo, o Patrimônio Líquido negativo de R$ 9.000,00 foi transferido para o lado esquerdo, com inversão de sinal.

PATRIMÔNIO LÍQUIDO		PASSIVO	
Capital Social	(100.000,00)	Fornecedores	9.000,00
Prejuízos Acumulados	109.000,00		
	9.000,00		
TOTAL	9.000,00	TOTAL	9.000,00

Situação de Inexistência de Ativos

Tópico-síntese: Conceito de Contabilidade e Patrimônio	
Objeto de Estudo da Contabilidade	Patrimônio de uma entidade.
Técnicas Contábeis	Escrituração, Demonstrações Contábeis, Análise de Balanços, Auditoria.
Equação Básica da Contabilidade	Patrimônio Líquido = (Bens + Direitos) – Obrigações Patrimônio Líquido = Ativo – Passivo Exigível PL = A – PE

<table>
<tr><th colspan="2">Tópico-síntese: Conceito de Contabilidade e Patrimônio</th></tr>
<tr><td>Situações Patrimoniais</td><td>I – Situação Líquida Positiva, Situação Líquida Superavitária ou Situação Líquida Favorável
A = PE + PL
A – PE = PL
Sendo: A > PE e PL > 0

II – Situação Líquida Plena ou Propriedade Total dos Ativos
A=PL
Sendo: PE = 0

III – Situação Líquida Negativa, Situação Líquida Desfavorável, Situação Líquida Deficitária, Capital Próprio Negativo ou Passivo a Descoberto
PE = A + PL
PE – A = PL
Sendo: A < PE e PL < 0

IV – Inexistência de Ativos
PL = PE
Sendo: A = 0

V – Situação Líquida Nula, Situação Líquida Compensada, Equilíbrio Aparente ou Ausência de Capital Próprio
A = PE
Sendo: PL = 0</td></tr>
</table>

Capítulo

2

SISTEMA DE CONTAS

1. CONCEITO

Conta é o instrumento de registro no qual são registradas as variações e a posição de cada item do patrimônio. A Contabilidade utiliza contas para o registro de todos os fatos que afetam o patrimônio da entidade.

Há contas que registram os bens, os direitos, as obrigações e o patrimônio líquido. Há também contas para registro das receitas e despesas da empresa e que permitem a apuração do lucro ou prejuízo do período.

Em cada conta são registrados fatos de igual natureza. Assim, por exemplo, há uma conta para registrar entradas e saídas de depósitos bancários, outra conta para registrar obrigações com fornecedores, uma conta para o registro da despesa de energia elétrica etc.

A quantidade de contas utilizadas na Contabilidade é enorme e varia conforme a atividade da empresa. A seguir são apresentadas, a título de exemplo, algumas contas comumente usadas:

CONTAS DE ATIVO	
Caixa	registra os pagamentos e os recebimentos em dinheiro ou cheques ainda não depositados
Bancos Conta Movimento	registra depósitos, saques e compensações de cheques em contas correntes da empresa

Duplicatas a Receber	registra valores a receber, através de duplicatas, decorrentes de vendas a prazo da empresa
Estoque de Mercadorias	registra as mercadorias para revenda existentes no estoque da empresa
Veículos	registra os veículos da empresa

CONTAS DE PASSIVO	
Duplicatas a Pagar	registra as dívidas da empresa decorrentes de compras a prazo
Salários a Pagar	registra as obrigações de pagamento de salários aos funcionários da empresa
Empréstimos Bancários	registra os empréstimos contraídos pela empresa junto a bancos
CONTAS DE PATRIMÔNIO LÍQUIDO	
Capital Social	registra o investimento feito na empresa pelos sócios/acionistas da empresa
Lucros ou Prejuízos Acumulados	registra os resultados positivos ou negativos da empresa em períodos anteriores e ainda não distribuídos ou absorvidos
CONTAS DE RECEITAS	
Receita de Vendas	registra as vendas da empresa
Aluguéis Ativos	registra as receitas decorrentes de aluguel de imóveis de propriedade da empresa
Juros Ativos	registra receitas de juros decorrentes de empréstimos concedidos pela empresa ou de atrasos em recebimentos de devedores
CONTAS DE DESPESAS	
Salários	registra as despesas da empresa com salários
Juros Passivos	registra despesas de juros decorrentes de empréstimos contraídos pela empresa ou de atrasos em pagamentos a credores

2. TEORIA DAS CONTAS

Ao longo do desenvolvimento da Contabilidade surgiram várias teorias das contas. Três dessas teorias destacaram-se: Teoria Personalística, Teoria Materialística e Teoria Patrimonialista.

2.1. Teoria Personalística (ou personalista)

Essa teoria preconiza que cada conta representa uma pessoa. As relações entre as diferentes pessoas geram débitos e créditos recíprocos. Dessa forma, o débito de uma pessoa representa uma dívida perante a empresa. Já o crédito representa um direito da pessoa contra a empresa. As contas são divididas em:

- **CONTAS DOS AGENTES CONSIGNATÁRIOS:** Registram os bens da empresa. Assim, a conta Caixa representa a pessoa que, ao receber o dinheiro da empresa, será debitada devido à obrigação de devolver à empresa o valor recebido; ao efetuar um pagamento, o valor do seu débito perante a empresa diminuirá e, por isso, será creditada pelo valor desse desembolso.
- **CONTAS DOS AGENTES CORRESPONDENTES:** Abrangem as contas que representam os direitos e as obrigações da empresa.

  Exemplo 1: a conta Clientes representa uma pessoa que adquiriu bens a prazo. No momento da aquisição do bem foi registrado seu débito perante a empresa; ao efetuar um pagamento (e diminuir sua dívida), esta pessoa recebe o crédito do valor.

  Exemplo 2: a conta Empréstimos representa uma pessoa credora da empresa, sendo creditada ao conceder o empréstimo; ao receber um pagamento da empresa relativo ao empréstimo, essa pessoa diminui o saldo do crédito (ou seja, é registrado um débito na conta).
- **CONTAS DOS PROPRIETÁRIOS:** Abrangem as contas do Patrimônio Líquido, de receitas e de despesas. O Patrimônio Líquido representa o valor que o proprietário tem direito na empresa. A diferença entre as receitas e as despesas é o resultado do período, que por sua vez é transferido para a conta de Lucros ou Prejuízos Acumulados no Patrimônio Líquido. Ou seja, quando o Patrimônio Líquido aumenta (pelo surgimento de uma receita, por exemplo), ocorre um crédito do proprietário. Contrariamente, quando o Patrimônio Líquido diminui (pela ocorrência de uma despesa, por exemplo), ocorre um débito do proprietário.

2.2. Teoria materialística (ou materialista)

Por esta teoria, as contas representam simples entradas e saídas de valores positivos e negativos. As contas são divididas nos seguintes grupos:

CONTAS INTEGRAIS: Podem ser positivas (bens e direitos) ou negativas (obrigações). São as contas representativas do Ativo e do Passivo Exigível.

CONTAS DIFERENCIAIS: Representam as modificações da situação líquida. Abrangem as contas representativas do Patrimônio Líquido, das receitas e das despesas.

2.3. Teoria patrimonialista

É a **teoria vigente nos dias atuais**. Classifica as contas nos seguintes grupos:

- **CONTAS PATRIMONIAIS:** Representam bens, direitos e obrigações. Englobam as contas do Ativo, do Passivo e do Patrimônio Líquido.
- **CONTAS DE RESULTADO:** Representam as receitas e as despesas. Ao final do período estas contas são encerradas para a apuração do resultado do exercício, que por sua vez é transferido para o Patrimônio Líquido, na conta Lucros ou Prejuízos Acumulados.

2.4. Quadro comparativo das teorias

<table>
<tr><th></th><th>Personalista</th><th>Materialista</th><th>Patrimonialista</th></tr>
<tr><td>Bens</td><td>Agentes Consignatários</td><td rowspan="3">Integrais</td><td rowspan="4">Patrimoniais</td></tr>
<tr><td>Direitos</td><td rowspan="2">Agentes Correspondentes</td></tr>
<tr><td>Obrigações</td></tr>
<tr><td>Patrimônio Líquido</td><td rowspan="3">Proprietário</td><td rowspan="3">Diferenciais</td></tr>
<tr><td>Receitas</td><td rowspan="2">Resultado</td></tr>
<tr><td>Despesas</td></tr>
</table>

3. FUNCIONAMENTO DAS CONTAS

O saldo das contas pode ter natureza credora ou devedora.

Contas do **ativo** e contas de **despesas**: **saldo devedor.**

Contas do **passivo**, do **patrimônio líquido** e de **receitas**: **saldo credor.**

A lógica de funcionamento das contas é idêntica à da Teoria Personalística. Por exemplo, quando a empresa adquire mercadorias à vista, é feito um lançamento a débito na conta Mercadorias (a pessoa responsável pelas Mercadorias ficou devendo o valor para a empresa) e a conta Caixa é lançada a crédito (o responsável pelo Caixa diminuiu o débito com a empresa ao entregar o dinheiro para o pagamento). De outra forma, se a mesma compra fosse realizada a prazo, permaneceria o mesmo lançamento a débito na conta Mercadorias. Porém, o valor é lançado a crédito de Fornecedores, decorrente da dívida a ser paga pela empresa no futuro.

Na verdade, o funcionamento das contas é baseado na Teoria dos Recursos: um **débito significa uma aplicação de recursos**, enquanto um **crédito representa a origem dos recursos aplicados**. Exemplo: a empresa adquire mercadorias através de uma compra a prazo. O valor é debitado na conta Estoques, que registra a aplicação dos recursos no Ativo. O mesmo valor é creditado em Fornecedores, que originou o recurso para a aquisição ao financiar a compra da empresa.

> **Atenção**
>
> *O conceito de débito e crédito em Contabilidade apresenta um sentido diferente daquele utilizado no dia a dia. Débito não significa um valor negativo e crédito não representa uma entrada positiva de valores. Para a Contabilidade, débito e crédito significam, respectivamente, aplicações e origens de recursos.*

3.1. Contas do ativo e de despesas

Representam aplicações de recursos para a aquisição de bens e direitos (ativo) ou pela incorrência de despesas. **Apresentam saldos devedores ou nulos**, exceto as contas retificadoras do ativo. Logo, aumentos de valor do ativo e ocorrências de despesas são registrados a débito, enquanto suas diminuições são registradas a crédito.

As contas de despesas representam recursos que tendem a diminuir o Patrimônio Líquido, pois do seu confronto com as receitas resulta em aumento do prejuízo (ou diminuição de lucro), que por sua vez é incorporado ao Patrimônio Líquido através da conta Lucros ou Prejuízos Acumulados.

3.2. Contas do passivo, do patrimônio líquido e de receitas

Representam as origens de recursos da empresa, que podem ser próprios ou de terceiros.

Os recursos próprios podem ser provenientes dos proprietários (patrimônio líquido) ou das atividades da empresa (receitas);

Os recursos de terceiros são oriundos das obrigações (passivo).

Apresentam saldos credores ou nulos, exceto as contas retificadoras do passivo ou do patrimônio líquido. Consequentemente, aumentos de valor do passivo, do patrimônio líquido e obtenção de receitas são registrados a crédito, enquanto suas diminuições são registradas a débito.

As contas de receitas representam recursos que tendem a aumentar o Patrimônio Líquido, pois do seu confronto com as despesas resulta em aumento do lucro (ou diminuição do prejuízo), que por sua vez é incorporado ao Patrimônio Líquido através da conta Lucros ou Prejuízos Acumulados.

3.3. Contas retificadoras

São contas patrimoniais que representam reduções de seus grupos. **Funcionam de forma inversa às demais contas desses grupos.**

As contas **retificadoras de ativo são de natureza credora**, aumentando seu saldo mediante crédito e diminuindo a débito. Exemplos de contas retificadoras do ativo: perdas estimadas com créditos de liquidação duvidosa, ajuste ao valor de mercado e depreciação acumulada.

As contas **retificadoras de passivo e de patrimônio líquido são de natureza devedora**, devendo ser debitadas, quando aumentam seu saldo, e creditadas, quando o diminuem. Exemplos: encargos financeiros a transcorrer, ações em tesouraria, prejuízos acumulados, capital a realizar ou a integralizar.

3.4. Quadros-resumo do funcionamento das contas

CONTAS	NATUREZA DO SALDO	AUMENTO	REDUÇÃO
ATIVO	DEVEDORA	DÉBITO	CRÉDITO
PASSIVO	CREDORA	CRÉDITO	DÉBITO
PATRIMÔNIO LÍQUIDO	CREDORA	CRÉDITO	DÉBITO
RECEITAS	CREDORA	CRÉDITO	DÉBITO
DESPESAS	DEVEDORA	DÉBITO	CRÉDITO
RETIFICADORA DO ATIVO	CREDORA	CRÉDITO	DÉBITO
RETIFICADORA DO PASSIVO	DEVEDORA	DÉBITO	CRÉDITO
RETIFICADORA DO PATRIMÔNIO LÍQUIDO	DEVEDORA	DÉBITO	CRÉDITO

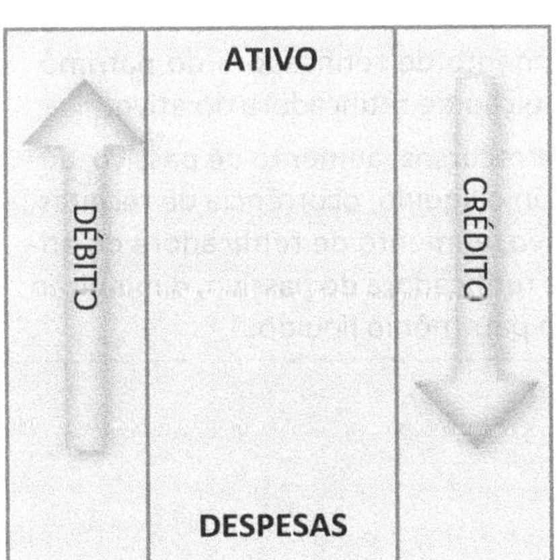

Tópico-síntese: Sistema de Contas	
Conta	Instrumento no qual são registrados todos os fatos que alteram o patrimônio da entidade.
Tipos de Contas	Bens e Direitos (Ativo) Obrigações (Passivo) Patrimônio Líquido Receitas Despesas
Teoria Personalista	Divide as contas em: Agentes Consignatários: Bens Agentes Correspondentes: Direitos e Obrigações Proprietário: Patrimônio Líquido, Receitas e Despesas
Teoria Materialista	Divide as contas em: Integrais: Ativo e Passivo Diferenciais: Patrimônio Líquido, Receitas e Despesas
Teoria Patrimonialista	É a teoria vigente atualmente. Divide as contas em: Patrimoniais: Ativo, Passivo e Patrimônio Líquido De Resultado: Receitas e Despesas
Funcionamento das Contas	Teoria dos Recursos: I – Debita aplicações de recursos: aumento de ativo, ocorrência de despesas, diminuição de passivo, diminuição de patrimônio líquido, aumento de retificadora do passivo, aumento de retificadora do patrimônio líquido, diminuição de retificadora do ativo II – Credita origens de recursos: aumento de passivo, aumento de patrimônio líquido, ocorrência de receitas, diminuição de ativo, aumento de retificadora do ativo, diminuição de retificadora do passivo, diminuição de retificadora do patrimônio líquido.

Capítulo

3

FATOS CONTÁBEIS

1. ATOS E FATOS ADMINISTRATIVOS

Os atos praticados nas empresas são classificados em atos administrativos propriamente ditos e fatos administrativos (ou fatos contábeis).

Atos administrativos são aqueles praticados pela administração da empresa sem provocar alterações no seu patrimônio. Exemplos: expedição de memorando, agendamento de reuniões etc.

Fatos administrativos (ou fatos contábeis) são os que provocam alterações nos elementos do patrimônio. São esses os fatos que interessam à Contabilidade. Exemplos: aquisição de mercadorias, pagamento de tributos, aumento do capital social, venda de mercadorias etc.

Os fatos contábeis alteram o patrimônio da entidade de forma quantitativa e/ou qualitativa. São classificados em: fatos permutativos, fatos modificativos e fatos mistos.

1.1. Fatos permutativos ou compensativos

Os fatos contábeis permutativos não provocam alterações no valor total do Patrimônio Líquido. As alterações no patrimônio são exclusivamente qualitativas. Há apenas permutas entre os elementos patrimoniais, sem alterar o valor total do Patrimônio Líquido.

EXEMPLOS DE FATOS PERMUTATIVOS:

1) compra de mercadorias à vista: só ocorre permuta entre contas dentro do Ativo. Ou seja, diminui Caixa e aumenta Mercadorias.

2) compra de mercadorias a prazo: ocorre apenas permuta entre uma conta do Ativo e uma conta do Passivo. Assim, aumenta Mercadorias (Ativo) e aumenta Duplicatas a Pagar (Passivo).

3) aumento do capital social por incorporação de lucros: ocorre somente permuta entre contas dentro do Patrimônio Líquido, sem alterar seu total. No caso, diminui Lucros Acumulados e aumenta Capital Social.

4) pagamento de duplicatas a pagar: ocorre apenas permuta entre uma conta do Ativo e uma conta do Passivo. Ou seja, diminui Caixa (Ativo) e diminui Duplicatas a Pagar (Passivo).

5) conversão de uma obrigação com fornecedores pela emissão de nota promissória: ocorre uma permuta entre contas do Passivo. Diminui Fornecedores e aumenta Notas Promissórias a Pagar.

1.2. Fatos modificativos

Os fatos modificativos provocam alterações quantitativas no total do Patrimônio Líquido.

As modificações no Patrimônio Líquido podem ser aumentativas ou diminutivas.

Geralmente envolvem uma conta de resultado (receitas ou despesas) e uma conta patrimonial. Isso ocorre porque receitas e despesas têm como consequência, respectivamente, aumento e diminuição do Patrimônio Líquido. Também ocorrem fatos modificativos envolvendo contas do Patrimônio Líquido, sem haver somente permuta entre elas.

EXEMPLOS DE FATOS MODIFICATIVOS AUMENTATIVOS:

1) recebimento de aluguel à época do seu reconhecimento: há uma receita (Aluguéis Ativos) e em contrapartida um aumento no Caixa.

2) prestação de serviços para recebimento a prazo: há uma receita (Serviços Prestados) e, em contrapartida, um aumento em conta do Ativo (Duplicatas a Receber).

3) aumento de capital, em dinheiro, com recursos dos sócios ou acionistas: há o aumento de Ativo (Caixa) e aumento do Patrimônio Líquido (Capital Social).

4) Conversão de uma obrigação em capital social: há uma redução de Passivo (Empréstimos) e aumento do Patrimônio Líquido (Capital Social).

5) Perdão de uma dívida concedida pelo credor: há uma receita (Receita de Cancelamento de Obrigação) e diminuição do Passivo (Contas a Pagar).

EXEMPLOS DE FATOS MODIFICATIVOS DIMINUTIVOS:

1) Pagamento de despesa de salários dentro do mês do trabalho realizado: há diminuição de conta de Ativo (Caixa) e em contrapartida uma despesa de Salários.

2) Apropriação de despesas de salários incorridos no mês, mas a ser pago no mês seguinte: há variação positiva em conta do Passivo (Salários a Pagar) e em contrapartida uma despesa de Salários.

3) Distribuição de lucros aos acionistas: há aumento de conta do Passivo (Dividendos a Pagar) e diminuição do Patrimônio Líquido (Lucros Acumulados).

4) Perdão de uma dívida concedida ao devedor: há uma despesa (Despesa de Cancelamento de Conta a Receber) e uma redução do ativo (Conta a Receber).

1.3. Fatos mistos

Nos fatos mistos ocorre tanto uma permuta de elementos patrimoniais como também variações quantitativas do Patrimônio Líquido. Há combinação de fatos permutativos com fatos modificativos. Podem ser fatos mistos aumentativos ou fatos mistos diminutivos.

EXEMPLOS DE FATOS MISTOS AUMENTATIVOS:

1) Venda de mercadorias, a prazo, com lucro: há um fato permutativo, com diminuição de conta do Ativo (Mercadorias), ao

mesmo tempo em que há aumento de outra conta do Ativo (Duplicatas a Receber). Porém, a variação positiva na conta Duplicatas a Receber ocorre em valor superior à redução na conta Mercadorias. Esse excesso é decorrente do fato modificativo, representado pela Receita de Venda maior do que o Custo da Mercadoria Vendida – CMV (despesa). Essa diferença constitui o lucro da operação, o qual provocará um aumento no Patrimônio Líquido.

2) Recebimento de duplicatas a receber com juros: há uma permuta entre as contas Caixa e Duplicatas a Receber. Porém o incremento no Caixa é maior comparativamente ao valor da baixa das duplicatas. Essa diferença decorre da receita de juros (Juros Ativos), que representa um aumento no Patrimônio Líquido.

3) Pagamento de duplicatas com desconto: há uma permuta, onde uma conta do Ativo (Caixa) diminui, ao mesmo tempo em que uma conta do Passivo também é reduzida (Duplicatas a Pagar). No entanto, a redução do Caixa é menor do que a diminuição da conta Duplicatas a Pagar. A diferença é a receita proveniente do desconto (Descontos Ativos), que provoca um aumento do Patrimônio Líquido.

EXEMPLOS DE FATOS MISTOS DIMINUTIVOS:

1) Venda de mercadorias, a prazo, com prejuízo: há um fato permutativo, através do qual uma conta do Ativo (Mercadorias) diminui, de forma concomitante ao aumento de outra conta do Ativo (Duplicatas a Receber). No entanto, a redução verificada na conta Mercadorias é superior ao aumento em Duplicatas a Receber. O excedente de diminuição é provocado pelo fato modificativo, representado pelo Custo da Mercadoria Vendida – CMV (despesa) maior do que a Receita de Venda. Essa diferença constitui o prejuízo da operação, o qual provocará uma redução no Patrimônio Líquido.

2) Recebimento de duplicatas a receber com desconto: há uma permuta entre as contas Caixa e Duplicatas a Receber. Porém, o valor do incremento do Caixa é inferior ao valor da baixa em Duplicatas a Receber. Essa diferença é provocada pela despesa proveniente do desconto oferecido ao cliente (Descontos Passivos), o qual provoca uma redução do Patrimônio Líquido.

3) Pagamento de duplicatas com juros: há uma permuta, representada pela diminuição de uma conta do Ativo (Caixa), concomitante à redução de uma conta do Passivo (Duplicatas a Pagar). No entanto, a redução do Ativo é superior à variação negativa do Passivo. Essa diferença é proveniente da despesa de juros (Juros Passivos), cujo efeito será o decréscimo do Patrimônio Líquido.

Tópico síntese: Fatos Contábeis			
Atos Administrativos	Não afetam o patrimônio da entidade. Portanto não há registro na Contabilidade.		
Fatos Administrativos ou Fatos Contábeis	Provocam alterações quantitativas ou qualitativas no patrimônio da entidade. São registrados na Contabilidade. São classificados em: permutativos, modificativos e mistos.		
Fatos Permutativos	Não provocam alterações no total do Patrimônio Líquido. Alterações no patrimônio são apenas qualitativas. Ocorre apenas permuta entre elementos patrimoniais.		
Exemplos de Fatos Permutativos	Compra de bens à vista:	+A	–A
	Compra de bens a prazo:	+A	+P
	Pagamento de obrigação:	-A	-P
	Conversão de lucros em Capital Social:	+PL	-PL
	Conversão de uma obrigação em outra:	+P	-P
Fatos Modificativos	Alteram o total do patrimônio Líquido (alterações quantitativas). Podem ser aumentativos ou diminutivos.		
Exemplos de Fatos Modificativos Aumentativos	Reconhecimento de receitas:	+A	+PL
	Aumento de Capital Social em dinheiro:	+A	+PL
	Conversão de dívida em Capital Social:	-P	+PL
	Perdão de Dívidas pelo credor:	-P	+PL
Exemplos de Fatos Modificativos Diminutivos	Reconhecimento de despesa paga à vista:	-A	-PL
	Reconhecimento de despesa para pagamento a prazo:	+P	-PL
	Reconhecimento de lucros a serem distribuídos aos sócios:	+P	-PL
	Perdão de Dívidas concedido ao devedor:	-A	-PL

Tópico-síntese: Fatos Contábeis	
Fatos Mistos	Ocorre tanto permuta como alteração no total do Patrimônio Líquido. Combinação de fatos permutativos com fatos modificativos. Podem ser mistos aumentativos ou mistos diminutivos.
Exemplos de Fatos Mistos Aumentativos	Venda de mercadorias com lucro: +A -A +PL Recebimento de duplicatas com juros: +A -A +PL Pagamento de duplicatas com desconto: -P -A +PL
Exemplos de Fatos Mistos Diminutivos	Venda de mercadorias com prejuízo: +A -A -PL Recebimento de duplicatas com descontos: +A -A -PL Pagamento de duplicatas com juros: -P -A -PL

Capítulo

4

ESCRITURAÇÃO E LIVROS EMPRESARIAIS

Leia a lei:

- *Arts. 1.179 a 1.184 da Lei nº 10.406/2002 (Código Civil)*
- *Arts. 100 e 177 da Lei nº 6.404/76 (Lei das S/A)*

1. ESCRITURAÇÃO

Escrituração é a técnica contábil utilizada para registrar todas as transações que afetam o patrimônio da entidade.

Os registros contábeis, denominados lançamentos, são efetuados em livros contábeis como o Diário e o Razão.

Para a realização dos lançamentos deve ser utilizado um método de escrituração. Os mais conhecidos são os métodos das partidas simples (unigrafia), das partidas mistas e o das partidas dobradas (digrafia).

Atualmente o método das partidas dobradas é o único adotado.

1.1. Método das partidas dobradas

O método das partidas dobradas determina que o registro de um **débito em uma ou mais contas deve corresponder a um crédito no mesmo valor em uma ou mais contas.**

A partir desse conceito, conclui-se que:

1 – A soma dos débitos de cada lançamento é igual à soma dos créditos;

2 – Não há débito sem crédito correspondente;

3 – A soma das aplicações é igual à soma das origens de recursos;

4 – A soma dos saldos das contas devedoras é igual à soma dos saldos das contas credoras.

Assim, por exemplo, a compra de mercadorias por R$ 30.000,00, com pagamento à vista, em dinheiro, provocará o lançamento desse valor a débito na conta Mercadorias e a crédito na conta Caixa.

Todos os fatos que influenciam o patrimônio são lançados nos livros Diário e Razão.

1.2. Lançamentos contábeis

Os elementos mínimos que um lançamento deve conter são:

1 – Data de ocorrência do fato contábil;

2 – Conta devedora;

3 – Conta credora;

4 – Histórico da transação ou código padronizado;

5 – Valor;

6 – Informação que permita identificar todos os registros relacionados ao mesmo lançamento contábil.

Se ao invés da descrição do histórico, seja utilizado código padronizado, este deve ser baseado em código constante em tabela auxiliar registrada em livro próprio.

Todo lançamento deve ter por base documentos comprobatórios de origem externa ou interna à empresa. Quando não houver documentação, como no caso de estimativas de perdas em recebimentos, é necessário o uso de elementos que comprovem ou evidenciem a operação.

2. LIVRO DIÁRIO

A escrituração deste livro é obrigatória para todas as empresas. Classifica-se como livro cronológico, pois obedece a ordem de dia, mês e ano.

Conforme a Interpretação Técnica ITG 2.000 (R1) – Escrituração Contábil, "no Livro Diário devem ser lançadas, em ordem cronológica, com individualização, clareza e referência ao documento probante, todas as operações ocorridas, e quaisquer outros fatos que provoquem variações patrimoniais".

No passado, o Livro Diário era manuscrito. Posteriormente passou-se à utilização de processo mecânico para escriturar folhas soltas, com encadernação após o fim do exercício. Em tempos mais recentes, as empresas adotaram processamento eletrônico. Atualmente grande parte das empresas brasileiras está obrigada à escrituração digital.

O lançamento manual no Livro Diário de uma operação de compra de mercadorias, efetuada no dia 13/03/2008, por R$ 3.000,00, com pagamento a vista, em dinheiro, seria da seguinte forma:

			São Paulo, 13 de março de 2008		
111.8			Mercadorias		
111.1		a	Caixa		
			Pela compra de mercadorias, a vista, da empresa Sol & Cia, conforme Nota Fiscal nº 6.225		3.000,00

A conta lançada a débito é inscrita em primeiro lugar e, em seguida, aparece a conta a crédito, precedida de "a".

3. LIVRO RAZÃO

A escrituração dos fatos contábeis no Diário é feita de forma sequencial, sem haver segregação das operações por conta.

Sendo assim, não é factível a obtenção do saldo de cada conta através do Diário. Para essa finalidade é utilizado o Livro Razão.

Após cada lançamento no Diário, as partidas são transcritas nas contas respectivas do Razão.

Inicialmente o Razão assumia exclusivamente a forma de livro, onde cada página correspondia a uma conta. Tempos depois, folhas avulsas ou fichas soltas substituíram as páginas do livro, com a escrituração mecanizada. Com a adoção do processamento eletrônico, passou-se a utilizar folhas impressas. Atualmente muitas empresas são obrigadas à escrituração digital.

Em virtude de sua organização por contas, o Razão é considerado um livro sistemático.

Durante muito tempo, a utilização do Livro Razão foi facultativa. Mas devido a sua utilidade tornou-se obrigatório por força da legislação do imposto de renda, além da exigência das normas contábeis.

Utilizando-se os mesmos dados do exemplo anterior de compra de mercadorias, tem-se a seguinte transcrição para o Razão:

CONTA: CAIXA			CÓDIGO: 111.1			
DATA	CP	HISTÓRICO	DÉBITO	CRÉDITO	SALDO	
		Saldo Inicial			9.000,00	D
13/03/08	111.8	Compra de Mercadorias		3.000,00	6.000,00	D

CONTA: MERCADORIAS			CÓDIGO: 111.8			
DATA	CP	HISTÓRICO	DÉBITO	CRÉDITO	SALDO	
		Saldo Inicial			800,00	D
13/03/08	111.1	Compra de Mercadorias	3.000,00		3.800,00	D

Nota: CP significa contrapartida.

Nas apresentações com finalidade didática, é usado o modelo de conta resumida ou simplificada do Razão, chamado de RAZONETE ou conta em "T":

Nome da Conta	
Débito	Crédito
Saldo Devedor	Saldo Credor

O lado esquerdo do razonete é o devedor. Os lançamentos a débito são registrados nessa coluna.

O lado direito do razonete é o credor. Os lançamentos a crédito são registrados nessa coluna.

O saldo da conta é apresentado na última linha, após o traço. É comum a utilização de dois traços para apresentação do saldo. Nesse caso, após o primeiro traço aparece a soma dos débitos à esquerda e a soma dos créditos à direita e, então, o saldo da conta após o segundo traço.

Utilizando, o mesmo exemplo numérico anterior:

CAIXA	
(SA) 9.000	3.000 (1)
6.000	

MERCADORIAS	
(SA) 800	
(1)3.000	
3.800	

SA significa saldo anterior.

O número entre parênteses refere-se ao lançamento, com as respectivas contrapartidas. É muito útil para identificar cada partida em casos de sucessivos lançamentos.

4. FÓRMULAS DE LANÇAMENTO

Segundo o **método das partidas dobradas, em cada lançamento, a soma dos débitos é igual à soma dos créditos**.

O número de contas lançadas a débito e a crédito pode variar conforme a operação.

Assim, os lançamentos são classificados em quatro fórmulas.

4.1. Lançamento de 1ª fórmula

O lançamento envolve uma conta Debitada e uma conta Creditada.

Supondo o pagamento de nota promissória emitida pela empresa no valor de R$ 1.250,00, em cheque.

Notas promissórias emitidas

a Bancos Conta Movimento 1.250,00

No exemplo acima utilizou-se uma forma simplificada de lançamento manual no Diário, para fins didáticos.

Outra forma simplificada de lançamento no Diário é demonstrada a seguir:

D	Notas promissórias emitidas	1.250,00	
C	Bancos Conta/Movimento		1.250,00

4.2. Lançamento de 2ª fórmula

Há uma conta Debitada e duas ou mais contas Creditadas.

Supondo a compra de mercadorias no valor de R$ 1.000,00, de Indústria Alpha S/A, com pagamento de 30% à vista, em dinheiro e o restante a prazo, através do aceite de duplicatas.

Mercadorias

a Diversos

a	Caixa	300,00	
a	Duplicatas a Pagar	700,00	1.000,00

Como havia mais de uma conta creditada, utilizou-se inicialmente o termo "Diversos" e depois foram discriminadas as contas creditadas.

4.3. Lançamento de 3ª fórmula

Este tipo de lançamento apresenta duas ou mais contas Debitadas e uma conta Creditada.

Exemplo: pagamento no banco de duplicatas no valor de R$ 900,00, acrescidos de juros de 10%, por pagamento em atraso.

Diversos

a Bancos Conta Movimento

Duplicatas a Pagar	900,00	
Juros Passivos	90.00	990,00

4.4. Lançamento de 4ª fórmula

O lançamento envolve duas ou mais contas Debitadas e duas ou mais contas Creditadas.

Supondo a compra de uma mesa de escritório, no valor de R$ 1.500,00 e de uma moto, no valor de R$ 3.500,00, sendo pago R$ 1.000,00, em dinheiro, como entrada e o restante para pagamento em 30 dias, através do aceite de duplicatas.

Diversos		
a Diversos		
Móveis e Utensílios	1.500,00	
Veículos	3.500,00	5.000,00
a Caixa	1.000,00	
a Duplicatas a Pagar	4.000,00	5.000,00

5. FORMALIDADES DA ESCRITURAÇÃO CONTÁBIL

A Interpretação Técnica ITG 2.000 (R1) – Escrituração Contábil, aprovada pelo Conselho Federal de Contabilidade, estabelece critérios e procedimentos para a escrituração contábil.

As formalidades da escrituração podem ser classificadas em intrínsecas e extrínsecas.

As **formalidades intrínsecas referem-se à forma da escrituração contábil.** A escrituração deve ser:

1) em idioma e moeda nacionais;
2) em forma contábil;
3) em ordem cronológica de dia, mês e ano;
4) com ausência de espaços em branco, entrelinhas, borrões, rasuras ou emendas; e

5) baseada em documentos externos ou internos ou, na sua ausência, em elementos que comprovem ou evidenciem os fatos contábeis.

As formalidades extrínsecas são relacionadas à segurança e à forma de apresentação dos livros.

A ITG 2.000 (R1) estabelece formalidades extrínsecas distintas, conforme os livros contábeis obrigatórios, entre eles o Diário e o Razão, sejam apresentados em forma digital ou não.

Quando em forma não digital, os livros obrigatórios devem se revestir das seguintes formalidades extrínsecas:

1) encadernação;

2) folhas numeradas sequencialmente;

3) termo de abertura e de encerramento assinados pelo titular ou representante legal da entidade e pelo profissional da contabilidade regularmente habilitado no Conselho Regional de Contabilidade.

Se estiverem sob a forma digital, os livros obrigatórios, entre eles o Diário e o Razão, devem se revestir das seguintes formalidades extrínsecas:

1) assinatura digital pela entidade e pelo profissional da contabilidade regularmente habilitado;

2) caso exigível por legislação específica, autenticação no registro público ou entidade competente.

É permitido o uso de códigos e/ou abreviaturas, nos históricos dos lançamentos, desde que permanentes e uniformes, devendo ser consignado o significado daqueles no Livro Diário ou em registro especial revestido das formalidades extrínsecas.

A escrituração contábil e a emissão de relatórios, peças, análises, demonstrativos e demonstrações contábeis são atribuições exclusivas do profissional da contabilidade legalmente habilitado.

As demonstrações contábeis devem ser transcritas no Livro Diário e assinadas pelo titular ou representante legal da entidade e pelo profissional da contabilidade legalmente habilitado.

Quando o registro dos lançamentos do Diário e do Razão for realizado em fichas ou folhas soltas, deve ser adotado o registro "Balancetes Diários e Balanços".

Se a entidade realizar a escrituração por processo eletrônico ou mecanizado, os formulários de folhas soltas devem ser numerados mecânica ou tipograficamente e encadernados em forma de livro.

Não é exigida a impressão e a encadernação em forma de livro, na hipótese de escrituração contábil em forma digital. No entanto, o arquivo magnético autenticado pelo registro público competente deve ser mantido pela entidade.

Conforme a Lei nº 10.406/2002 (Código Civil), "admite-se a escrituração resumida do Diário, com totais que não excedam o período de trinta dias, relativamente a contas cujas operações sejam numerosas ou realizadas fora da sede do estabelecimento, desde que utilizados livros auxiliares regularmente autenticados, para registro individualizado, e conservados os documentos que permitam a sua perfeita verificação".

6. LIVROS EMPRESARIAIS – CLASSIFICAÇÃO

A escrituração contábil é feita em livros próprios.

O Diário e o Razão são classificados como livros principais, pois neles são escriturados todos os fatos contábeis da empresa. Esses livros são comuns a todas as empresas.

Outrossim as empresas escrituram vários outros livros, por exigência legal ou, de forma facultativa, pela utilidade de suas informações. Como exemplo de livro facultativo, pode-se citar o livro Contas-Correntes.

Os livros auxiliares desdobram determinadas contas, complementando os livros principais. Um exemplo deste tipo é o livro Caixa, o qual detalha informações de operações registradas na conta Caixa do Razão.

Há ainda livros especiais, que são exigidos apenas de determinadas categorias de empresas. É o caso do Livro Presença dos Acionistas, obrigatório para as sociedades por ações.

6.1. Aspectos da legislação

O Código Civil (Lei nº 10.406/2002) determina a obrigatoriedade apenas do Livro Diário, que pode ser substituído por fichas, em caso de escrituração mecanizada ou eletrônica.

No entanto, as normas contábeis exigem a escrituração do Razão, além do Diário. Além disso, a legislação do imposto de renda exige o Razão para as empresas tributadas pelo Imposto de Renda da Pessoa Jurídica (IRPJ) com base no lucro real.

De acordo com a legislação fiscal, a microempresa e a empresa de pequeno porte inscrita no Simples Nacional estão dispensadas de escrituração comercial desde que mantenham: Livro Caixa, no qual deverá estar escriturada toda a sua movimentação financeira, inclusive bancária; Livro de Registro de Inventário, no qual deverão constar registrados os estoques existentes no término de cada ano-calendário.

De forma semelhante, as empresas tributadas com base no lucro presumido que mantiverem Livro Caixa estão dispensadas de manter escrituração contábil nos termos da legislação comercial. Estas empresas também estão obrigadas a manter Livro de Registro de Inventário.

A Lei nº 5.474, de 18/07/68 estabelece que em todo contrato de compra e venda mercantil, com prazos a partir de 30 dias, o vendedor está obrigado a extrair a fatura, que discriminará as mercadorias vendidas, para apresentação ao comprador. No ato da emissão da fatura poderá ser extraída uma duplicata que indicará o valor total da fatura. A adoção desse regime de vendas obriga o vendedor a escriturar o Livro de Registro de Duplicatas. Neste livro são escrituradas, cronologicamente, todas as duplicatas emitidas, com o número de ordem, data e valor das faturas originárias e data de sua expedição; nome e domicílio do comprador; anotações das reformas; prorrogações e outras circunstâncias necessárias. Este livro poderá ser substituído por qualquer sistema mecanizado.

A Lei nº 6404/76 determina que a sociedade anônima deve ter, além dos livros obrigatórios para qualquer comerciante, os seguintes, revestidos das mesmas formalidades legais:

I – Registro de Ações Nominativas;

II – Transferência de Ações Nominativas;

III – Registro de Partes Beneficiárias Nominativas, se tiverem sido emitidas;

IV – Transferência de Partes Beneficiárias Nominativas, se tiverem sido emitidas;

V – Atas das Assembleias Gerais;

VI – Presença dos Acionistas;

VII – Atas das Reuniões do Conselho de Administração, se houver, e Atas das Reuniões de Diretoria;

VIII – Atas e Pareceres do Conselho Fiscal.

Tópico-síntese: Escrituração e Livros Empresariais	
Escrituração	Técnica contábil utilizada para o registro de todas as transações que afetam o patrimônio da empresa. Executada através do lançamento de todos os fatos contábeis nos livros Diário e Razão.
Método das Partidas Dobradas	Método de escrituração adotado universalmente que consiste na igualdade dos débitos e créditos em cada lançamento.
Lançamento no Diário	Forma sequencial, sem haver individuação por conta. Não apresenta saldo das contas.
Lançamento no Razão	Individualizado por conta. Apresenta o saldo de cada conta.
Fórmulas de Lançamento	Em cada lançamento a soma dos débitos é igual à soma dos créditos. Mas a quantidade de contas envolvidas a débito e a crédito pode variar em quatro fórmulas: Contas Debitadas – Contas Creditadas 1ª fórmula: 1 – 1 2ª fórmula: 1 – 2 ou mais 3ª fórmula: 2 ou mais – 1 4ª fórmula: 2 ou mais – 2 ou mais
Formalidades Intrínsecas dos Livros Obrigatórios	Relacionadas à forma de escrituração. Para atendê-las, a escrituração contábil deve ser: – em idioma e moeda nacionais; – em forma contábil; – em ordem cronológica de dia, mês e ano; – com ausência de espaços em branco, entrelinhas, borrões, rasuras ou emendas; – com base em documentos externos ou internos ou, na sua ausência, em elementos que comprovem ou evidenciem os fatos contábeis.

Tópico-síntese: Escrituração e Livros Empresariais	
Formalidades Extrínsecas dos Livros Obrigatórios	Relacionadas à segurança e forma de apresentação dos livros. A Resolução CFC nº 1.330/2011– Escrituração Contábil estabelece formalidades extrínsecas distintas conforme os livros estejam em forma digital ou não digital.
Formalidades Extrínsecas dos Livros Obrigatórios em Forma Não Digital	– encadernação; – numeração sequencial das folhas; – termo de abertura e de encerramento assinados pelo titular ou representante legal da entidade e pelo contabilista regularmente habilitado.
Formalidades Extrínsecas dos Livros Obrigatórios em Forma Digital	– assinatura digital pela entidade e pelo contabilista regularmente habilitado; – autenticação no registro público ou entidade competente, se exigível por legislação específica.
Classificação dos Livros Empresariais	I – Principais: registram a escrituração de todos os fatos contábeis. Exemplo: Diário e Razão; Auxiliares: detalham determinadas operações, sem conter toda escrituração. Exemplo: Livro Caixa. II – Obrigatórios: exigidos por lei. Exemplo: Diário; Facultativos: embora não exigidos por lei, sua escrituração decorre do interesse do empresário. Exemplo: contas-correntes. III – Comuns: devem ser escriturados por todas as empresas. Exemplo: Diário; Especiais: são obrigatórios apenas para determinados tipos de empresas. Exemplo: livro Presença de Acionistas. IV – Cronológicos: ordenados por dia, mês e ano, mas sem uma organização por conta. Exemplo: Diário; Sistemáticos: registros agrupados por eventos de mesma natureza. Exemplo: Razão.

Capítulo

5

SISTEMA PÚBLICO DE ESCRITURAÇÃO DIGITAL – SPED

Leia a lei:

- *Arts. 1.180, 1.184 a 1.186 da Lei nº 10.406/2002 (Código Civil)*
- *Arts. 1º a 8º do Decreto nº 6.022/2007*

1. CONCEITO

O Sistema Público de Escrituração Digital (SPED) foi instituído pelo Decreto nº 6.022, de 22 de janeiro de 2007.

O SPED unifica as atividades de recepção, validação, armazenamento e autenticação de livros e documentos integrantes da escrituração contábil e fiscal dos empresários e das pessoas jurídicas, inclusive imunes ou isentas, através do fluxo único de informações em forma digital.

Através dessa ferramenta, os contribuintes transmitem documentos eletrônicos, assinados mediante certificação digital, às administrações tributárias e aos órgãos fiscalizadores, garantindo sua validade jurídica.

Atualmente o SPED é composto pelos seguintes módulos:

- Escrituração Contábil Digital (ECD);
- Escrituração Fiscal Digital das Retenções e Outras Informações Fiscais (EFD – Reinf);
- Escrituração Fiscal Digital (EFD ICMS IPI);

- Escrituração Fiscal Digital (EFD – Contribuições);
- Conhecimento de Transporte Eletrônico (CT-e);
- Escrituração Contábil Fiscal (ECF);
- e-Financeira;
- Sistema de Escrituração Digital das Obrigações Fiscais, Previdenciárias e Trabalhistas (eSocial);
- Manifesto Eletrônico de Documentos Fiscais (MDF-e);
- Nota Fiscal Eletrônica (NF-e);
- Nota Fiscal de Serviços Eletrônica (NFS-e);
- Nota Fiscal de Consumidor Eletrônica (NFC-e);
- Central de Balanços;
- Simplificação.

Conforme o Decreto nº 6.022/2007, são usuários do SPED:

I – a Secretaria da Receita Federal do Brasil (RFB);

II – as administrações tributárias dos Estados, do Distrito Federal e dos Municípios, mediante convênio celebrado com a RFB;

III – os órgãos e entidades da administração pública federal direta e indireta com atribuição legal de regulação, normatização, controle e fiscalização de empresários e das pessoas jurídicas, inclusive imunes e isentas.

Os usuários enumerados no parágrafo precedente devem, no âmbito de suas competências, estabelecer a obrigatoriedade, a periodicidade e os prazos de apresentação dos livros e documentos, por eles exigidos, por intermédio do SPED.

A administração do SPED cabe à RFB, com a participação de representantes dos demais usuários.

O acesso às informações armazenadas no SPED é compartilhado entre os usuários, no limite das competências de cada um deles, preservados os sigilos comercial, fiscal e bancário.

O acesso também é permitido aos empresários e às pessoas jurídicas, inclusive imunes ou isentas, mas restrito às informações por eles transmitidas ao SPED.

Há, ainda, funcionalidades no SPED de uso exclusivo dos órgãos de registro para as atividades de autenticação de livros mercantis.

2. ESCRITURAÇÃO CONTÁBIL DIGITAL (ECD)

A ECD substitui a escrituração em papel pela transmissão de arquivos digitais dos seguintes livros contábeis:

I – livro Diário e seus auxiliares, se houver;

II – livro Razão e seus auxiliares, se houver;

III – livro Balancetes Diários, Balanços e fichas de lançamento que deram suporte a sua escrituração.

Os livros digitais da escrituração contábil entregues substituem, para todos os efeitos legais, os livros em papel, cuja impressão passa a ser opcional. A validade jurídica dos livros digitais é assegurada pela assinatura digital mediante certificado emitido por entidade credenciada pela Infraestrutura de Chaves Públicas Brasileira (ICP-Brasil).

2.1. Obrigatoriedade de adoção da ECD

Conforme o artigo 3º da Instrução Normativa RFB nº 2.003/2021, as pessoas jurídicas e equiparadas obrigadas a manter escrituração contábil nos termos da legislação comercial, incluindo as entidades imunes e isentas, devem apresentar a ECD.

A obrigatoriedade de apresentação da ECD não se aplica:

I – às pessoas jurídicas optantes pelo Simples Nacional;

II – aos órgãos públicos, às autarquias e fundações públicas;

III – às pessoas jurídicas inativas;

IV – às pessoas jurídicas imunes e isentas que auferirem, no ano-calendário, receitas, doações, incentivos, subvenções, contribuições, auxílios, convênios e ingressos assemelhados que totalize menos de R$ 4.800.000,00 (quatro milhões e oitocentos mil reais) ou valor proporcional ao período a que se refere a escrituração contábil;

V – às pessoas jurídicas tributadas com base lucro presumido dispensada da escrituração contábil por manter livro Caixa, no qual esteja escriturado toda a movimentação financeira, inclusive bancária (não aplicável caso haja distribuição de parcela de lucros ou dividendos sem incidência do Imposto sobre a Renda Retido na Fonte em montante superior ao valor da base de cálculo do imposto sobre a renda apurado diminuída dos impostos e contribuições correspondentes); e

VI – à entidade Itaipu Binacional.

As exceções referentes aos itens I e V do parágrafo precedente não se aplicam à microempresa ou empresa de pequeno porte caso tenha recebido aporte de capital na forma prevista nos arts. 61-A a 61-D da Lei Complementar nº 123/2006.

As Sociedades em Conta de Participação (SCP) enquadradas nas hipóteses de obrigatoriedade, devem apresentar a ECD como livro próprio.

O empresário e a sociedade empresária, quando não obrigados para fins tributários, podem apresentar a ECD, de forma facultativa, a fim de atender a obrigatoriedade de escrituração dos livros contábeis contida no art. 1.179 do Código Civil.

Outrossim, a entrega da ECD é facultativa para as pessoas jurídicas não obrigadas.

2.2. Prazo para apresentação

A ECD deve ser transmitida ao SPED até o último dia útil do mês de junho do ano seguinte ao ano-calendário a que se refira a escrituração.

Nos casos de extinção, cisão, fusão e incorporação, o prazo de entrega da ECD pelas respectivas pessoas jurídicas é até o último dia útil do mês subsequente ao do evento, caso a operação tenha ocorrido entre junho a dezembro e, até o último dia útil do mês de junho do ano de ocorrência, se ocorrido de janeiro a maio. Essa regra não se aplica à incorporadora, nos casos em que as pessoas jurídicas, incorporadora e incorporada, estejam sob o mesmo controle societário desde o ano-calendário anterior ao do evento.

2.3. Autenticação

A autenticação dos livros contábeis digitais é comprovada mediante o recibo de entrega da ECD emitido pelo SPED, dispensada qualquer outra autenticação. Portanto, as pessoas jurídicas estão dispensadas da autenticação dos livros contábeis no registro civil ou comercial quando apresentem a ECD transmitida ao SPED.

2.4. Regras relativas aos livros da ECD

O Diário e o Razão são considerados um livro digital único para o Sped Contábil. O Programa Validador e Assinador (PVA) do Sped Contábil mostra os lançamentos no formato do Diário ou do Razão, conforme a escolha do usuário.

No Sped Contábil (ECD), há as seguintes formas de escrituração:

G – Diário Geral;

R – Diário com Escrituração Resumida (vinculado a livro auxiliar);

A – Diário Auxiliar;

Z – Razão Auxiliar; e

B – Livro de Balancetes Diários e Balanços.

Essas formas de escrituração são previstas no Código Civil:

"Art. 1.180. Além dos demais livros exigidos por lei, é indispensável o Diário, que pode ser substituído por fichas no caso de escrituração mecanizada ou eletrônica.

Art. 1.183. A escrituração será feita em idioma e moeda corrente nacionais e em forma contábil, por ordem cronológica de dia, mês e ano, sem intervalos em branco, nem entrelinhas, borrões, rasuras, emendas ou transportes para as margens.

Art. 1.184. No Diário serão lançadas, com individuação, clareza e caracterização do documento respectivo, dia a dia, por escrita direta ou reprodução, todas as operações relativas ao exercício da empresa."

Assim, o **Diário Geral – G corresponde ao livro Diário**, contendo a escrituração de todos os fatos contábeis. Portanto, a **escrituração G não pode coexistir com nenhuma outra escrituração** (R, A, Z ou B) no mesmo período.

De acordo com o § 1º do artigo 1.184 do Código Civil é admitida a **escrituração resumida do Diário**, com totais que não ultrapassem o período de trinta dias, relativamente a contas cujas operações sejam numerosas ou realizadas fora da sede do estabelecimento, **desde que**

utilizados livros auxiliares regularmente autenticados, para registro individualizado, e conservados os documentos que permitam a sua perfeita verificação.

Assim, baseado na base legal descrita acima, tem-se mais três tipos de escrituração:

R – Diário com Escrituração Resumida (vinculado a livro auxiliar);

A – Diário Auxiliar: é o livro auxiliar para registro individualizado, quando utilizada a escrituração resumida do Diário;

Z – Razão Auxiliar: livro auxiliar utilizado quando o leiaute do livro A não se mostrar adequado. É uma espécie de tabela onde o usuário define cada coluna e seu conteúdo.

Portanto, a adoção da **escrituração R obriga ao uso da escrituração A ou Z (ou ambas).**

O artigo 1.185 do Código Civil apresenta a base legal para a escrituração B, ao estabelecer que "o empresário ou sociedade empresária que adotar o sistema de fichas de lançamentos poderá substituir o livro Diário pelo livro Balancetes Diários e Balanços, observadas as mesmas formalidades extrínsecas exigidas para aquele."

A escrituração B – Livro de Balancetes Diários e Balanços é usada normalmente por instituições financeiras, pois o Banco Central foi o único a regulamentar sua utilização, embora não haja impedimento de seu uso por outras empresas. Pode ser usado concomitantemente com os livros auxiliares A e Z.

Assim, o **livro B pode ser escriturado isoladamente ou conviver com** a **escrituração A ou Z (ou ambas).**

2.5. Funcionamento da ECD

A partir das informações em seus bancos de dados, a pessoa jurídica gera o arquivo texto do livro digital, obedecendo ao leiaute estabelecido pela legislação do SPED. O arquivo é validado pelo Programa Validador e Assinador (PVA).

Os livros contábeis e documentos digitais que compõem a ECD devem ser assinados digitalmente pelo contabilista legalmente habilitado e pelo titular ou representante legal da entidade. O certificado digital utilizado para assinatura deve ser emitido por entidade credenciada pela Infraestrutura de Chaves Públicas Brasileira (ICP-Brasil).

A ECD deverá ser transmitida ao SPED, sendo considerada válida a partir da confirmação de recebimento do arquivo. O programa Receitanet é utilizado para a transmissão da ECD.

O Decreto nº 8.683/2016 estabeleceu que a autenticação dos livros e documentos que integram a ECD das empresas mercantis e atividades afins será comprovada através do recibo de entrega emitido pelo Sped, sendo dispensada qualquer outra autenticação.

No mesmo sentido, o Decreto nº 9.555/2018 determinou que a autenticação de livros contábeis, exigível para fins tributários, das pessoas jurídicas não sujeitas ao Registro do Comércio poderá ser feita pelo Sped, por meio da apresentação da ECD, sendo aquela comprovada através do recibo de entrega emitido pelo Sped, dispensada qualquer outra autenticação.

As diversas entidades que têm direito de acesso às informações do SPED podem acessar o repositório nacional para consultar a escrituração através da internet, de intranet ou extranet.

A pessoa jurídica pode fazer download das escriturações por ela transmitidas através do aplicativo ReceitanetBX.

3. ESCRITURAÇÃO CONTÁBIL FISCAL (ECF)

A ECF substituiu a Declaração de Informações Econômico-Fiscais da Pessoa Jurídica (DIPJ) a partir do ano-calendário 2014 e deve ser transmitida anualmente ao SPED até o último dia útil do mês de julho do ano seguinte ao do período da escrituração a que se refere.

A ECF deve ser assinada mediante certificado emitido por entidade credenciada pela Infraestrutura de Chaves Públicas Brasileira (ICP-Brasil).

Conforme a Instrução Normativa RFB nº 2.004/2021, a apresentação da ECF, de forma centralizada pela matriz, é obrigatória para todas as pessoas jurídicas, inclusive as equiparadas, não se aplicando:

I – às pessoas jurídicas optantes pelo Regime Especial Unificado de Arrecadação de Tributos e Contribuições devidos pelas Microempresas e Empresas de Pequeno Porte (Simples Nacional);

II – aos órgãos públicos, às autarquias e às fundações públicas;

III – às pessoas jurídicas inativas, ou seja, que não tenham efetuado durante todo ano-calendário qualquer atividade operacional, não operacional, financeira ou patrimonial, inclusive aplicações no mercado financeiro ou de capitais.

Caso a pessoa jurídica tenha Sociedades em Conta de Participação (SCP), além da transmissão da ECF da sócia ostensiva, esta deve transmitir a ECF separadamente, para cada SCP.

Nos casos de extinção, cisão parcial, cisão total, fusão ou incorporação, o prazo de entrega da ECF pelas respectivas pessoas jurídicas é até o último dia útil do 3º (terceiro) mês subsequente ao do evento, caso a operação tenha ocorrido entre maio a dezembro e, até o último dia útil do mês de julho do ano de ocorrência, se ocorrido de janeiro a abril. Essa obrigatoriedade não se aplica à incorporadora, nos casos em que as pessoas jurídicas, incorporadora e incorporada, estejam sob o mesmo controle societário desde o ano-calendário anterior ao do evento.

No caso das pessoas jurídicas que apuram o Imposto sobre a Renda pelo lucro real, a ECF é o Livro de Apuração do Lucro Real em meio digital.

A ECF pode ser retificada, independentemente de autorização da autoridade administrativa, mediante apresentação de nova ECF, a qual terá a mesma natureza da ECF retificada, substituindo-a integralmente para todos os fins e direitos. Não é permitida a retificação de ECF, com a finalidade de alterar o regime de tributação, exceto para adoção do lucro arbitrado, nos casos determinados pela legislação.

4. ESCRITURAÇÃO FISCAL DIGITAL DA CONTRIBUIÇÃO PARA O PIS/PASEP, DA CONTRIBUIÇÃO PARA O FINANCIAMENTO DA SEGURIDADE SOCIAL (COFINS) E DA CONTRIBUIÇÃO PREVIDENCIÁRIA SOBRE A RECEITA (EFD – CONTRIBUIÇÕES)

A EFD-Contribuições trata-se de arquivo digital a ser utilizado pelas pessoas jurídicas na escrituração da Contribuição para o PIS/Pasep, da Cofins e da Contribuição Previdenciária incidente sobre a Receita Bruta.

A EFD-Contribuições deve ser transmitida mensalmente ao SPED até o 10º dia útil do 2º mês posterior ao do período da escrituração a que se refere, inclusive nos casos de extinção, incorporação, fusão e cisão total ou parcial, devendo ser assinada mediante certificado emitido por entidade credenciada pela Infraestrutura de Chaves Públicas Brasileira (ICP-Brasil).

Conforme a Instrução Normativa RFB nº 1.252/2012 estão dispensados da apresentação da EFD-Contribuições:

I – as microempresas e empresas de pequeno porte optantes pelo Regime Especial Unificado de Arrecadação de Tributos e Contribuições devidos pelas Microempresas e Empresas de Pequeno Porte (Simples Nacional);

II – as pessoas jurídicas imunes ou isentas do Imposto sobre a Renda da Pessoa Jurídica, cuja soma dos valores mensais apurados das contribuições sujeitas à EFD-Contribuições seja igual ou inferior a R$ 10.000,00;

III - as pessoas jurídicas que estejam inativas desde o início do ano-calendário ou desde o início de atividades, em relação às escriturações correspondentes aos meses em que se encontravam inativas;

IV - os órgãos públicos, as autarquias e as fundações públicas; e

V – as pessoas jurídicas ainda não inscritas no Cadastro Nacional da Pessoa Jurídica (CNPJ), desde o mês do registro de seus atos constitutivos até o mês anterior à inscrição.

A Instrução Normativa RFB nº 1.252/2012 prevê a dispensa da apresentação da EFD-Contribuições, ainda que inscritos no CNPJ ou com registro dos atos constitutivos, das seguintes entidades:

I - condomínios edilícios;

II - consórcios e grupos de sociedades, constituídos na forma dos arts. 265, 278 e 279 da Lei nº 6.404, de 15 de dezembro de 1976;

III - consórcios de empregadores;

IV - clubes de investimento registrados em Bolsa de Valores, segundo as normas fixadas pela Comissão de Valores Mobiliários (CVM) ou pelo Banco Central do Brasil (Bacen);

V - fundos de investimento imobiliário, que não se enquadrem no disposto no art. 2º da Lei nº 9.779, de 1999;

VI - fundos mútuos de investimento mobiliário, sujeitos às normas do Bacen ou da CVM;

VII - embaixadas, missões, delegações permanentes, consulados-gerais, consulados, vice-consulados, consulados honorários e as unidades específicas do governo brasileiro no exterior;

VIII - representações permanentes de organizações internacionais;

IX - serviços notariais e registrais (cartórios);

X - fundos especiais de natureza contábil ou financeira, não dotados de personalidade jurídica, criados no âmbito de qualquer dos Poderes da União, dos Estados, do Distrito Federal e dos Municípios, bem como dos Ministérios Públicos e dos Tribunais de Contas;

XI - candidatos a cargos políticos eletivos e os comitês financeiros dos partidos políticos;

XII - incorporações imobiliárias sujeitas ao pagamento unificado de tributos de que trata a Lei nº 10.931, de 2 de agosto de 2004, recaindo a obrigatoriedade da apresentação da EFD-Contribuições à pessoa jurídica incorporadora, em relação a cada incorporação submetida ao regime especial de tributação;

XIII - empresas, fundações ou associações domiciliadas no exterior que possuam no Brasil bens e direitos sujeitos a registro de propriedade ou posse perante órgãos públicos, localizados ou utilizados no Brasil;

XIV - comissões, sem personalidade jurídica, criadas por ato internacional celebrado pela República Federativa do Brasil e um ou mais países, para fins diversos; e

XV - comissões de conciliação prévia de que trata o art. 1º da Lei nº 9.958, de 12 de janeiro de 2000.

A EFD-Contribuições entregue pode ser substituída, mediante transmissão de novo arquivo digital validado e assinado, porém o direito de apresentar a retificação é de 5 anos contados do 1º dia do exercício seguinte àquele a que se refere a escrituração substituída.

5. ESCRITURAÇÃO FISCAL DIGITAL (EFD – ICMS IPI)

A EFD-ICMS IPI trata-se de arquivo digital a ser utilizado pelas pessoas jurídicas na escrituração de documentos fiscais e de outras informações de interesse dos Fiscos estaduais e do Distrito Federal e da Receita Federal do Brasil, bem como de registros de apuração de impostos referentes às operações e prestações praticadas pelo contribuinte.

A EFD-ICMS IPI deve ser assinada mediante certificado emitido por entidade credenciada pela Infraestrutura de Chaves Públicas Brasileira (ICP-Brasil).

6. E-FINANCEIRA

A e-Financeira é um conjunto de arquivos digitais, que devem ser transmitidos ao SPED, referentes a cadastro, abertura, fechamento e auxiliares, e pelos módulos de operações financeiras e de previdência privada.

Deve ser assinada mediante certificado emitido por entidade credenciada pela Infraestrutura de Chaves Públicas Brasileira (ICP-Brasil).

A Instrução Normativa RFB nº 1.571/2015 determina que devem apresentar a e-Financeira:

I - as pessoas jurídicas:

a) autorizadas a estruturar e comercializar planos de benefícios de previdência complementar;

b) autorizadas a instituir e administrar Fundos de Aposentadoria Programada Individual (Fapi); ou

c) que tenham como atividade principal ou acessória a captação, intermediação ou aplicação de recursos financeiros próprios ou de terceiros, incluídas as operações de consórcio, em moeda nacional ou estrangeira, ou a custódia de valor de propriedade de terceiros; e

II - as sociedades seguradoras autorizadas a estruturar e comercializar planos de seguros de pessoas.

A e-Financeira deve ser transmitida semestralmente de acordo com os seguintes prazos:

I - até o último dia útil do mês de fevereiro, com as informações referentes ao segundo semestre do ano anterior; e

II - até o último dia útil do mês de agosto, com as informações referentes ao primeiro semestre do ano corrente.

A e-Financeira entregue pode ser substituída, mediante transmissão de novo arquivo digital validado e assinado, porém o direito de apresentar a retificação é de 5 anos contados do prazo final original para sua entrega.

7. SISTEMA DE ESCRITURAÇÃO DIGITAL DAS OBRIGAÇÕES FISCAIS, PREVIDENCIÁRIAS E TRABALHISTAS (ESOCIAL)

O eSocial é um sistema através do qual são coletadas informações trabalhistas, previdenciárias, tributárias e fiscais relativas à contratação e utilização de mão de obra onerosa, com ou sem vínculo empregatício, e de produção rural. Através do eSocial, os empregadores comunicam as informações relativas aos trabalhadores, como vínculos, contribuições previdenciárias, folha de pagamento, comunicações de acidente de trabalho, aviso prévio, escriturações fiscais e informações sobre o FGTS.

A pessoa que contratar prestador de serviço pessoa física e possua alguma obrigação trabalhista, previdenciária ou tributária, em função dessa relação jurídica de trabalho, inclusive se tiver natureza administrativa, conforme a legislação pertinente, está obrigada a enviar informações por meio do eSocial.

O obrigado a prestar informações através do eSocial pode figurar nessa relação como empregador ou como contribuinte, na qualidade de empresa, inclusive órgão público, ou de pessoa física equiparada a empresa. Também estão obrigados, os contribuintes que adquiram ou comercializam produção rural, em determinadas situações.

Os eventos que compõem o eSocial devem ser autenticados e assinados mediante certificado emitido por entidade credenciada pela Infraestrutura de Chaves Públicas Brasileira (ICP-Brasil).

8. ESCRITURAÇÃO FISCAL DIGITAL DAS RETENÇÕES E OUTRAS INFORMAÇÕES FISCAIS (EFD – REINF)

A EFD-Reinf é utilizada pelas pessoas jurídicas e físicas em complemento ao eSocial. Assim, as informações para apuração da retenção de contribuição previdenciária pelo contratante de serviços executados mediante cessão de mão de obra, para apurar as contribuições previdenciárias substitutivas, incidentes, em regra, sobre a receita bruta e para compor a DIRF são encaminhadas por meio da EFD-Reinf.

Em regra, a EFD-Reinf deve ser transmitida ao SPED mensalmente até o dia 15 do mês posterior ao que se refere a escrituração.

Caso não tenha ocorrido fato gerador no período, deve ser enviada a informação "sem movimento".

9. NOTA FISCAL ELETRÔNICA (NF-E)

A NF-e foi desenvolvida, de forma integrada, pelas Secretarias de Fazenda dos Estados e pela Receita Federal do Brasil.

A empresa emissora gera um arquivo eletrônico assinado mediante certificado digital, que corresponde à NF-e, contendo as informações fiscais da operação. Este arquivo eletrônico deve ser transmitido para a Secretaria da Fazenda de jurisdição do contribuinte que fará uma pré-validação do arquivo e retornará um protocolo de recebimento (Autorização de Uso), que permite o trânsito da mercadoria. A NF-e é transmitida também para a Receita Federal do Brasil, para a Secretaria da Fazenda do Estado destinatário, no caso de operação interestadual, e para a Suframa, se as mercadorias forem destinadas às áreas incentivadas.

O destinatário e outros legítimos interessados, que tenham a chave de acesso do documento eletrônico, podem consultar a NF-e através da Internet.

O Documento Auxiliar da Nota Fiscal Eletrônica (DANFE) é um instrumento auxiliar para consulta da NF-e, mas não é uma nota fiscal nem a substitui. O DANFE é uma representação gráfica simplificada da NF-e e deve acompanhar a mercadoria em trânsito.

10. NOTA FISCAL DE CONSUMIDOR ELETRÔNICA (NFC-E)

A NFC-e é um documento de existência exclusivamente digital, emitido e armazenado eletronicamente, utilizado na venda a consumidor final, substituindo a nota fiscal de venda a consumidor, modelo 2, e o cupom fiscal emitido por emissor de cupom fiscal (ECF).

A NFC-e documenta operações comerciais de venda presencial ou para entrega em domicílio a consumidor final em operação interna e sem geração de crédito de ICMS ao adquirente.

11. NOTA FISCAL DE SERVIÇOS ELETRÔNICA (NFS-E)

A NFS-e está sendo desenvolvida, de forma integrada, pela Associação Brasileira das Secretarias de Finanças das Capitais (Abrasf) e pela Receita Federal do Brasil.

A NFS-e é gerada e armazenada eletronicamente em Ambiente Nacional pela Receita Federal do Brasil, pela prefeitura ou por outra entidade conveniada, e documenta as operações de prestação de serviços.

A NFS-e é composta por registros gerados a partir de informações enviadas pelo contribuinte e por outros campos de responsabilidade do Fisco. A NFS-e gerada não pode mais ser alterada, todavia, por iniciativa do contribuinte, pode ser cancelada ou substituída, sendo, nesse caso, mantido o vínculo entre a nota substituída e a nova.

12. CONHECIMENTO DE TRANSPORTE ELETRÔNICO (CT-E)

O CT-e é um documento de existência exclusivamente digital, emitido e armazenado eletronicamente, para documentar para fins fiscais, uma prestação de serviço de transporte de cargas realizada por qualquer modal (Rodoviário, Aéreo, Ferroviário, Aquaviário e Dutoviário).

A empresa emitente gera um arquivo eletrônico assinado mediante certificado digital. A autorização de uso do CT-e é concedida pela administração tributária do domicílio do contribuinte.

13. MANIFESTO ELETRÔNICO DE DOCUMENTOS FISCAIS (MDF-E)

O MDF-e é um documento de existência exclusivamente digital, emitido e armazenado eletronicamente, com a finalidade de vincular os documentos fiscais transportados na unidade de carga utilizada.

A empresa emitente gera um arquivo eletrônico assinado mediante certificado digital. A autorização de uso do MDF-e é concedida no Ambiente Autorizador.

Tópico-síntese: Sistema de Escrituração Pública Digital – SPED	
SPED – Sistema de Escrituração Pública Digital	Atualmente é composto pelos módulos: – Escrituração Contábil Digital (ECD); – Escrituração Fiscal Digital (EFD – Contribuições); – Escrituração Fiscal Digital (EFD, ICMS, IPI); – Escrituração Fiscal Digital das Retenções e Outras Informações Fiscais (EFD – Reinf); – Conhecimento de Transporte Eletrônico (CT-e); – Escrituração Contábil Fiscal (ECF); – e-Financeira; – Sistema de Escrituração Digital das Obrigações Fiscais, Previdenciárias e Trabalhistas (eSocial) – Manifesto Eletrônico de Documentos Fiscais (MDF-e); – Nota Fiscal Eletrônica (NF-e); – Nota Fiscal de Serviços Eletrônica (NFS-e); – Nota Fiscal de Consumidor Eletrônica (NFC-e); – Central de Balanços; – Simplificação.
Usuários	I – RFB; II – administrações tributárias dos Estados, do Distrito Federal e dos Municípios, mediante convênio celebrado com a RFB; III – órgãos e entidades da administração pública federal direta e indireta com atribuição legal de regulação, normatização, controle e fiscalização de empresários e das pessoas jurídicas, inclusive imunes ou isentas. O acesso dos usuários é controlado e limitado pelas suas atribuições legais, sendo necessário celebrar convênio.
Escrituração Contábil Digital – ECD	Substitui a escrituração em papel pela transmissão de arquivos digitais dos livros contábeis. É obrigatória para as pessoas jurídicas determinadas no art. 3º da IN RFB nº 2003/2021, sendo facultativa para as demais. Os livros digitais entregues, assinados mediante certificação digital, substituem, para todos os efeitos legais, os livros em papel.

Tópico-síntese: Sistema de Escrituração Pública Digital – SPED	
Tipos de Livros da ECD	G – Diário Geral; R – Diário com Escrituração Resumida; A – Diário Auxiliar; Z – Razão Auxiliar; e B – Livro de Balancetes Diários e Balanços.
Regras de Compatibilidade dos Livros da ECD	– Livros que tem a escrituração completa, sem possibilidade de coexistência: G, R e B; – Livro G: deve ser único; – Livro R: deve ser complementado pelo A ou Z (ou ambos) – Livro B: pode ser único ou, facultativamente, complementado pelo A ou Z (ou ambos).
Funcionamento do SPED Contábil	I – empresa gera arquivo texto do livro digital, obedecendo ao leiaute previsto na legislação. O arquivo é validado e assinado digitalmente pelo contabilista legalmente habilitado e pelo titular ou representante legal da entidade; II – a escrituração e o requerimento são enviados ao repositório nacional do SPED; III – as entidades com direito a acesso às informações do SPED podem consultar a escrituração armazenada no repositório nacional.
Escrituração Contábil Fiscal (ECF)	Substituiu a Declaração de Informações Econômico-Fiscais da Pessoa Jurídica (DIPJ) a partir do ano-calendário 2014 e deve ser transmitida anualmente ao SPED até o último dia útil do mês de julho do ano seguinte ao do período da escrituração a que se refere. Deve ser assinada mediante certificado emitido por entidade credenciada pela Infraestrutura de Chaves Públicas Brasileira (ICP-Brasil).

Tópico-síntese: Sistema de Escrituração Pública Digital – SPED	
Escrituração Fiscal Digital da Contribuição para o Pis/Pasep, da Contribuição para o Financiamento da Seguridade Social (Cofins) e da Contribuição Previdenciária sobre s Receita Bruta (EFD – Contribuições)	Arquivo digital a ser utilizado pelas pessoas jurídicas na escrituração da Contribuição para o PIS/Pasep, da Cofins e da Contribuição Previdenciária incidente sobre a Receita Bruta. Deve ser transmitida mensalmente ao SPED até o 10º dia útil do 2º mês posterior ao do período da escrituração a que se refere, inclusive nos casos de extinção, incorporação, fusão e cisão total ou parcial, devendo ser assinada mediante certificado emitido por entidade credenciada pela Infraestrutura de Chaves Públicas Brasileira (ICP-Brasil).
Escrituração Fiscal Digital (EFD – ICMS IPI)	Arquivo digital a ser utilizado pelas pessoas jurídicas na escrituração documentos fiscais e de outras informações de interesse dos Fiscos estaduais e do DF e da Receita Federal do Brasil, bem como de registros de apuração de impostos referentes às operações e prestações praticadas pelo contribuinte. Deve ser assinada mediante certificado emitido por entidade credenciada pela Infraestrutura de Chaves Públicas Brasileira (ICP-Brasil).
e-Financeira	Conjunto de arquivos digitais, que devem ser transmitidos ao SPED, referentes a cadastro, abertura, fechamento e auxiliares, e pelos módulos de operações financeiras e de previdência privada. Deve ser assinada mediante certificado emitido por entidade credenciada pela Infraestrutura de Chaves Públicas Brasileira (ICP-Brasil).
Sistema de Escrituração Digital das Obrigações Fiscais, Previdenciárias e Trabalhistas (eSocial)	Sistema através do qual são coletadas informações trabalhistas, previdenciárias, tributárias e fiscais relativas à contratação e utilização de mão de obra onerosa, com ou sem vínculo empregatício, e de produção rural. Através do eSocial, os empregadores comunicam as informações relativas aos trabalhadores, como vínculos, contribuições previdenciárias, folha de pagamento, comunicações de acidente de trabalho, aviso prévio, escriturações fiscais e informações sobre o FGTS. Os eventos devem ser autenticados e assinados mediante certificado emitido por entidade credenciada pela Infraestrutura de Chaves Públicas Brasileira (ICP-Brasil).

Tópico-síntese: Sistema de Escrituração Pública Digital – SPED	
Escrituração Fiscal Digital das Retenções e Outras Informações Fiscais (EFD – Reinf)	Utilizada em complemento ao eSocial. Contém informações para apuração da retenção de contribuição previdenciária pelo contratante de serviços executados mediante cessão de mão de obra, para apurar as contribuições previdenciárias substitutivas, incidentes, em regra, sobre a receita bruta e para compor a DIRF. Deve ser transmitida ao SPED mensalmente até o dia 15 do mês posterior ao que se refere a escrituração.
Nota Fiscal Eletrônica (NF-e)	Emitente gera um arquivo eletrônico assinado mediante certificado digital, que corresponde à NF-e, contendo as informações fiscais da operação. Este arquivo eletrônico deve ser transmitido para a Secretaria da Fazenda de jurisdição do contribuinte que fará uma pré-validação do arquivo e retornará um protocolo de recebimento (Autorização de Uso), que permite o trânsito da mercadoria. A NF-e é transmitida também para a Receita Federal do Brasil, para a Secretaria da Fazenda do Estado destinatário, no caso de operação interestadual, e para a Suframa, se as mercadorias forem destinadas às áreas incentivadas. O DANFE é uma representação gráfica simplificada da NF-e e deve acompanhar a mercadoria em trânsito.
Nota Fiscal de Consumidor Eletrônica (NFC-e)	Documento de existência exclusivamente digital, emitido e armazenado eletronicamente, utilizado na venda a consumidor final, substituindo a nota fiscal de venda a consumidor, modelo 2, e o cupom fiscal emitido por emissor de cupom fiscal (ECF).
Nota Fiscal de Serviços Eletrônica (NFS-e)	É gerada e armazenada eletronicamente em Ambiente Nacional pela Receita Federal do Brasil, pela prefeitura ou por outra entidade conveniada, e documenta as operações de prestação de serviços.
Conhecimento de Transporte Eletrônico (CT-e)	Documento de existência exclusivamente digital, emitido e armazenado eletronicamente, para documentar para fins fiscais, uma prestação de serviço de transporte de cargas realizada por qualquer modal.
Manifesto Eletrônico de Documentos Fiscais (MDF-e)	Documento de existência exclusivamente digital, emitido e armazenado eletronicamente, para documentar para fins fiscais, uma prestação de serviço de transporte de cargas realizada por qualquer modal.

Capítulo

6

CICLO CONTÁBIL

Leia a lei:

Arts. 175 a 177 da Lei nº 6.404/76 (Lei das S/A)

1. PLANO DE CONTAS

Conforme JOSÉ CARLOS MARION (2009, p 124), "plano de contas é o agrupamento ordenado de todas as contas que são utilizadas pela contabilidade dentro de determinada empresa".

O **plano de contas** contém o elenco das contas da empresa, com a descrição de seu funcionamento, registros de operações típicas, nomenclatura, codificação e outros dados. Seu principal objetivo é padronizar os registros contábeis.

O **elenco de contas** é composto pela relação das contas utilizadas pela entidade e seus respectivos códigos.

Exemplo de informações dentro de um Plano de Contas:

Conta Caixa

Código: 1.1.1

Função: registrar e controlar as entradas e saídas de numerários.

Funcionamento: debitada pela entrada de numerário e creditada pela saída de numerário.

A quantidade de contas utilizadas na Contabilidade de uma empresa é enorme e varia conforme suas atividades. Cada empresa deve elaborar seu plano de contas, de acordo com suas peculiaridades e necessidades de informação. Uma empresa exclusivamente prestadora de serviços, por exemplo, não terá a conta Estoque de Mercadorias, pois não opera com venda de mercadorias.

É comum que o plano de contas seja organizado em vários graus de hierarquia com o objetivo de facilitar a obtenção do saldo de um agrupamento de contas, conforme a necessidade de cada tipo de usuário.

A seguir, tem-se o exemplo parcial de um plano de contas em 5 graus:

Conta	Código	Grau
Passivo	2	1°
Circulante	2.1	2º
Fornecedores	2.1.1	3º
Nacionais	2.1.1.1	4º
Materiais e Cia S/A	2.1.1.1.1	5º
Fornecetudo Ltda	2.1.1.1.2	5º

As contas de nível mais alto são denominadas sintéticas e agrupam as contas de nível inferior. No exemplo acima, a conta sintética Fornecedores é formada pela soma das contas de 4º nível que estão abaixo dela na hierarquia do plano de contas.

Os lançamentos contábeis são realizados apenas nas contas de nível hierárquico mais baixo (contas analíticas). Tais contas apresentam o maior grau de detalhamento. No exemplo acima, apenas as contas de 5º grau podem receber lançamentos. As contas dos demais graus apenas agrupam as de grau inferior.

2. BALANCETE DE VERIFICAÇÃO

Todos os fatos contábeis ocorridos na empresa são registrados no Livro Diário e, em seguida, transcritos para o Livro Razão.

Periodicamente são feitas verificações para aferir a correção dos lançados efetuados. O balancete de verificação é utilizado para averiguar a correta aplicação do método das partidas dobradas. Nele são relacionados os saldos de todas as contas do Razão, sendo uma coluna para os saldos devedores e outra para os credores. As contas do ativo, de despesas, retificadoras do passivo e retificadoras do patrimônio líquido apresentam seus saldos na coluna devedora. As contas do passivo, patrimônio líquido, de receitas e retificadoras do ativo apresentam seus saldos na coluna credora. Em função das partidas dobradas, a soma dos saldos devedores é igual à soma dos saldos credores. A seguir encontra-se um exemplo de balancete de verificação simplificado de duas colunas:

CONTA	SALDO	
	DEVEDOR	CREDOR
CAIXA	900,00	
DUPLICATAS A RECEBER	1.400,00	
ESTOQUE	4.300,00	
TERRENO	6.000,00	
DUPLICATAS A PAGAR		2.400,00
EMPRÉSTIMOS		1.200,00
CAPITAL SOCIAL		6.000,00
LUCROS ACUMULADOS		2.600,00
VENDAS DE MERCADORIAS		3.000,00
CUSTO DAS MERCADORIAS VENDIDAS – CMV	1.200,00	
SALÁRIOS	800,00	
ENERGIA ELÉTRICA	600,00	
TOTAL	15.200,00	15.200,00

Os modelos de balancete de verificação variam do mais simples, como o visto acima, de duas colunas, uma para os débitos e outra para os créditos, até modelos mais detalhados, com seis ou oito colunas.

O balancete de seis colunas apresenta os saldos anteriores, o movimento de débitos e créditos do período e os saldos finais.

O modelo mais completo é o balancete de oito colunas, o qual apresenta os saldos anteriores, o movimento de débitos, créditos e respectivos saldos do movimento do período atual e os saldos finais.

3. APURAÇÃO DO RESULTADO

As contas de resultado são encerradas ao final do exercício para a apuração do resultado, que por sua vez é transferido para a conta patrimonial de Lucros ou Prejuízos Acumulados.

A partir dos dados do balancete apresentado anteriormente, são efetuados os seguintes lançamentos:

1) débito nas contas de receita e crédito na conta Apuração do Resultado do Exercício – ARE:

Vendas de Mercadorias

a Apuração do Resultado do Exercício – ARE 3.000,00

2) crédito nas contas de despesa e débito na conta Apuração do Resultado do Exercício – ARE:

Apuração do Resultado do Exercício – ARE

a Diversos

a Custo das Mercadorias Vendidas CMV 1.200,00

a Salários 800,00

a Energia Elétrica 600,00 2.600,00

3) o saldo da conta Apuração do Resultado do Exercício é transferido para a conta Lucros/Prejuízos Acumulados, no Patrimônio Líquido:

Apuração do Resultado do Exercício – ARE

a Lucros Acumulados R$ 400,00

Lançamentos no Razão:

VENDAS DE MERCADORIAS

(1) 3.000,00	3.000,00 (SA)
	0

CMV

(SA)1.200,00	1.200,00 (2)
0	

SALÁRIOS

(SA) 800,00	800,00 (2)
0	

ENERGIA ELÉTRICA

(SA) 600,00	600,00 (2)
0	

ARE

(2) 1.200,00	3.000,00 (1)
(2) 800,00	
(2) 600,00	
(3) 400,00	400,00 LUCRO
	0

LUCROS ACUMULADOS

	1.200,00 (SA)
	400,00 (3)
	1.600,00

4. EXERCÍCIO SOCIAL E DEMONSTRAÇÕES CONTÁBEIS

Conforme a lei societária, o exercício social tem duração de um ano e a data do seu término é estabelecida no estatuto social. Embora a maioria das empresas no Brasil adote o dia 31 de dezembro como término, a opção pode ser por qualquer outra data.

A **lei prevê dois casos de exceção na duração de um ano do exercício social:**

1) na constituição da empresa;
2) na hipótese de alteração estatutária.

Assim, por exemplo, caso a empresa fixe como fim do exercício o dia 31 de dezembro e inicie suas operações em 01 de junho, o seu exercício social teria a duração de sete meses no ano de sua fundação.

Outro exemplo seria caso a empresa alterasse seu estatuto para mudar o término do exercício social de 31 de dezembro para 30 de junho. Nessa hipótese, o exercício social poderia ter a duração de seis meses no ano da alteração.

Conforme a Lei nº 6.404/76, ao fim de cada exercício social, as sociedades por ações devem elaborar e publicar as seguintes demonstrações contábeis:

I – balanço patrimonial;
II – demonstração dos lucros ou prejuízos acumulados;
III – demonstração do resultado do exercício;
IV – demonstração dos fluxos de caixa; e
V – se companhia aberta, demonstração do valor adicionado.

A companhia fechada, com patrimônio líquido inferior a dois milhões de reais, na data do balanço, está dispensada da elaboração e publicação da demonstração dos fluxos de caixa.

As demonstrações contábeis devem indicar os valores dos itens do exercício a que se referem e do exercício anterior.

A lei permite o agrupamento de contas semelhantes. Os pequenos saldos podem ser agregados, desde que indicada a sua natureza e não ultrapassem 10% do valor do respectivo grupo de contas (por exemplo, ativo circulante). Mas não é permitida a utilização de designações genéricas, como "diversas contas" ou "contas-correntes".

As demonstrações financeiras são elaboradas pela diretoria da sociedade por ações, inclusive com a proposta de destinação dos lucros. Posteriormente a assembleia geral dos acionistas irá votar as demonstrações e deliberar sobre a destinação do lucro líquido do exercício e a distribuição de dividendos, podendo aprová-las ou não. Para resolver esse impasse, a lei determina que as demonstrações contábeis registrem a destinação dos lucros segundo a proposta dos órgãos da administração, no pressuposto de sua aprovação pela assembleia geral.

Uma empresa de grande porte, independentemente de seu tipo (uma sociedade limitada, por exemplo), deve obedecer às disposições da Lei nº 6.404/76 sobre escrituração e elaboração de demonstrações financeiras e a obrigatoriedade de auditoria independente por auditor registrado na Comissão de Valores Mobiliários. Para essa finalidade, é considerada de grande porte a empresa ou grupo que tiver, no exercício social anterior, ativo total superior a duzentos e quarenta milhões de reais ou receita bruta anual superior a trezentos milhões de reais.

As demonstrações devem ser complementadas por notas explicativas e outros quadros analíticos ou demonstrações contábeis necessários para esclarecimento da situação patrimonial e dos resultados do exercício. As notas explicativas podem ser apresentadas de forma textual descritiva, na forma de quadros analíticos ou mesmo através de outras demonstrações contábeis não obrigatórias. O §5º do art. 176 da Lei nº 6.404/76 enumera várias dessas notas explicativas. No entanto, a relação prevista na Lei das S/A não é exaustiva. Assim, muitas vezes pode haver a necessidade de inclusão de notas explicativas adicionais. Da mesma forma, há situações em que algumas dessas notas citadas pela Lei das S/A não são aplicáveis.

Em complemento à previsão legal, o Comitê de Pronunciamentos Contábeis – CPC e a Comissão de Valores Mobiliários – CVM têm recomendado notas a serem incluídas nas demonstrações contábeis.

Tópico-síntese: Ciclo Contábil	
Sequência do Ciclo Contábil da Empresa	1º) registro dos fatos contábeis no livro Diário; 2º) transcrição dos lançamentos do Diário para as respectivas contas no livro Razão; 3º) elaboração do balancete de verificação; 4º) ao final do exercício, encerramento das contas de resultado, para a apuração do resultado; 5º) transferência do resultado para a conta Lucros ou Prejuízos Acumulados; 6º) levantamento de novo balancete de verificação, ajustado para balanço; 7º) elaboração do Balanço Patrimonial, da Demonstração do Resultado do Exercício e das demais demonstrações contábeis obrigatórias; 8º) transcrição das demonstrações contábeis obrigatórias para o livro Diário.
Duração do Exercício Social	Um ano, com a data do término estabelecida no estatuto social. Exceções: na constituição da empresa e na hipótese de alteração estatutária.
Demonstrações Contábeis Obrigatórias para as S/A	I – balanço patrimonial; II – demonstração dos lucros ou prejuízos acumulados; III – demonstração do resultado do exercício; IV – demonstração dos fluxos de caixa; e V – se companhia aberta, demonstração do valor adicionado. A companhia fechada, com patrimônio líquido inferior a dois milhões de reais, na data do balanço, está dispensada da elaboração e publicação da demonstração dos fluxos de caixa.
Notas Explicativas	Complementam as demonstrações contábeis para esclarecimento da situação patrimonial e dos resultados do exercício.

Capítulo

7

REGIMES DE ESCRITURAÇÃO

1. CONCEITO

Regime de escrituração pode ser definido como o critério temporal adotado para a contabilização das receitas e das despesas.

Há dois momentos passíveis de registro das receitas e das despesas na Contabilidade: no momento da sua ocorrência ou no momento da realização financeira, através da entrada ou saída de caixa. Em função desses momentos distintos para contabilização de receitas e despesas, existem dois regimes de escrituração para apuração do resultado. regime de competência e regime de caixa.

No regime de competência as receitas e as despesas devem ser registradas quando ocorrerem, independentemente de recebimento ou pagamento.

Já no regime de caixa, receitas e despesas são reconhecidas apenas quando há respectivamente recebimentos ou desembolsos.

2. REGIME DE COMPETÊNCIA

O Regime de Competência decorre do princípio de mesmo nome, sendo universalmente aceito e obrigatório para as empresas, de acordo com a lei e as normas contábeis.

Atenção

A Resolução 2016/NBCTSPEC do Conselho Federal de Contabilidade – CFC determinou a revogação, a partir de 01/01/2017, da Resolução CFC nº 750, que dispõe sobre os Princípios de Contabilidade. Entretanto vários desses Princípios encontram-se inseridos no Pronunciamento Técnico CPC 00 (R2) – Estrutura Conceitual para Relatório Financeiro, emitido pelo Comitê de Pronunciamentos Contábeis – CPC. Além disso, a própria doutrina contábil prevê a observância desses princípios.

Conforme lição de SÉRGIO DE IUDÍCIBUS et al (2010, p. 74, grifo do autor), no regime de competência, "as Receitas e as Despesas são consideradas em função do seu *fato gerador* e não em função do recebimento da Receita ou pagamento da Despesa, em dinheiro".

A receita de venda é considerada realizada quando a mercadoria é entregue ou o serviço é realizado. Na ocorrência desses eventos a receita é registrada mesmo se o pagamento ainda não foi realizado. Por outro lado, se houver recebimento antecipado, a contrapartida será em conta de receitas antecipadas, no passivo.

A despesa surge com a diminuição ou a extinção do valor de um ativo ou pelo surgimento de um passivo, sem o ativo correspondente. A despesa ocorrida deve ser contabilizada mesmo quando o pagamento deva ocorrer no futuro. De outra forma, caso o pagamento seja efetuado anteriormente à despesa ser considerada ocorrida, o seu registro será no ativo em conta de despesa antecipada.

Deve haver confrontação entre as receitas e as despesas correlatas. Assim, no momento em que a receita de venda de mercadorias é reconhecida pela transferência do bem ao comprador, simultaneamente são registradas as despesas correspondentes, como o custo das mercadorias vendidas e as despesas de eventual previsão de conserto de produtos em garantia.

3. REGIME DE CAIXA

O regime de caixa leva em consideração apenas o fluxo financeiro para o registro das transações. Sendo assim, a receita será contabilizada quando houver o recebimento em dinheiro, enquanto a despesa será registrada quando houver o desembolso de caixa.

Trata-se de uma forma simplificada de apuração do resultado, uma vez que não há registro de contas a pagar, de valores a receber a prazo, ou de qualquer outra transação que ainda não tenha afetado o caixa da empresa.

Embora legalmente as empresas estejam obrigadas a adotar o regime de competência na contabilização dos eventos, o conhecimento sobre os fluxos de caixa da entidade é importante para avaliação sobre suas perspectivas futuras. Por essa razão, a Demonstração dos Fluxos de Caixa é uma das mais relevantes ferramentas gerenciais para as empresas.

4. REGIME DE COMPETÊNCIA X REGIME DE CAIXA

Em regra, as empresas são obrigadas legalmente e pelas normas contábeis a adotar o regime de competência.

O art. 177 da Lei nº 6.404/76 determina que "a escrituração da companhia será mantida em registros permanentes, com obediência aos preceitos da legislação comercial e desta Lei e aos princípios de contabilidade geralmente aceitos, devendo observar métodos ou critérios contábeis uniformes no tempo e **registrar as mutações patrimoniais segundo o regime de competência**". (grifo nosso)

O Pronunciamento Técnico CPC 00 (R2) estabelece a adoção do regime de competência, conforme transcrito a seguir:

> O regime de competência reflete os efeitos de transações e outros eventos e circunstâncias sobre reivindicações e recursos econômicos da entidade que reporta nos períodos em que esses efeitos ocorrem, mesmo que os pagamentos e recebimentos à vista resultantes ocorram em período diferente. Isso é importante porque informações sobre os recursos econômicos e reivindicações da entidade que reporta e mudanças em seus recursos econômicos e reivindicações durante o período fornecem uma base melhor para a avaliação do desempenho passado e futuro da entidade do que informações exclusivamente sobre recebimentos e pagamentos à vista durante esse período.

Nos termos do Pronunciamento Técnico CPC 26 (R1) – Apresentação das Demonstrações Contábeis, com exceção da Demonstração dos Fluxos de Caixa, a entidade deve adotar o regime de competência na elaboração de suas demonstrações contábeis.

Para ilustrar a diferença entre os dois regimes, a seguir é demonstrada, segundo o regime de competência, a escrituração no Diário do reconhecimento da despesa de salários no final do mês, a ser pago no futuro, com lançamento a crédito do passivo:

Salários

a Salários a pagar

Na data do pagamento, ocorrerá um novo lançamento, mas agora registrando apenas um fato permutativo:

Salários a pagar

a Caixa

De outra forma, no regime de caixa, receitas e despesas são reconhecidas apenas quando há recebimentos e desembolsos.

Assim, no exemplo anterior, ao final do mês não haverá um lançamento reconhecendo a despesa. Portanto não haverá registro de contas a pagar. Apenas ocorrerá o lançamento no mês seguinte ao da despesa, quando houver o efetivo pagamento:

Salários

a Caixa

Quando o pagamento for concomitante ao surgimento da despesa, o lançamento é idêntico nos dois regimes de escrituração:

Salários

a Caixa

Tópico-síntese: Regimes de Escrituração	
Regime de Competência	Receitas e despesas são registradas quando ocorrerem, independentemente de recebimento ou pagamento em dinheiro.
Regime de Caixa	Receitas e despesas são reconhecidas apenas quando há recebimentos ou desembolsos em dinheiro.
Regime de Competência X Regime de Caixa	A adoção do regime de competência é obrigatória para as empresas. As empresas devem utilizar o regime de competência na elaboração das demonstrações contábeis, com exceção da Demonstração dos Fluxos de Caixa. Se o pagamento ou recebimento for concomitante ao surgimento da receita ou da despesa, o lançamento ocorrerá ao mesmo tempo nos dois regimes de escrituração.

Capítulo

8

BALANÇO PATRIMONIAL

leia a lei:

- *Arts. 178 e 182 da Lei nº 6.404/76 (Lei das S/A)*

1. BALANÇO PATRIMONIAL

Conforme SÉRGIO DE IUDÍCIBUS et al (2010, p 2), "o balanço tem por finalidade apresentar a posição financeira e patrimonial da empresa em determinada data, representando, portanto, uma posição estática".

Os elementos relacionados com a posição patrimonial e financeira da empresa, apresentados no balanço patrimonial, são os ativos, os passivos e o patrimônio líquido.

O Pronunciamento Técnico CPC 00 (R2) apresenta as seguintes definições:

> "Ativo é um recurso econômico presente controlado pela entidade como resultado de eventos passados".
>
> "Recurso econômico é um direito que tem o potencial de produzir benefícios econômicos".
>
> "Passivo é uma obrigação presente da entidade de transferir um recurso econômico como resultado de eventos passados".
>
> "Patrimônio líquido é a participação residual nos ativos da entidade após a dedução de todos os seus passivos".

A Lei nº 6404/76 define que "no balanço, as contas serão classificadas segundo os elementos do patrimônio que registrem, e agrupadas de modo a facilitar o conhecimento e a análise da situação financeira da companhia".

2. GRUPOS DE CONTAS NO BALANÇO PATRIMONIAL

A Lei nº 6.404 estabelece a classificação das contas no balanço em grupos. A seguir encontram-se as contas divididas conforme a determinação da lei societária:

ATIVO	PASSIVO
Ativo Circulante	**Passivo Circulante**
Ativo Não Circulante	**Passivo Não Circulante**
Ativo Realizável a Longo Prazo	
Investimentos	**Patrimônio Líquido**
Imobilizado	Capital Social
Intangível	Reservas de Capital
	(+/-) Ajustes de Avaliação Patrimonial
	Reservas de Lucros
	(-) Ações em Tesouraria
	(-) Prejuízos Acumulados

2.1. Ativo

O ativo é dividido da seguinte forma:

1) Ativo Circulante: disponibilidades (ex: caixa, bancos conta movimento, numerário em trânsito, aplicações de liquidez imediata), direitos realizáveis no curso do exercício social subsequente (ex: duplicatas a receber, valores mobiliários, ICMS a recuperar, IPI a recuperar, estoques) e as aplicações de recursos em despesas do exercício seguinte (ex: prêmios de seguros a apropriar, aluguéis pagos antecipadamente);

2) Ativo Não Circulante, subdividido em:

a) Ativo Realizável a Longo Prazo: direitos realizáveis após o término do exercício seguinte (ex: duplicatas a receber, prêmios de seguros a apropriar), assim como os derivados de vendas, adiantamentos ou empréstimos a sociedades coligadas ou controladas (art. 243), diretores, acionistas ou participantes no lucro da companhia, que não constituírem negócios usuais na exploração do objeto da companhia;

b) Investimentos: participações permanentes em outras sociedades e os direitos de qualquer natureza, não classificáveis no ativo circulante, e que não se destinem à manutenção da atividade da companhia ou da empresa (ex: ações de empresas coligadas, imóveis não de uso, obras de arte);

c) Imobilizado: direitos que tenham por objeto bens corpóreos destinados à manutenção das atividades da companhia ou da empresa ou exercidos com essa finalidade (ex: instalações, prédios, máquinas, aparelhos e equipamentos, veículos, móveis e utensílios);

d) Intangível: direitos que tenham por objeto bens incorpóreos destinados à manutenção da companhia ou exercidos com essa finalidade, inclusive o fundo de comércio adquirido (ex: marcas, direitos e patentes industriais);

2.2. Passivo exigível

É dividido da seguinte forma:

a) **Passivo Circulante:** obrigações da companhia, inclusive financiamentos para aquisição de direitos do ativo não circulante, com prazo de vencimento no exercício seguinte (ex: fornecedores, empréstimos e financiamentos, títulos a pagar, provisão para imposto de renda, ICMS a recolher);

b) **Passivo Não Circulante:** obrigações da companhia, inclusive financiamentos para aquisição de direitos do ativo não circulante, com prazo de vencimento posterior ao exercício seguinte (exemplos: empréstimos e financiamentos, títulos a pagar).

2.3. Patrimônio líquido

O Patrimônio Líquido é dividido em:

1) **Capital Social:** capital subscrito e, por dedução, a parcela do capital ainda não realizada. Contas: Capital Subscrito, Capital a integralizar (conta devedora);

2) **Reservas de Capital:** São consideradas reservas de capital:

   a) contribuição do subscritor de ações que ultrapassar o valor nominal e a parte do preço de emissão das ações sem valor nominal que ultrapassar a importância destinada à formação do capital social, inclusive nos casos de conversão em ações de debêntures ou partes beneficiárias;

   b) produto da alienação de partes beneficiárias e bônus de subscrição;

   c) resultado da correção monetária do capital realizado, enquanto não capitalizado;

3) **Ajustes de Avaliação Patrimonial:** contrapartidas de aumentos ou diminuições de valor atribuído a elementos do ativo e do passivo, em decorrência da sua avaliação a valor justo, enquanto não computadas no resultado do exercício em obediência ao regime de competência, nos casos previstos na Lei nº 6.404/76 ou em normas expedidas pela Comissão de Valores Mobiliários, com base na competência conferida pelo § 3º do art. 177 da Lei nº 6.404/76;

4) **Reservas de Lucros:** contas constituídas pela apropriação de lucros da companhia;

5) **Ações em Tesouraria:** ações da própria companhia que foram por ela adquiridas. Têm natureza devedora e devem deduzir a conta do patrimônio líquido que registrar a origem dos recursos aplicados na sua aquisição;

6) **Prejuízos Acumulados.**

3. COMENTÁRIOS

Os saldos devedores e credores que a empresa não tiver o direito de compensar devem aparecer separadamente. Por exemplo, caso uma empresa tenha duas contas-correntes, uma com saldo negativo e outra com saldo positivo, cada uma delas será classificada respectivamente no passivo e no ativo.

Conforme a disposição legal, no ativo as contas são classificadas em ordem decrescente do grau de liquidez. Assim os itens mais rapidamente realizáveis em dinheiro aparecerão antes. Por isso, a conta Caixa estará disposta em primeiro lugar.

Embora a lei não tenha determinado expressamente, da mesma forma as contas no passivo são classificadas em ordem decrescente do grau de exigibilidade. Assim os passivos a serem pagos em menor prazo devem ser apresentados inicialmente.

Devido a esse critério, o ativo e o passivo são divididos em circulante e não circulante.

Regra geral, os ativos realizáveis e os passivos exigíveis no prazo de até um ano são considerados circulantes, sendo não circulantes os que ultrapassarem esse prazo. O texto da lei estabelece como curto prazo o curso do exercício social subsequente, pois presume que essa classificação está sendo efetuada na data do balanço (último dia do exercício social).

Caso o ciclo operacional da empresa ultrapasse um ano, a classificação em curto prazo ou longo prazo passará a ser baseada na duração desse ciclo. Ciclo operacional é o tempo decorrido desde a compra de matéria-prima ou mercadorias, passando pela produção e estocagem, até a venda do produto e recebimento. Um fabricante de navios, por exemplo, com ciclo operacional de dois anos, utilizará esse prazo para classificação em circulante ou não circulante.

4. MENSURAÇÃO DOS ELEMENTOS DAS DEMONSTRAÇÕES CONTÁBEIS

Conforme o Pronunciamento Técnico CPC 00 (R2), o valor monetário pelo qual os elementos das demonstrações contábeis são reconhecidos e apresentados no balanço patrimonial e na demonstração do resultado do exercício é determinado de acordo com uma base de mensuração. A aplicação de uma base de mensuração a ativo ou passivo cria uma mensuração para esse ativo ou passivo, bem como para as respectivas receitas e despesas. O valor contábil total do patrimônio líquido não é mensurado diretamente, pois equivale à diferença entre o total dos valores contábeis dos ativos menos o total dos valores contábeis dos passivos.

As bases de mensuração incluem o **custo histórico** e o **valor atual**. As bases de mensuração do valor atual são divididas em: **valor justo, valor em uso de ativos e valor de cumprimento de passivos e custo corrente.**

O **custo histórico** utiliza informações derivadas, ainda que em parte, do preço de transação ou outro evento que deu origem aos ativos, passivos e respectivas receitas e despesas. O custo histórico de ativo adquirido ou criado é o valor dos custos incorridos em sua aquisição ou criação, compreendendo a contraprestação paga, somados os custos de transação. O custo histórico de passivo adquirido ou criado é o valor da contraprestação recebida para incorrer ou assumir o passivo, subtraídos dos custos de transação.

O **valor atual** reflete informações atualizadas na data de mensuração para determinar o valor monetário de ativos, passivos e respectivas receitas e despesas.

O "**valor justo** é o preço que seria recebido pela venda de ativo ou que seria pago pela transferência de passivo em transação ordenada entre participantes do mercado na data de mensuração".

O "**valor em uso** é o valor presente dos fluxos de caixa, ou outros benefícios econômicos, que a entidade espera obter do uso de ativo e de sua alienação final".

O "**valor de cumprimento** é o valor presente do caixa, ou de outros recursos econômicos, que a entidade espera ser obrigada a transferir para cumprir a obrigação".

O **custo corrente de ativo** refere-se ao "custo de ativo equivalente na data de mensuração, compreendendo a contraprestação que seria paga na data de mensuração mais os custos de transação que seriam incorridos nessa data".

O **custo corrente de passivo** refere-se à "contraprestação que seria recebida pelo passivo equivalente na data de mensuração menos os custos de transação que seriam incorridos nessa data".

Custo corrente e custo histórico são valores de entrada, pois refletem preços no mercado em que a entidade iria adquirir o ativo ou incorrer no passivo. Entretanto, de forma diferente do custo histórico, o custo corrente indica condições na data da mensuração.

Valor justo, valor em uso e valor de cumprimento são valores de saída.

5. CONVERGÊNCIA DAS NORMAS CONTÁBEIS BRASILEIRAS AOS PADRÕES INTERNACIONAIS

A Lei nº 11.638/07 alterou a Lei nº 6.404/76, com a finalidade de promover a convergência da contabilidade brasileira às normas internacionais de contabilidade.

Durante os sete anos de tramitação do projeto de lei no Congresso Nacional, as normas internacionais evoluíram e sofreram modificações. Assim, foi publicada a Medida Provisória nº 449/08, posteriormente convertida na Lei nº 11.941/09, com modificações complementares à Lei nº 6.404/76.

Algumas das principais alterações legais visando a convergência, que refletiram no Balanço Patrimonial foram as seguintes:

1 – Mudança da denominação do Ativo Permanente para Ativo Não Circulante, agora subdividido nos subgrupos Ativo Realizável a Longo Prazo, Investimentos, Imobilizado e Intangível;

2 – Extinção do subgrupo Ativo Diferido;

3 – O Passivo Exigível a Longo Prazo passa a ser denominado Passivo Não Circulante, com a extinção dos Resultados de Exercícios Futuros e reclassificação dos seus saldos para o subgrupo Passivo Não Circulante;

4 – Extinção, no Patrimônio Líquido, da Reserva de Reavaliação e criação dos Ajustes de Avaliação Patrimonial;

5 – Extinção da opção da reavaliação espontânea de bens e direitos das contas do Ativo, podendo o saldo existente ser mantido até sua efetiva realização ou opcionalmente ser estornado até o término do exercício social de 2008;

6 – Subdivisão do Ativo Imobilizado, com a criação do subgrupo Intangível, onde devem ser classificados os bens incorpóreos, tais como marcas, patentes, direitos de concessão, direitos de exploração, direitos de franquia, direitos autorais, gastos com desenvolvimentos de novos produtos;

7 – No Imobilizado deve prevalecer a essência sobre a forma, sendo registrados nesse subgrupo bens que, mesmo não

sendo de propriedade jurídica da empresa, estão sob o seu controle, juntamente com os benefícios e os riscos;

8 – Criação dos Ajustes de Avaliação Patrimonial, com a classificação nesse grupo das contrapartidas de aumento ou diminuição de valor atribuído a elementos do Ativo e do Passivo em decorrência da sua avaliação a valor justo, enquanto não computadas no resultado do exercício em obediência ao regime de competência;

9 – Registro das doações e subvenções para investimento em conta de resultado e não mais em conta de reserva de capital no Patrimônio Líquido;

10 – O prêmio recebido na emissão de debêntures deixa de ser registrado em conta de reserva de capital no Patrimônio Líquido;

11 – Extinção da possibilidade de manter saldo na conta Lucros Acumulados ao fim do exercício;

12 – Introdução do teste de recuperabilidade dos valores registrados nos ativos Imobilizado e Intangível;

13 – Inclusão do ajuste a valor presente em operações do ativo e do passivo de longo prazo, bem como as de curto prazo, quando houver efeito relevante;

14 – Alteração de critérios para avaliação de investimentos pelo método da equivalência patrimonial, com eliminação da exigência da relevância no caso de coligadas, e inclusão do capital votante como parâmetro para presumir a coligação.

5.1. Ativo diferido

A Lei nº 6.404/76 determinava a classificação no ativo diferido no caso das "aplicações de recursos em despesas que contribuirão para a formação do resultado de mais de um exercício social, inclusive os juros pagos ou creditados aos acionistas durante o período que anteceder o início das operações sociais".

A Lei nº 11.638/2007 alterou o dispositivo citado, ao restringir a classificação no Ativo Diferido apenas às despesas pré-operacionais e aos gastos de reestruturação que contribuirão, efetivamente, para o aumento do resultado de mais de um exercício social e que não configurem somente uma redução de custos ou acréscimo na eficiência operacional.

No ano seguinte, o artigo 36 da Medida Provisória nº 449/2008 (posteriormente convertida na Lei nº 11.941/2009) extinguiu o Ativo Diferido.

Atualmente, os gastos com atividades pré-operacionais destinadas a constituir a empresa são reconhecidos como despesa, exceto se estiverem incluídos no custo de um item do Ativo Imobilizado. Podem incluir itens como custos jurídicos e de secretaria para constituir a pessoa jurídica, gastos para abrir novas instalações ou unidades operacionais.

O saldo existente em 31 de dezembro de 2008 no ativo diferido que, pela sua natureza, não pudesse ser alocado a outro grupo de contas, poderia ser baixado contra lucros ou prejuízos acumulados ou permanecer no ativo diferido até sua completa amortização.

5.2. Resultados de exercícios futuros

A Lei nº 6.404/76 classificava como resultados de exercícios futuros, as receitas de exercícios futuros, diminuídas dos custos e despesas a elas correspondentes. Nesse grupo, situado entre o Passivo Exigível e o Patrimônio Líquido, constavam os valores recebidos referentes a transações que afetariam o patrimônio líquido no exercício seguinte, mas que em hipótese alguma seriam devolvidos pela empresa e nem representariam qualquer obrigação de sua parte de entregar bens ou serviços.

Um exemplo seria o recebimento antecipado de aluguéis, cujo contrato estabelecesse a impossibilidade de devolução, em qualquer caso, dos valores adiantados. No recebimento antecipado de aluguel haveria o lançamento em Resultados de Exercícios Futuros. Quando a receita fosse realizada conforme o regime de competência, haveria o lançamento de transferência de Resultados de Exercícios Futuros, para conta de Receitas de Aluguel (Resultado).

A MP nº 449/2008 (Convertida na Lei nº 11.941, de 2009) deu nova redação à Lei nº 6.404/76, extinguindo o grupo Resultados de Exercícios Futuros.

Os saldos existentes nesse grupo, em 31/12/2008, deveriam ser reclassificados para o Passivo não Circulante em conta representativa de receita diferida e do respectivo custo diferido.

5.3. Reservas de reavaliação

A Lei nº 11.638/07 eliminou a possibilidade de reavaliação de ativos. Anteriormente a Lei nº 6.404/76 permitia a reavaliação, que consistia na possibilidade de uma empresa espontaneamente avaliar os ativos por seu valor de mercado quando superior ao custo.

A CVM, através de sua Deliberação nº 183/95 somente permitia a reavaliação de bens tangíveis do ativo imobilizado. A legislação fiscal restringia a reavaliação a bens do ativo permanente (exceto investimentos avaliados pelo método da equivalência patrimonial) e considerava que a receita seria tributável se aplicada a outros itens do ativo.

Era necessário nomear, em assembleia, três peritos, ou empresa especializada, para elaboração de laudo de avaliação. Após a aprovação do laudo a empresa poderia proceder à reavaliação.

Em caso de reavaliação de um terreno, por exemplo, a contabilização seria feita debitando-se o ativo reavaliado pela diferença entre o valor consignado no laudo e o registrado anteriormente e a crédito de conta de Reserva de Reavaliação, no Patrimônio Líquido.

Exemplo: A entidade procede a reavaliação de um terreno do seu imobilizado registrado pelo valor de R$ 300.000,00. O laudo aprovado em assembleia apontou que o valor do referido imóvel era de R$ 500.000,00.

TERRENOS		RESERVA DE REAVALIAÇÃO	
(SA) 300.000			200.000 (1)
(1) 200.000			

O valor da Reserva de Reavaliação somente seria transferido para a conta Lucros ou Prejuízos Acumulados à medida que o ativo reavaliado fosse realizado mediante alienação, baixa, depreciação, amortização ou exaustão. No caso de um terreno, a realização normalmente ocorreria por alienação. Assim, caso ele fosse vendido pelo valor de R$ 600.000,00 haveria a transferência da Reserva de Reavaliação para

Lucros Acumulados. Os lançamentos seriam os seguintes (desconsiderando impostos):

TERRENOS	
(SA)500.000	500.000(1a)

OUTRAS RECEITAS	
	600.000(1)

BANCOS C/M	
XXX	
(1)600.000	

CUSTO IMOBILIZADO	
(1a)500.000	

RESERVA DE REAVALIAÇÃO	
(1b)200.000	200.000(SA)

LUCROS ACUMULADOS	
	200.000(1b)

Supondo que o ativo a ser reavaliado fosse uma máquina registrada ao custo de R$ 150.000,00, com vida útil estimada em 10 anos, depreciada em 20%. O laudo avaliou o ativo em R$ 160.000,00:

MÁQUINAS E EQUIPAMENTOS	
(SA)150.000	30.000(1)
120.000	
(2)40.000	
160.000	

DEPRECIAÇÃO ACUMULADA	
(1)30.000	30.000(SA)
	0

RESERVA DE REAVALIAÇÃO	
	40.000(2)

A vida útil restante da máquina foi estimada em 8 anos. Após a reavaliação, o valor a ser depreciado anualmente é de R$ 20.000,00 (160.000/8). Na verdade, a depreciação referente ao saldo antigo é de R$ 15.000,00 (120.000/8), sendo a referente à parcela reavaliada calculada em R$ 5.000,00 (40.000/8). Portanto, deve-se transferir a cada ano R$ 5.000,00, referente à parcela realizada da Reserva de Reavaliação para a conta Lucros ou Prejuízos Acumulados:

		Débito	Crédito
D	Reserva de Reavaliação	R$ 5.000,00	
C	Lucros Acumulados		R$ 5.000,00

A Lei nº 11.638/07 ofereceu duas alternativas para tratamento dos saldos existentes até então nas reservas de reavaliação:

I – estornar até o final do exercício social de 2008;

II – mantê-los até sua efetiva realização.

<table>
<tr><th colspan="2">Tópico-síntese: Balanço Patrimonial</th></tr>
<tr><td>Balanço Patrimonial</td><td>Apresenta a posição estática patrimonial e financeira da empresa em determinado momento. É obrigatório elaborar e divulgar o Balanço Patrimonial ao fim de cada exercício social.
Disposição das contas no ativo e passivo, em ordem decrescente, respectivamente, do grau de liquidez e do prazo de liquidação.
Saldos devedores e credores que a empresa não tem o direito de compensar são classificados separadamente.</td></tr>
<tr><td>Grupos de Contas do Ativo, no Balanço Patrimonial, conforme a Lei nº 6.404/76</td><td>I – Ativo Circulante
II – Ativo Não Circulante, composto por:
– Ativo Realizável a Longo Prazo;
– Investimentos;
– Imobilizado;
– Intangível.</td></tr>
<tr><td>Grupos de Contas do Passivo, no Balanço Patrimonial, conforme a Lei nº 6.404/76</td><td>I – Passivo Circulante
II – Passivo Não Circulante
III – Patrimônio Líquido, dividido em:
– Capital Social;
– Reservas de Capital;
– Ajustes de Avaliação Patrimonial;
– Reservas de Lucros;
– Ações em Tesouraria;
– Prejuízos Acumulados.</td></tr>
<tr><td>Bases de Mensuração</td><td>I – Custo histórico
II – Valor Atual
a) Valor Justo
b) Valor em Uso
c) Valor de Cumprimento
d) Custo Corrente</td></tr>
<tr><td>Convergência da contabilidade brasileira às normas internacionais de contabilidade</td><td>A partir das alterações promovidas pela Lei nº 11.638/07 e MP nº 449/2008 (convertida na Lei nº 11.941/09), com vistas à convergência das normas contábeis brasileiras às normas internacionais, houve diversas alterações na estrutura do Balanço Patrimonial, como a extinção dos subgrupos: Ativo Diferido, Resultados de Exercícios Futuros e Reservas de Reavaliação.</td></tr>
</table>

Capítulo

9

ATIVO CIRCULANTE

leia a lei:

- *Art. 179, inciso I e art. 183, incisos I e § 1º, alínea d da Lei nº 6.404/76 (Lei das S/A)*

1. CLASSIFICAÇÃO

Segundo a Lei nº 6.404/76, são classificados no ativo circulante:

I – as disponibilidades;

II – os direitos realizáveis no curso do exercício social seguinte; e

III – as aplicações de recursos em despesas do exercício seguinte.

Atenção

Caso o ciclo operacional da companhia ultrapasse um ano, a classificação em circulante ou não circulante passará a ser baseada na duração desse ciclo.

De acordo com o Pronunciamento Técnico CPC 26 (R1), o ativo é classificado como circulante quando ocorrer qualquer das seguintes situações:

(a) é esperada sua realização, venda ou consumo durante o ciclo operacional da entidade;

(b) é mantido essencialmente com o propósito de ser negociado;

(c) é esperada sua realização até um ano após a data do balanço; ou

(d) é caixa ou equivalente de caixa, exceto se sua troca ou uso para liquidação de passivo seja vedada por período superior a um ano após a data do balanço.

Todos os outros ativos devem ser classificados como não circulantes.

Conforme o Pronunciamento Técnico CPC 3 (R2) – Demonstração dos Fluxos de Caixa:

I – Caixa abrange o numerário em espécie e os depósitos bancários;

II – Equivalentes de caixa são aplicações financeiras de curto prazo, de alta liquidez, prontamente conversíveis em dinheiro e sujeitas a um insignificante risco de mudança de valor.

1.1. Disponibilidades

As contas de disponibilidades são as primeiras a serem apresentadas no Balanço, dentro do ativo circulante, pois a lei societária estabelece a disposição das contas no ativo em ordem decrescente do grau de liquidez.

As disponibilidades compreendem o dinheiro em caixa, os depósitos bancários e os equivalentes de caixa. Assim, pode-se estabelecer como contas de disponibilidades: Caixa, Bancos Conta Movimento, Numerário em Trânsito, Aplicações de Liquidez Imediata.

1.1.1. Caixa

Inclui dinheiro e cheques recebidos e ainda não depositados.

1.1.2. Bancos conta movimento

Contas bancárias mantidas pela empresa.

Caso a conta bancária tenha saldo negativo, deve aparecer no Passivo Circulante.

1.1.3. Numerário em trânsito

São valores em trânsito decorrentes de certas situações, como remessas de dinheiro para filiais.

Atenção

A definição de Caixa para o Comitê de Pronunciamento Contábeis, nos termos do CPC 3 (R2), engloba tanto o dinheiro em espécie, como os depósitos bancários.

1.1.4. Aplicações de liquidez imediata

Aplicações de curtíssimo prazo no mercado financeiro, disponíveis para a empresa de forma imediata.

1.2. Investimentos em instrumentos financeiros

As empresas costumam investir os excessos de disponibilidades em instrumentos financeiros. Quando a empresa tem a intenção de resgatar esses investimentos dentro do exercício social seguinte, eles devem ser classificados no Ativo Circulante.

O Pronunciamento Técnico CPC 39 – Instrumentos Financeiros: Apresentação define Instrumento Financeiro como "qualquer contrato que dê origem a um ativo financeiro para a entidade e a um passivo financeiro ou instrumento patrimonial para outra entidade".

Conforme o Pronunciamento Técnico CPC 39:

Ativo financeiro é qualquer ativo que seja:

(a) caixa;

(b) instrumento patrimonial de outra entidade;

(c) direito contratual:

(i) de receber caixa ou outro ativo financeiro de outra entidade; ou

(ii) de troca de ativos financeiros ou passivos financeiros com outra entidade sob condições potencialmente favoráveis para a entidade;

(d) um contrato que seja ou possa vir a ser liquidado por instrumentos patrimoniais da própria entidade, e que:

(i) não é um derivativo no qual a entidade é ou pode ser obrigada a receber um número variável de instrumentos patrimoniais da própria entidade; ou

(ii) um derivativo que será ou poderá ser liquidado de outra forma que não pela troca de um montante fixo de caixa ou outro ativo financeiro, por número fixo de instrumentos patrimoniais da própria entidade. Para esse propósito, os instrumentos patrimoniais da própria entidade não incluem os instrumentos financeiros com opção de venda classificados como instrumentos patrimoniais de acordo com os itens 16A e 16B, os instrumentos que imponham a obrigação a uma entidade de entregar à outra parte um pro rata como parte dos ativos líquidos da entidade apenas na liquidação e são classificados como instrumentos patrimoniais de acordo com os itens 16C e 16D, ou os instrumentos que são contratos para futuro recebimento ou entrega de instrumentos patrimoniais da entidade.

Passivo financeiro é qualquer passivo que seja:

(a) uma obrigação contratual de:

(i) entregar caixa ou outro ativo financeiro a uma entidade; ou

(ii) trocar ativos financeiros ou passivos financeiros com outra entidade sob condições que são potencialmente desfavoráveis para a entidade; ou

(b) contrato que será ou poderá ser liquidado por instrumentos patrimoniais da própria entidade, e seja:

(i) um não derivativo no qual a entidade é ou pode ser obrigada a entregar um número variável de instrumentos patrimoniais da entidade; ou

(ii) um derivativo que será ou poderá ser liquidado de outra forma que não pela troca de um montante fixo em caixa, ou outro ativo financeiro, por um número fixo de instrumentos patrimoniais da própria entidade. Para esse propósito, os instrumentos patrimoniais da entidade não incluem instrumentos financeiros com opção de venda que são classificados como instrumentos patrimoniais de acordo com os itens 16A e 16B, instrumentos que imponham à entidade a obrigação de entregar à outra parte um pro rata de parte dos ativos líquidos da entidade apenas na liquidação e são classificados como instrumentos patrimoniais de acordo com os itens 16C e 16D, ou instrumentos que são contratos para futuro recebimento ou entrega de instrumentos patrimoniais da própria entidade.

(...)

Instrumento patrimonial é qualquer contrato que evidencie uma participação nos ativos de uma entidade após a dedução de todos os seus passivos.

São exemplos de investimentos em instrumentos financeiros:

Títulos da Dívida Pública

Certificados de Depósito bancário (CDB)

Aplicações Temporárias em Ações

Fundos de Renda Fixa ou Variável

Letras de Câmbio

Opções de Ações

Contratos Futuros

Contratos a Termo

1.2.1. Critérios de avaliação

Exceto por contas a receber de clientes sem componente de financiamento significativo, no reconhecimento inicial, a entidade deve mensurar o ativo financeiro ao seu valor justo, mais, no caso de ativo financeiro que não seja ao valor justo por meio do resultado, os custos de transação que sejam diretamente atribuíveis à aquisição ou à emissão do ativo financeiro.

Após o reconhecimento inicial, a entidade deve mensurar o ativo financeiro, com base tanto no modelo de negócios da entidade para a gestão dos ativos financeiros, quanto nas características de fluxo de caixa contratual do ativo financeiro:

(a) ao custo amortizado;

(b) ao valor justo por meio de outros resultados abrangentes; ou

(c) ao valor justo por meio do resultado.

O ativo financeiro deve ser mensurado ao custo amortizado se:

(a) for mantido dentro de modelo de negócios cujo objetivo seja manter ativos financeiros com a finalidade de receber fluxos de caixa contratuais; e

(b) os termos contratuais proporcionarem, em datas especificadas, fluxos de caixa que constituam, exclusivamente, pagamentos de principal e juros sobre o valor do principal em aberto.

O ativo financeiro deve ser mensurado ao valor justo por meio de outros resultados abrangentes se:

(a) for mantido dentro de modelo de negócios cujo objetivo seja tanto pelo receber fluxos de caixa contratuais quanto pela venda de ativos financeiros; e

(b) os termos contratuais proporcionarem, em datas especificadas, fluxos de caixa que constituam exclusivamente pagamentos de principal e juros sobre o valor do principal em aberto.

Nos outros casos, o ativo financeiro deve ser mensurado ao valor justo por meio do resultado. Entretanto, pode ser feita escolha irrevogável no reconhecimento inicial por mensuração ao valor justo em outros resultados abrangentes, que de outro modo seriam mensurados ao valor justo por meio do resultado.

O Pronunciamento Técnico CPC 46 – Mensuração do Valor Justo define "valor justo como o preço que seria recebido pela venda de um ativo ou que seria pago pela transferência de um passivo em uma transação não forçada entre participantes do mercado na data de mensuração".

Exemplo: Em 31/12/2019, uma companhia adquire um título da dívida pública no mercado. O valor presente do título nesta data é de R$ 10.000,00. O vencimento do título é de 10 anos, com juros anuais de 10%. Em 31/12/2020, o valor justo do título negociado no mercado é de R$ 10.800,00.

Caso pelo modelo de negócios da empresa esse ativo seja mensurado pelo custo amortizado, seria feito, na data do balanço, em 31/12/2020, apenas o seguinte lançamento reconhecendo a atualização pelos juros:

D	Aplicação em Títulos	R$ 1.000,00	
C	Receitas Financeiras		R$ 1.000,00

Caso a mensuração fosse ao valor justo por meio do resultado seria feito adicionalmente ao lançamento anterior, na data do balanço, em 31/12/2020, outro lançamento reconhecendo a desvalorização do título:

D Despesas Financeiras R$ 200,00

C Aplicação em Títulos R$ 200,00

Caso a mensuração fosse ao valor justo por meio de outros resultados abrangentes, seria feito adicionalmente ao primeiro lançamento, na data do balanço, em 31/12/2020, outro lançamento reconhecendo a desvalorização do título:

D Ajustes de Avaliação Patrimonial R$ 200,00

C Aplicação em Títulos R$ 200,00

Os ativos financeiros estão sujeitos ainda ao teste de recuperabilidade, nos termos do Pronunciamento Técnico CPC 01 (R1) Redução ao Valor Recuperável de Ativos (vide capítulo 17).

1.3. Contas a receber decorrentes de vendas

As contas decorrentes de vendas a prazo de mercadorias ou serviços a clientes representam um direito da empresa e costumam ser um item significativo do ativo. As contas mais comuns decorrentes desse regime de vendas são Duplicatas a Receber e Clientes. A contabilização dessas contas segue o mesmo padrão, inclusive quanto aos critérios de avaliação.

Assim em uma venda mercantil a prazo, o vendedor pode extrair a fatura, que discrimina as mercadorias vendidas. No ato da emissão da fatura pode ser extraída uma duplicata que será remetida ao comprador para aceite. As empresas também podem emitir fatura e duplicata relativa aos serviços prestados.

Nesse caso, a venda a prazo origina um lançamento a débito em Duplicatas a Receber e a crédito de uma conta de receita de Vendas de Mercadorias:

Duplicatas a Receber		Vendas de Mercadorias	
50.000,00			50.000,00

Quando ocorre o recebimento, é efetuado o lançamento a crédito de Duplicatas a Receber e a débito de Caixa ou Bancos:

Duplicatas a Receber	
(SA)50.000,00	5.000,00 (1)
45.000,00	

Caixa	
XXX	
(1) 5.000,00	
XXX	

1.3.1. Critérios de avaliação

As contas a receber devem ser avaliadas pelo valor líquido de realização. Por isso, é necessário constituir ajustes para Perdas Estimadas com Créditos de Liquidação Duvidosa (PECLD).

Essa conta é constituída para cobertura das perdas estimadas no recebimento de contas. Ou seja, irá reduzir o valor que se espera receber das vendas, sendo, por isso, uma conta retificadora do ativo.

A constituição dessa conta de ajuste tem como contrapartida um débito em conta de despesas (Despesas com Vendas). Por exemplo, ao fim do exercício a empresa estima a perda de 3% das duplicatas a receber (R$ 45.000,00).

PECLD	
	1350,00

Despesas com Vendas	
1350,00	

Quando um saldo é considerado definitivamente incobrável, não havendo mais possibilidade de recebimento, deve-se baixar a conta de Duplicatas a Receber, em contrapartida a um débito na PECLD.

Exemplo: A empresa já esgotou os meios de cobrança possíveis e reconhece a perda, por inadimplência, de uma duplicata no valor de R$ 400,00

Duplicatas a Receber	
(SA) 45.000,00	400,00 (1)
44.600,00	

PECLD	
	1.350,00 (SA)
(1)400,00	
	950,00

Ao final do exercício a empresa efetua as baixas do período e verifica qual o valor de provisão necessário para o próximo exercício. Assim, prosseguindo o exemplo, tem-se que o saldo final da PECLD foi de R$ 750,00 e da conta Duplicatas a Receber foi de R$ 51.800:

Duplicatas a Receber	
51.800,00	

PECLD	
	750,00

Supondo-se que a empresa estima perdas de R$ 1.554,00 de duplicatas a receber para o período seguinte, então será necessário complementar a provisão. O valor a ser lançado será apenas a diferença entre o saldo estimado para o período seguinte e o saldo atual da provisão (R$ 1.554,00 – R$ 750,00= R$ 804,00):

PECLD	
	750,00 (SA)
	804,00 (1)
	1.554,00

Despesas com Vendas	
(1) 804,00	

Caso a provisão necessária para o próximo período fosse inferior ao saldo atual, o ajuste seria a débito da PECLD e a crédito de Receita. Assim, supondo-se que o saldo necessário da provisão para o exercício seguinte seja de R$ 650,00:

PECLD	
(1) 100,00	750,00 (SA)
	650,00

Receita Reversão de PECLD	
	100,00 (1)

As contas a receber classificadas no circulante estão sujeitas ao ajuste a valor presente, se houver efeito relevante. O ajuste a valor presente é visto em detalhes no capítulo 11.

1.4. Estoques

Os estoques recebem diversas classificações conforme sua utilização: mercadorias para revenda, matéria-prima, produtos acabados, produtos em elaboração. Se sua utilização for prevista em até um ano ou dentro do ciclo operacional da empresa são registrados no ativo circulante.

Os estoques para revenda são detalhados no capítulo 10.

1.5. Outros créditos

No Ativo Circulante há outras contas representativas de direitos da empresa a serem realizados dentro do exercício social subsequente. Exemplos de diversas contas desse tipo:

- Títulos a Receber
- Receitas Financeiras a Transcorrer (conta credora)
- Dividendos Propostos a Receber
- Juros a Receber
- Adiantamentos a Funcionários
  a) Adiantamento de Salários
  b) Antecipação de 13º
  c) Antecipação de Férias
- Impostos a Recuperar
  a) IPI a Recuperar
  b) ICMS a Recuperar
  c) IRRF a Compensar
  d) IR a Restituir
- Ajuste para Perdas (conta credora)

1.6. Despesas antecipadas

As contas de despesas antecipadas no Balanço representam pagamentos cujos benefícios ou prestação de serviços à empresa ocorrerão após o término do exercício atual.

A seguir são listados alguns exemplos de contas de despesas antecipadas:

Prêmios de Seguros a Vencer

Aluguéis a Vencer

Assinaturas de Publicações

Quando ocorrer um pagamento dessa natureza, o lançamento é feito a débito da respectiva conta do ativo de despesa antecipada e a crédito de Disponibilidades. Quando a despesa for considerada realizada, segundo o regime de competência, deve-se efetuar a transferência do valor da conta do ativo de despesa antecipada para a conta de despesa.

Exemplo: Em 30/11/2007, a empresa contratou seguro contra incêndios no valor de R$ 1.200,00, cujo período de cobertura é de 01/12/2007 até 30/11/2008.

Lançamento em 30/11/2007, pelo pagamento do prêmio de R$ 1.200,00:

Bancos Conta Movimento	
XXX	1.200,00(1)
XXX	

Seguros a Vencer	
(1)1.200,00	

Lançamento na data do balanço, em 31/12/2007, reconhecendo a despesa referente a 1 mês:

Prêmios de Seguros	
(1)100,00	

Seguros a Vencer	
(SA)1.200,00	100,00(1)
1.100,00	

Tópico-síntese: Ativo Circulante	
Ativo Circulante – Composição	I – Disponibilidades (caixa, depósitos bancários e equivalentes de caixa); II – Direitos realizáveis em até um ano após a data do balanço; III – Aplicações de recursos em despesas que só serão consideradas realizadas no exercício seguinte; Quando o ciclo operacional da empresa for superior a um ano, a classificação no circulante será feita com base nesse ciclo. Equivalentes de caixa são aplicações financeiras de curto prazo, de alta liquidez, prontamente conversíveis em dinheiro e com insignificante risco de mudança de valor.
Categorias de Instrumentos Financeiros Classificados no AC ou ARLP	Após o reconhecimento inicial, a entidade deve mensurar o ativo financeiro, com base tanto no modelo de negócios da entidade para a gestão dos ativos financeiros, quanto nas características de fluxo de caixa contratual do ativo financeiro: (a) ao custo amortizado; (b) ao valor justo por meio de outros resultados abrangentes; ou (c) ao valor justo por meio do resultado

Tópico-síntese: Ativo Circulante	
Critérios de Avaliação de Contas e Receber	Valor líquido de realização: custo histórico atualizado conforme disposições legais ou contratuais, ajustado pela estimativa de Perdas com Crédito de Liquidação Duvidosa (PECLD).
Despesas Antecipadas	Pagamentos desembolsados, cujos benefícios ou prestação de serviços à empresa ocorrerão durante o exercício seguinte. O registro é feito a débito da conta do ativo de despesa antecipada e a crédito de disponibilidades. Quando a despesa for considerada realizada, segundo o regime de competência, deve-se transferir o valor da conta do ativo para o resultado.

Capítulo

10

ESTOQUES

Leia a lei:

- *Art 183, Inciso II e § 1º, alínea b e §4º da Lei nº 6.404/76 (Lei das S/A)*

1. ESTOQUES

Estoques são bens adquiridos ou produzidos pela empresa com o objetivo de venda ou para serem utilizados na produção de outros bens ou na prestação de serviços.

Em empresas comerciais, o principal estoque é o de Mercadorias, que abrange bens adquiridos de terceiros para venda posterior, no estado em que foram adquiridos pela empresa.

Nas indústrias, os fatores de produção utilizados, tais como matéria-prima, mão de obra, depreciação de máquinas e de instalações fabris compõem o custo dos estoques. Conforme lição de ELISEU MARTINS (2008, p. 25), custo é o "gasto relativo a bem ou serviço utilizado na produção de outros bens ou serviços". Assim em empresas industriais as seguintes contas representam os estoques:

I – Matérias-primas: materiais que serão utilizados diretamente nos produtos;

II – Produtos em elaboração: incluem as matérias-primas contidas na linha de produção e os demais custos considerados nessa fase, como mão de obra direta, materiais auxiliares, depreciação das máquinas etc;

III – Produtos acabados: produtos cujo processo de fabricação na empresa foi concluído e estão disponíveis para venda.

2. OPERAÇÕES COM MERCADORIAS

As empresas comerciais adquirem mercadorias para, posteriormente, revenderem com lucro. O ciclo dessa operação pode ser representado da seguinte forma:

1 – A empresa adquire mercadorias que vão para o seu estoque;

2 – Ao vender as mercadorias, reconhece a receita de vendas;

3 – O resultado com a venda de mercadorias (lucro/prejuízo) é a diferença entre a receita de vendas e o custo das mercadorias vendidas.

O cálculo do Resultado com Mercadorias (RCM) ou Lucro/Prejuízo Operacional Bruto pode ser expresso através da seguinte fórmula:

RCM = V – CMV

Onde:

V = Vendas de Mercadorias (receita)

CMV = Custo das Mercadorias Vendidas (despesa)

Os estoques não aparecem na fórmula. Entretanto, o CMV representa o valor das mercadorias saídas do estoque.

O valor das vendas do período é obtido diretamente pela própria conta de vendas. Entretanto, o cálculo do CMV é mais complexo, uma vez que normalmente as mercadorias em estoque são adquiridas em vários momentos e com preços diferentes. Para apurar o valor do CMV, há duas formas de controle de estoques: o **inventário periódico** e o **inventário permanente.**

2.1. Inventário periódico

Nesse sistema, a empresa realiza a contagem física dos estoques existentes ao fim do exercício (inventário) e, somente nesse momento, efetua os lançamentos referentes à conta de estoques. No início do exercício, o saldo da conta Mercadorias corresponde ao estoque inicial. Essa conta não recebe lançamentos ao longo do exercício, mas somente ao seu término, quando seu saldo corresponderá ao estoque final.

O Resultado com Mercadorias (RCM) será conhecido apenas ao fim do período, através do cálculo da diferença entre as Vendas e o Custo das Mercadorias Vendidas: RCM = V – CMV.

As vendas (V) são apuradas diretamente da conta de resultado onde são registradas.

O cálculo do CMV envolve as contas Mercadorias e Compras. No início do exercício, o estoque inicial (EI) está registrado na conta Mercadorias. No decorrer do período, as compras (C) irão aumentar os estoques de mercadorias, sendo registradas na conta Compras e não em Mercadorias. Por outro lado, as vendas irão diminuir os estoques. O valor das mercadorias saídas do estoque pelas vendas equivale ao CMV. Assim, o estoque final corresponde ao estoque inicial somado às compras e diminuído pelas saídas das mercadorias vendidas:

EF = EI + C – CMV

Portanto: CMV = EI + C – EF

Os valores de EI, C e V estão contabilizados no saldo das contas Mercadorias, Compras e Vendas. O valor do EF é obtido pelo inventário do estoque. Dessa forma, já se pode obter o RCM, também conhecido como Resultado Operacional Bruto ou Lucro/Prejuízo Bruto: RCM = V – CMV.

Exemplo:

Calcular o RCM, a partir dos seguintes dados:

1) A empresa iniciou o período com estoques de R$ 3.000,00.
2) Efetuou compras à vista de mercadorias no valor de R$ 1.200,00.
3) Efetuou vendas à vista no valor de R$ 3.500,00.
4) Comprou mercadorias à vista no valor de R$ 3.000,00.
5) Efetuou vendas à vista de R$ 1.300,00.
6) O inventário apurou um estoque final de R$ 4.900,00.

RESOLUÇÃO:

Vendas: V = 3.500 + 1.300 = 4.800

Estoque Inicial: EI = 3.000

Compras: C = 1.200 + 3.000 = 4.200

Estoque final: EF = 4.900

7) Para apurar o CMV, basta aplicar a fórmula: CMV = EI + C – EF

CMV = 3.000 + 4.200 – 4.900

CMV = 2.300

8) Para a apuração do resultado, aplica-se a fórmula: RCM= V – CMV

RCM = 4.800 – 2.300

RCM = 2.500 (Lucro Bruto)

Os lançamentos contábeis seriam conforme demonstrado a seguir:

MERCADORIAS	
(EI)3.000	3.000(7)
(6)4.900	
4.900	

COMPRAS	
(2) 1.200	
(4) 3.000	
4.200	4.200 (7)
0	

CAIXA	
XXX	1.200(2)
(3) 3.500	3.000(4)
(5)1.300	
XXX	

RCM	
(8)2.300	4.800 (8)
	2.500

VENDAS	
	3.500(3)
	1.300(5)
(8) 4.800	4.800
	0

CMV	
(7)3.000	4.900(6)
(7) 4.200	
2.300	2.300(8)
0	

2.2. Inventário permanente

No inventário permanente, a cada venda tem-se a informação do valor do CMV, RCM e estoque final. Por isso, não é necessária a contagem física dos estoques ao término do exercício. Todas as entradas e saídas de estoque são contabilizadas simultaneamente às respectivas transações.

No inventário permanente há basicamente 3 (três) contas principais para contabilizar as operações com mercadorias: Mercadorias, Vendas (V) e Custo das Mercadorias Vendidas (CMV).

Simplificadamente, desconsiderando a incidência de tributos, o funcionamento dessas contas segue o seguinte padrão:

1 – Na aquisição de mercadorias:

Mercadorias

a Caixa (ou Bancos ou Duplicatas a Pagar)

2 – Na venda de mercadorias:

Caixa (ou Bancos ou Duplicatas a Receber)

a Vendas

e

CMV

a Mercadorias

As aquisições de mercadorias são contabilizadas pelo seu custo. No entanto, essas aquisições são feitas em momentos diferentes e com preços variados. Por isso, o valor a ser atribuído às saídas de mercadorias dependerá de algum critério de avaliação. Os principais critérios de avaliação de estoques são os seguintes: preço específico, PEPS, UEPS, média ponderada móvel, método de varejo.

Observação

No inventário periódico, as aquisições igualmente são feitas em momentos diferentes e com preços variados. Normalmente, após a contagem física dos estoques, são considerados os preços das últimas entradas para se apurar o valor do estoque final.

2.2.1. Preço específico

Por esse critério, cada item em estoque tem seu custo individualmente atribuído. No momento da venda, já se sabe o custo daquele item específico. No caso de empresas que trabalham com um grande número de itens esse sistema é inviável.

Exemplo:

Uma revenda de automóveis possui em seu estoque um automóvel AUT1, ao custo de R$ 42.000,00 e um automóvel AUT2, ao custo de R$ 51.000,00. Efetuou as seguintes operações:

1) Compra de 1 automóvel AUT3, aceitando duplicatas, no valor de R$ 28.000,00.
2) Venda do automóvel AUT2, à vista, pelo preço de R$ 55.800,00.

Lançamentos:

MERCADORIAS

Débito	Crédito
(SI)93.000	51.000 (2)
(1) 28.000	
70.000	

DUPLICATAS A PAGAR

Débito	Crédito
	28.000(1)

CAIXA

Débito	Crédito
XXX	
(2)55.800	

VENDAS

Débito	Crédito
	55.800(2)

CMV

Débito	Crédito
(2)51.000	

Para determinação do CMV, o estoque foi baixado no valor do custo do veículo AUT2. Assim, apurou-se o RCM no valor de R$ 4.800,00 (Vendas de R$ 55.800,00 menos CMV de R$ 51.000,00).

*2.2.2. PEPS (Primeiro a entrar, primeiro a sair) ou FIFO (*First in, first out*)*

Pelo método PEPS, considera-se que as aquisições mais antigas serão as primeiras a serem baixadas quando ocorrerem as vendas.

Para o controle das entradas e saídas de mercadorias do estoque são usadas fichas de controle de estoque.

Exemplo:

A empresa Comercial Xis possui, em 01/01/X7 um estoque inicial de 100 unidades da peça X1, ao custo unitário de R$ 5,00. Efetuou as seguintes operações no período:

1) Em 30/01, comprou, à vista, 60 unidades de X1, ao custo unitário de R$ 5,40;
2) Em 15/03, vendeu, à vista, 80 unidades por R$ 12,00 a unidade;

3) Em 21/05, comprou, à vista, 20 unidades, ao custo unitário de R$ 5,60;

4) Em 07/10, vendeu, à vista, 30 unidades por R$ 12,50 a unidade.

Registros na ficha de controle de estoques:

Mercadoria: X1									
	ENTRADAS			SAÍDAS			SALDO		
Data	Qt	P Un	Vl Total	Qt	P Un	Vl Total	Qt	P Un	Vl Total
01/01							100	5,00	500,00
30/01	60	5,40	324,00				100 60	5,00 5,40	500,00 324,00
15/03				80	5,00	400,00	20 60	5,00 5,40	100,00 324,00
21/05	20	5,60	112,00				20 60 20	5,00 5,40 5,60	100,00 324,00 112,00
07/10				20 10	5,00 5,40	100,00 54,00	50 20	5,40 5,60	270,00 112,00
COMPRAS			436,00	CMV		554,00	ESTOQUE FINAL		382,00

Os valores de venda não aparecem nas fichas de estoque. Nestas estão registrados: o estoque inicial, as compras, o CMV e o estoque final.

O CMV também pode ser apurado pela fórmula: CMV = Ei + C – EF

CMV = 500 + 436 – 382

CMV = 554

Lançamentos das operações:

MERCADORIAS	
(SI)500	400(2a)
(1) 324	154(4b)
(3)112	
382	

CAIXA	
XXX	324(1)
(2)960	112(3)
(4)375	

VENDAS	
	960(2)
	375(4)
	1.335

CMV	
(2a)400	
(4b)154	
554	

Apuração do Lucro Bruto ou RCM:

RECEITA DE VENDAS	R$ 1.335,00
(-) CMV	(R$ 554,00)
(=) LUCRO BRUTO	R$ 781,00

*2.2.3. UEPS (Último a entrar, primeiro a sair) ou LIFO (*Last in, first out*)*

Pelo método UEPS, considera-se que as aquisições mais recentes serão as primeiras a serem baixadas, quando ocorrerem as vendas.

Exemplo:

A empresa Comercial Xis possui, em 01/01/X7 um estoque inicial de 100 unidades da peça X1, ao custo unitário de R$ 5,00. Efetuou as seguintes operações no período:

1) Em 30/01, comprou, à vista, 60 unidades de X1, ao custo unitário de R$ 5,40;
2) Em 15/03, vendeu, à vista, 80 unidades por R$ 12,00 a unidade;
3) Em 21/05, comprou, à vista, 20 unidades, ao custo unitário de R$ 5,60;
4) Em 07/10, vendeu, à vista, 30 unidades por R$ 12,50 a unidade.

Registros na ficha de controle de estoques:

Mercadoria: X1									
	ENTRADAS			SAÍDAS			SALDO		
Data	Qt	P Un	Vl Total	Qt	P Un	Vl Total	Qt	P Un	Vl Total
01/01							100	5,00	500,00
30/01	60	5,40	324,00				100 60	5,00 5,40	500,00 324,00
15/03				20 60	5,00 5,40	100,00 324,00	80	5,00	400,00
21/05	20	5,60	112,00				80 20	5,00 5,60	400,00 112,00
07/10				10 20	5,00 5,40	50,00 112,00	70	5,00	350,00
COMPRAS			436,00	CMV		586,00	ESTOQUE FINAL		350,00

Lançamentos das operações:

MERCADORIAS

Débito	Crédito
(SI)500	424(2a)
(1) 324	162(4b)
(3)112	
350	

CAIXA

Débito	Crédito
XXX	324(1)
(2)960	112(3)
(4)375	

VENDAS

Débito	Crédito
	960(2)
	375(4)
	1.335

CMV

Débito	Crédito
(2a)424	
(4b)162	
586	

Apuração do Lucro Bruto ou RCM:

RECEITA DE VENDAS	R$ 1.335,00
(-) CMV	(R$ 586,00)
(=) LUCRO BRUTO	R$ 749,00

2.2.4. Média ponderada móvel (MPM) ou Custo médio ponderado (CMP)

Por esse método, a cada entrada é calculado o preço médio das mercadorias em estoque. Para obter o custo das vendas basta utilizar o valor calculado anteriormente.

Exemplo:

A empresa Comercial Xis possui, em 01/01/X7 um estoque inicial de 100 unidades da peça X1, ao custo unitário de R$ 5,00. Efetuou as seguintes operações no período:

1) Em 30/01, comprou, à vista, 60 unidades de X1, ao custo unitário de R$ 5,40;
2) Em 15/03, vendeu, à vista, 80 unidades por R$ 12,00 a unidade;
3) Em 21/05, comprou, à vista, 20 unidades, ao custo unitário de R$ 5,60;
4) Em 07/10, vendeu, à vista, 30 unidades por R$ 12,50 a unidade.

Registros na ficha de controle de estoques:

Mercadoria: X1									
	ENTRADAS			SAÍDAS			SALDO		
Data	Qt	P Un	Vl Total	Qt	P Un	Vl Total	Qt	P Un	Vl Total
01/01							100	5,00	500,00
30/01	60	5,40	324,00				160	5,15	824,00
15/03				80	5,15	412,00	80	5,15	412,00
21/05	20	5,60	112,00				100	5,24	524,00
07/10				30	5,24	157,20	70	5,24	366,80
COMPRAS			436,00	CMV		569,20	ESTOQUE FINAL		366,80

Lançamentos das operações:

MERCADORIAS

Débito	Crédito
(SI)500	412(2a)
(1) 324	157,20(4b)
(3)112	
350	

CAIXA

Débito	Crédito
XXX	324(1)
(2)960	112(3)
(4)375	

VENDAS

Débito	Crédito
	960(2)
	375(4)
	1.335

CMV

Débito	Crédito
(2a)412	
(4b)157,20	
569,20	

Apuração do Lucro Bruto ou RCM:

RECEITA DE VENDAS	R$ 1.335,00
(-) CMV	(R$ 569,20)
(–) LUCRO BRUTO	R$ 765,80

2.2.5. Comparativo entre os métodos PEPS, UEPS e MPM

MÉTODO	Estoque Final	CMV	Lucro Bruto
PEPS	382,00	554,00	781,00
MPM	366,80	569,20	765,80
UEPS	350,00	586,00	749,00

A diferença acima demonstra que, em uma **economia inflacionária**, o PEPS apresenta o maior valor de estoque final, uma vez que as últimas entradas permanecem em estoque, ocasionando maior lucro bruto (em contrapartida, o CMV apresenta o menor valor, uma vez que as entradas mais antigas irão formá-lo). Já o UEPS apresenta o menor valor de estoque final, pois as entradas mais antigas permanecem em estoque ocasionando o menor lucro bruto (enquanto o CMV apresenta o maior valor, já que é formado pelas últimas entradas). A MPM, comparativamente, apresenta valores médios para o estoque final, CMV e lucro bruto.

MÉTODO	ESTOQUE FINAL	CMV	LUCRO BRUTO
PEPS	MAIOR VALOR	MENOR CUSTO	MAIOR LUCRO
MPM	VALOR MÉDIO	CUSTO MÉDIO	LUCRO MÉDIO
UEPS	MENOR VALOR	MAIOR CUSTO	MENOR LUCRO

Por outro lado, numa **economia deflacionária**, os efeitos serão inversos.

MÉTODO	ESTOQUE FINAL	CMV	LUCRO BRUTO
PEPS	MENOR VALOR	MAIOR CUSTO	MENOR LUCRO
MPM	VALOR MÉDIO	CUSTO MÉDIO	LUCRO MÉDIO
UEPS	MAIOR VALOR	MENOR CUSTO	MAIOR LUCRO

2.2.6. Método do varejo

O método do varejo consiste na atribuição de uma margem de lucro a cada mercadoria. Após a apuração do estoque final, a preço de venda, basta dividir seu valor pelo índice de margem de lucro, para se obter o seu valor a preços de custo.

Exemplo:

Determine o valor do CMV, de acordo com os seguintes dados a preço de venda:

EI = R$ 1.250,00

C = R$ 625,00

EF = R$ 750,00

Margem de Lucro sobre o preço de custo = 25%

Como os valores fornecidos são a preços de venda, o CMV apurado estará a preço de venda:

CMVvd = EI + C - EF

CMVvd = 1250 + 625 - 750

CMVvd - 1.125,00

Como é conhecida a margem de lucro sobre o preço de custo e, considerando que:

Preço de Venda = Preço de Custo + 25% Preço de Custo

PV = PC + 0,25 PC

PV - 1,25 PC

Logo, para se obter os valores do CMV, basta a aplicação da fórmula:

CMVvd = 1,25 CMV

1125 = 1,25CMV

CMV = 1125/1,25

CMV = R$ 900,00

2.2.7. Critérios de avaliação de estoques

Conforme o Pronunciamento CPC 16 (R1), os estoques de itens que não são normalmente intercambiáveis e de bens ou serviços produzidos e segregados para projetos específicos devem ter seus custos atribuídos pelo preço específico.

Nos demais casos, o custo dos estoques deve ser atribuído pelo PEPS ou pelo Custo Médio Ponderado. Deve ser adotado o mesmo critério para todos os estoques que tenham natureza e uso semelhantes para a entidade.

O CPC 16 (R1) permite o uso do método de varejo, por conveniência, se os resultados se aproximarem do custo.

A legislação do imposto de renda também prevê adoção do PEPS ou do Custo Médio Ponderado.

É proibida a utilização do método UEPS tanto pela legislação do imposto de renda como pelas normas contábeis. Ambas as legislações permitem ainda a utilização do método do varejo.

O §4º do artigo 183 da Lei Societária permite ainda a avaliação a valor de mercado no caso de *commodities* (bens produzidos em larga escala e cotados em bolsas de mercadorias, tais como, café, soja, açúcar, boi gordo etc), nos seguintes termos: "os estoques de mercadorias fungíveis destinadas à venda poderão ser avaliados pelo valor de mercado, quando esse for o costume mercantil aceito pela técnica contábil".

2.3. Custo de aquisição de estoques

Conforme o Pronunciamento CPC 16 (R1), "o custo de aquisição dos estoques compreende o preço de compra, os impostos de importação e outros tributos (exceto os recuperáveis junto ao fisco), bem como os custos de transporte, seguro, manuseio e outros diretamente atribuíveis à aquisição de produtos acabados, materiais e serviços. Descontos comerciais, abatimentos e outros itens semelhantes devem ser deduzidos na determinação do custo de aquisição".

Assim, pode-se representar as compras líquidas como a seguir:

COMPRAS

(+) OUTROS CUSTOS (frete, seguros, comissões, armazenagem, Imposto de Importação)

(-) TRIBUTOS RECUPERÁVEIS

(-) DEVOLUÇÕES DE COMPRAS

(-) ABATIMENTOS

(-) DESCONTOS INCONDICIONAIS (COMERCIAIS)

(=) COMPRAS LÍQUIDAS

Na verdade, o valor a ser considerado para compras(C), nas fórmulas apresentadas anteriormente, deve ser o das Compras Líquidas (CL). Assim:

CMV = EI + CL – EF

Quando ocorre uma devolução de compras, as mercadorias devolvidas são excluídas do estoque em contrapartida ao retorno do valor pago, ou da diminuição do saldo a pagar. Ou seja, os lançamentos de devolução serão inversos aos efetuados na compra de mercadorias.

O **desconto comercial (ou incondicional) é concedido no momento da venda**, sem nenhuma vinculação a qualquer evento futuro. Normalmente ocorre devido à grande quantidade de mercadoria adquirida ou a clientes preferenciais. O valor do desconto deve ser excluído da entrada no estoque.

Abatimentos são reduções de preços concedidos após a entrega das mercadorias, em virtude de defeitos de qualidade, de danos provocados pelo transporte etc. O valor abatido deve ser deduzido do estoque.

Os tributos não cumulativos são descontados do valor de entrada nos estoques e registrados em contas de tributos a recuperar, no ativo.

Exemplo: A empresa Comercial LTDA adquiriu a prazo, para revenda, 100 peças M1, ao preço de R$ 2.000,00. Foi-lhe concedido um desconto de R$ 50,00, sendo de R$ 200,00 o valor do ICMS incidente na operação. Foi cobrado ainda frete de R$ 100,00.

Como se trata de uma empresa comercial e as mercadorias foram adquiridas para revenda, há o crédito do valor do ICMS.

COMPRA	2.000,00
(+) FRETE	100,00
(-) ICMS A RECUPERAR	(200,00)
(-) DESCONTOS COMERCIAIS	(50,00)
(=) COMPRA LÍQUIDA	1.850,00 (entrada em estoque)

Considerando que a empresa utiliza o sistema de inventário permanente, os lançamentos dessa operação são os seguintes:

ESTOQUE		ICMS A RECUPERAR		DUPLICATAS A PAGAR	
1850		200			2.050

2.3.1. Tributos incidentes sobre compras

Há incidência de vários tributos nas operações com mercadorias. Os tributos mais comumente presentes sobre as operações de compra de mercadorias são os seguintes: Imposto sobre Produtos

Industrializados (IPI), Imposto sobre Circulação de Mercadorias e sobre Prestações de Serviços de Transporte Interestadual e Intermunicipal e de Comunicação (ICMS), Contribuição para os Programas de Integração Social (PIS) e de Formação do Patrimônio do Servidor Público (PASEP), Contribuição para o Financiamento da Seguridade Social (COFINS), Imposto de Importação (II).

A forma de contabilização de um determinado tributo irá variar conforme ele seja recuperável ou não recuperável.

Os tributos recuperáveis, também denominados não cumulativos, são aqueles cujo valor devido em cada operação é compensado com os valores pagos nas operações anteriores. Por isso, o valor pago a título de um tributo recuperável é excluído do estoque. Assim, quando a empresa compra mercadorias, ela se credita do valor do imposto não cumulativo pago na compra e irá abatê-lo do valor devido originado pelas operações de venda.

Os tributos incidentes nas operações com mercadorias que têm a característica da não cumulatividade são o IPI, o ICMS, o PIS/PASEP não cumulativo e a COFINS não cumulativa.

Os tributos não recuperáveis são contabilizados como parte do custo de aquisição das mercadorias ingressadas no estoque. Em determinadas situações, mesmo valores pagos a título de tributos não cumulativos não são recuperáveis. Além desses casos, há tributos cumulativos por natureza, os quais não são passíveis de recuperação. São exemplos: o Imposto de Importação, bem como, o PIS/PASEP cumulativo e a COFINS cumulativa.

2.3.1.1. IPI

O IPI incide sobre produtos industrializados, nacionais ou estrangeiros. São contribuintes: o estabelecimento industrial ou o equiparado a industrial e o importador de produtos industrializados.

Quando o produto é vendido por uma indústria, a nota fiscal emitida conterá o valor da venda mais o valor do IPI incidente. Ou seja, o IPI é calculado "por fora" do preço, uma vez que o valor total da nota fiscal será o valor do produto somado ao valor do IPI.

O valor do IPI pago por um contribuinte na aquisição de matérias-primas e insumos para fabricação deve ser compensado com o tributo devido na venda dos produtos. Assim, quando uma indústria adquire um insumo industrializado, ela irá se creditar do montante do imposto pago. Ou seja, irá lançar o valor do imposto em conta do Ativo Circulante (IPI a Recuperar). Caso a empresa adquirente não seja contribuinte do IPI, ou a operação não resulte em crédito do IPI, o valor referente ao imposto será contabilizado no estoque.

A base de cálculo do IPI é o valor da receita bruta da venda. Logo, para o cálculo do valor do imposto basta aplicar a alíquota sobre a receita bruta.

Ao final do período de apuração, a empresa irá compensar o saldo dos créditos a que tem direito, com o saldo do IPI a Recolher (originado pelas suas vendas). Assim, caso o IPI a Recolher tenha maior saldo, a diferença deverá ser paga. Se o IPI a Recuperar apresenta saldo superior, a diferença permanecerá nesta conta para futura compensação.

Alternativamente, pode ser utilizada a Conta Corrente IPI, para registrar os valores de IPI a recuperar e a recolher. Esta conta receberá a débito os valores a recuperar e a crédito os valores a recolher e irá figurar no Ativo Circulante ou Passivo Circulante de acordo com a natureza do seu saldo (devedor – AC ou credor – PC).

2.3.1.2. ICMS

O ICMS incide nas operações de circulação de mercadorias e sobre a prestação de serviços de transporte interestadual e intermunicipal e de comunicação, ainda que as operações ou prestações se iniciem no exterior.

A empresa contribuinte do ICMS tem o direito de creditar-se do imposto cobrado em operações de entrada de matérias-primas, insumos, mercadorias, bens para o ativo imobilizado ou o recebimento de serviços de transporte interestadual e intermunicipal ou de comunicação.

As entradas de mercadorias ou utilização de serviços resultantes de operações ou prestações isentas ou não tributadas, ou que se refiram a mercadorias ou serviços alheios à atividade do estabelecimento não dão direito a crédito.

As mercadorias destinadas ao consumo da empresa não dão direito a crédito.

Os bens destinados ao ativo imobilizado dão direito a crédito, à razão de 1/48 por mês.

O ICMS é calculado "por dentro", ou seja, o montante do imposto integra sua própria base de cálculo.

O IPI não integra a base de cálculo do ICMS, nas operações entre contribuintes e relativas a produto destinado à industrialização ou à comercialização.

No caso de aquisição de mercadoria para uso ou consumo da empresa compradora, o IPI fará parte da base de cálculo do ICMS.

Quando uma empresa adquire um bem em operação com direito a crédito do ICMS, ela irá lançar o valor do imposto em conta de Ativo (ICMS a Recuperar). Caso a empresa adquirente não seja contribuinte do ICMS, ou a operação não resulte em crédito, o valor referente ao imposto será contabilizado no estoque.

O sistema de compensação de débitos e créditos de ICMS, ao final do período de apuração, será idêntico ao do IPI, inclusive com a possível utilização de Conta Corrente ICMS, para registrar os valores de ICMS a recuperar e a recolher.

2.3.1.3. PIS/PASEP e COFINS

As empresas tributadas pelo imposto de renda com base no lucro real, com algumas exceções, sofrem a incidência não cumulativa do PIS/PASEP e da COFINS.

As contribuições para o PIS/PASEP e a COFINS são calculadas por dentro, de forma semelhante ao ICMS.

As empresas podem descontar, do PIS/PASEP não cumulativo e da COFINS não cumulativa, créditos calculados mediante aplicação da alíquota respectiva, (em regra 1,65% para o PIS/PASEP e 7,6% para a COFINS), em relação a determinadas entradas.

As vendas efetuadas com suspensão, isenção, alíquota 0 (zero) ou não incidência da Contribuição para o PIS/PASEP e a COFINS não impedem a manutenção, pelo vendedor, dos créditos vinculados a essas operações.

A pessoa jurídica sujeita a incidência não cumulativa do PIS/PASEP e da COFINS pode descontar, dentre outros, créditos calculados mediante a aplicação da alíquota respectiva sobre os valores incorridos, adquiridos, ou devolvidos no mês, em relação a:

- bens adquiridos para revenda;
- bens e serviços utilizados como insumos na fabricação de produtos destinados à venda ou na prestação de serviços, inclusive combustíveis e lubrificantes;
- valor das contraprestações de operações de arrendamento mercantil pagas a pessoa jurídica, exceto se esta for optante pelo Sistema Integrado de Pagamento de Impostos e Contribuições das Microempresas e das Empresas de Pequeno Porte - SIMPLES;
- energia elétrica e energia térmica, inclusive sob a forma de vapor, consumida nos estabelecimentos da pessoa jurídica;
- aluguéis de prédios, máquinas e equipamentos, pagos à pessoa jurídica, utilizados nas atividades da empresa;
- armazenagem de mercadorias;
- seguro e o frete pagos na aquisição de insumos, bens para revenda ou bens destinados ao ativo imobilizado, quando suportados pelo comprador;
- quando suportado pelo vendedor, o frete na operação de venda de bens para revenda, ou bens e serviços utilizados como insumos, na produção ou fabricação de bens ou produtos destinados à venda ou na prestação de serviços;
- encargos de depreciação e amortização incorridos no mês, relativos a:

  a) máquinas, equipamentos e outros bens incorporados ao ativo imobilizado, adquiridos ou fabricados para locação a terceiros ou para utilização na produção de bens destinados à venda ou na prestação de serviços;

  b) edificações e benfeitorias em imóveis próprios ou de terceiros, utilizados nas atividades da empresa;

  c) bens incorporados ao ativo intangível, adquiridos para utilização na produção de bens destinados à venda ou à prestação de serviços.

Não gera direito ao crédito:

1 – os custos, despesas e encargos vinculados à geração de receita de venda de mercadorias sujeitas à substituição tributária do PIS/PASEP e da COFINS, bem como nas demais hipóteses de receitas sujeitas ao regime de apuração cumulativa;

2 – o valor da mão de obra paga a pessoa física.

3 – o valor das aquisições de bens ou serviços sujeitos à não incidência, alíquota 0 (zero) ou suspensão do pagamento do PIS/PASEP e da COFINS.

4 – o valor das aquisições de bens ou serviços isentos (somente vedado se houver vinculação a receitas isentas, não alcançadas pelas contribuições ou sujeitas à alíquota zero).

O direito ao crédito aplica-se, exclusivamente, em relação:

I – aos bens e serviços adquiridos de pessoa jurídica domiciliada no País;

II – aos custos e despesas incorridos, pagos ou creditados a pessoa jurídica domiciliada no País.

Para apurar os créditos a que a empresa tem direito, na aquisição de mercadorias para revenda ou insumos e matéria-prima para industrialização, o ICMS e o IPI não integram o custo dos bens.

Quando uma empresa adquire um bem que dá direito a crédito do PIS/PASEP e da COFINS, ela irá lançar o valor correspondente em conta do Ativo (PIS/PASEP a Recuperar e COFINS a Recuperar). Caso a operação não gere direito a crédito, o valor do tributo será contabilizado no estoque. O sistema de compensação de débitos e créditos de PIS/PASEP e COFINS, é idêntico ao do IPI e ICMS.

2.3.1.4. Exemplos de compras de mercadorias com tributos

Exemplo 1: A empresa Industrial Máquinas S/A comprou, a prazo, de Industrial Insumos LTDA, 1.000 rolamentos ao preço unitário de R$ 5,00, para industrialização. Na operação incidiu o IPI à alíquota de 10%. O ICMS incidiu sobre a operação com alíquota de 12%. Considere o regime não cumulativo e alíquotas: 1,65% PIS e 7,6% COFINS.

NOTA FISCAL DE VENDA			
CONTRIBUINTE: INDUSTRIAL INSUMOS LTDA			
Quantidade	Produto	Preço Unitário	Preço Total
1.000	ROLAMENTOS	R$ 5,00	R$ 5.000,00
Alíquota IPI 10%	Base de Cálculo R$ 5.000,00	VALOR DO IPI R$ 500,00	
TOTAL DA NOTA FISCAL			R$ 5.500,00
Alíquota ICMS 12%	Base de Cálculo R$ 5.000,00	VALOR DO ICMS R$ 600,00	

Valor da Aquisição	R$ 5.000,00
IPI(10%) – BC 5000,00	R$ 500,00
Total da Nota	R$ 5.500,00
ICMS (12%) – incluso – BC 5000,00	R$ 600,00
PIS/PASEP (1,65%) – BC créditos 4400,00	R$ 72,60
COFINS (7,6%) – BC créditos 4400,00	R$ 334,40
Entrada em Estoque	R$ 3.993,00

Lançamentos na empresa compradora:

ESTOQUE	
3.993,00	

FORNECEDORES	
	5.500,00

IPI A RECUPERAR	
500,00	

ICMS a Recuperar	
600,00	

PIS/PASEP a Recuperar	
72,60	

COFINS a Recuperar	
334,40	

A operação foi destinada à industrialização e constitui fato gerador do ICMS e do IPI. Sendo assim, o montante do IPI não está incluído na base de cálculo do ICMS. Os valores do IPI, ICMS, PIS/PASEP e COFINS são recuperáveis.

Exemplo 2: A empresa Comercial Máquinas S/A comprou, a prazo, de Industrial Insumos LTDA, 1.000 rolamentos ao preço unitário de R$ 5,00, para revenda. Na operação incidiu o IPI à alíquota de 10%. O ICMS incidiu sobre a operação com alíquota de 12%. Considere o regime não cumulativo e alíquotas: 1,65% PIS e 7,6% COFINS.

NOTA FISCAL DE VENDA			
CONTRIBUINTE: INDUSTRIAL INSUMOS LTDA			
Quantidade	Produto	Preço Unitário	Preço Total
1.000	ROLAMENTOS	R$ 5,00	R$ 5.000,00
Alíquota IPI 10%	Base de Cálculo R$ 5.000,00	VALOR DO IPI R$ 500,00	500,00
TOTAL DA NOTA FISCAL			R$ 5.500,00
Alíquota ICMS 12%	Base de Cálculo R$ 5.000,00	VALOR DO ICMS R$ 600,00	

Valor da Aquisição	R$ 5.000,00
IPI(10%) – BC 5000,00	R$ 500,00
Total da Nota	R$ 5.500,00
ICMS (12%) – incluso – BC 5000,00	R$ 600,00
PIS/PASEP (1,65%) – BC créditos 4400,00	R$ 72,60
COFINS (7,6%) – inclusa – BC créditos 4400,00	R$ 334,40
Entrada em Estoque	R$ 4.493,00

Lançamentos na empresa compradora:

ESTOQUE	
4.493,00	

FORNECEDORES	
	5.500,00

ICMS A RECUPERAR	
600,00	

PIS/PASEP a Recuperar	
72,60	

COFINS a Recuperar	
334,40	

A operação foi destinada à comercialização e fato gerador do ICMS e do IPI. Sendo assim, o montante do IPI não está incluído na base de cálculo do ICMS. A operação não gera direito a crédito do IPI. A empresa não é contribuinte do IPI, logo apenas os valores do ICMS, do PIS/PASEP e da COFINS são recuperáveis. Já o valor do IPI fará parte do custo de aquisição da mercadoria que dará entrada no estoque.

Exemplo 3: A empresa Comercial Máquinas S/A comprou, a prazo, da empresa Industrial Tintas LTDA, 100 cartuchos de tinta ao preço unitário de R$ 50,00, para uso próprio. Na operação incidiu o IPI à alíquota de 10%. O ICMS incidiu sobre a operação com alíquota de 12%.

NOTA FISCAL DE VENDA			
CONTRIBUINTE: INDUSTRIAL INSUMOS LTDA			
Quantidade	Produto	Preço Unitário	Preço Total
1.000	ROLAMENTOS	R$ 5,00	R$ 5.000,00
Alíquota IPI 10%	Base de Cálculo R$ 5.000,00	VALOR DO IPI R$ 500,00	500,00
TOTAL DA NOTA FISCAL			R$ 5.500,00
Alíquota ICMS 12%	Base de Cálculo R$ 5.500,00	VALOR DO ICMS R$ 660,00	

Valor da Aquisição	R$ 5.000,00
IPI(10%) - BC 5000,00	R$ 500,00
Total da Nota	R$ 5.500,00
ICMS (12%) - incluso - BC 5500,00	R$ 660,00
Entrada em Estoque	R$ 5.500,00

Lançamentos na empresa compradora:

ESTOQUE	
5.500,00	

FORNECEDORES	
	5.500,00

A operação foi destinada ao consumo do adquirente. Sendo assim, o montante do IPI e do ICMS não serão recuperáveis e farão parte do custo de aquisição da compra que dará entrada no estoque. Como foi uma aquisição para consumo, a empresa não terá direito a créditos referentes ao PIS/PASEP e COFINS.

2.3.1.5. Resumo dos tributos incidentes sobre compras

TRIBUTO	RECUPERABILIDADE	BASE PARA CRÉDITOS
IPI	Industrialização	Valor da Compra
ICMS	Industrialização	Valor da Compra
	Revenda	Valor da Compra
	Ativo Imobilizado	Valor da Compra + IPI

PIS/PASEP COFINS	Industrialização	Valor da Compra (líquido de IPI e ICMS)
	Revenda	Valor da Compra (líquido de IPI e ICMS)
	Ativo Imobilizado	Valor da Compra (líquido de IPI e ICMS)

2.4. Descontos financeiros (condicionais)

Em compras a prazo, é comum a concessão de um desconto financeiro caso o pagamento seja antecipado em relação ao prazo original. Na empresa compradora, esse tipo de desconto não provocará qualquer efeito no estoque, pois será contabilizado como uma receita financeira.

Exemplo: A empresa Comercial LTDA comprou, para pagamento em 60 dias, 20 cartuchos de tinta para seu uso, por R$ 1.000,00. Após 30 dias da data de compra houve a antecipação do pagamento, sendo concedido um desconto de 2%.

Lançamentos na compra:

D	Estoque	R$ 1.000,00	
C	Duplicatas a Pagar		R$ 1.000,00

Lançamentos no pagamento com desconto:

D	Duplicatas a Pagar	R$ 1.000,00	
C	Bancos C/M		R$ 980,00
C	Descontos Financeiros		R$ 20,00

2.5. Critérios de avaliação de estoques

A Lei nº 6.404/76 determina a avaliação dos bens em estoque, pelo custo de aquisição ou produção, deduzido de provisão para ajustá-lo ao valor de mercado, quando este for inferior. O valor de referência a ser adotado como valor de mercado (valor justo) é o preço líquido de realização mediante venda no mercado, deduzidos os impostos e demais despesas necessárias para a venda, e a margem de lucro.

O CPC estabelece que os estoques objeto do Pronunciamento CPC 16 (R1) – Estoques devem ser avaliados pelo menor valor entre o custo e o valor realizável líquido. O valor realizável líquido é definido como "o preço de venda estimado no curso normal dos negócios deduzido dos custos estimados para sua conclusão e dos gastos estimados necessários para se concretizar a venda".

Exemplo: O estoque da mercadoria M1 está registrado ao custo de aquisição de R$ 17.000,00. Entretanto a empresa espera que a venda desse estoque ocorra por um valor realizável líquido de R$ 15.300,00. Nesse caso, será necessário ajustar o valor contábil do estoque ao valor realizável líquido, uma vez que este é menor:

ESTOQUE		AJUSTE A VRL		DESPESA AJUSTE VRL	
17.000			1.700	1.700	

A conta Ajuste a VRL (valor realizável líquido) é uma retificadora do ativo Estoque.

Tópico-síntese: Estoques	
Estoque de Mercadorias	Bens adquiridos por empresas comerciais com o objetivo de revenda, no estado em que foram adquiridos.
Resultado com Mercadorias ou Lucro/Prejuízo Bruto	RCM = VL – CMV Onde: VL = Vendas Líquidas CMV = Custo das Mercadorias Vendidas
Sistemas de Avaliação	INVENTÁRIO PERIÓDICO INVENTÁRIO PERMANENTE
Inventário Periódico	Ao fim do período, a empresa conta fisicamente seus estoques (inventário).
Inventário Periódico	Durante o exercício, a empresa não controla o saldo do estoque e, por isso, não é possível determinar o CMV a cada venda. Com o inventário no fim do exercício, apurando o estoque final, é possível calcular o CMV pela aplicação da fórmula: CMV = EI + CL – EF Onde: CMV = Custo das Mercadorias Vendidas EI = Estoque Inicial CL = Compras Líquidas EF = Estoque Final

Tópico-síntese: Estoques	
Inventário Permanente	Não é necessário contar fisicamente os estoques ao fim do exercício. O controle é realizado permanentemente de forma contábil. Os principais métodos são: – PEPS (Primeiro a Entrar, Primeiro a Sair); – CMP (Custo Médio Ponderado); – UEPS (Último a Entrar, Primeiro a Sair); – Preço Específico; – Método do Varejo.
Preço Específico	Cada item em estoque tem seu custo individualmente atribuído. Seu uso é inviável no caso de empresas com um grande número de itens homogêneos.
Método do Varejo	É atribuída uma margem de lucro a cada mercadoria. Assim, para a obtenção do custo da mercadoria, basta a divisão do seu valor de venda pelo índice da margem de lucro.
PEPS	As entradas e saídas de mercadorias do estoque são controladas por fichas de controle de estoque. Considera-se que as aquisições mais antigas serão as primeiras a serem baixadas quando ocorrerem as vendas.
UEPS	As entradas e saídas de mercadorias do estoque são controladas por fichas de controle de estoque. Considera-se que as aquisições mais recentes serão as primeiras a serem baixadas quando ocorrerem as vendas.
MPM	As entradas e saídas de mercadorias do estoque são controladas por fichas de controle de estoque. A cada entrada é calculado o preço médio unitário das mercadorias em estoque. Nas saídas, o custo unitário das vendas é igual ao preço médio calculado na última entrada.
Comparativo Economia Inflacionária	PEPS Maior Estoque Final — Menor CMV — Maior Lucro MPM Estoque Final Médio — CMV Médio — Lucro Médio UEPS Menor Estoque Final — Maior CMV — Menor Lucro
Comparativo Economia Deflacionária	PEPS Menor Estoque Final — Maior CMV — Menor Lucro MPM Estoque Final Médio — CMV Médio — Lucro Médio UEPS Maior Estoque Final — Menor CMV — Maior Lucro

Tópico-síntese: Estoques	
Critérios de Avaliação de Estoques	Conforme o CPC 16 (R1): Preço específico: estoques de itens que não são normalmente intercambiáveis e de bens ou serviços produzidos e segregados para projetos específicos. PEPS ou MPM: para os demais casos. É permitido o uso do método de varejo, por conveniência, se os resultados se aproximarem do custo. As normas contábeis e a legislação do imposto de renda proíbem a adoção do UEPS. A Lei nº 6.404/76 permite a avaliação a valor de mercado dos estoques de mercadorias fungíveis destinadas à venda, quando for o costume mercantil aceito pela técnica contábil.
Custo de Aquisição de Estoques	COMPRAS (+) OUTROS CUSTOS (frete, seguros, comissões, armazenagem, Imposto de Importação) (-) TRIBUTOS RECUPERÁVEIS (-) DEVOLUÇÕES DE COMPRAS (-) ABATIMENTOS (-) DESCONTOS INCONDICIONAIS (COMERCIAIS) (=) ENTRADA LÍQUIDA
Tributos Incidentes Sobre Compras de Mercadorias	Tributos mais comuns em compra de mercadorias: IPI, ICMS, PIS/PASEP, COFINS, II. A forma de contabilização varia conforme ele seja recuperável ou não recuperável. Tributos recuperáveis (não cumulativos): valor devido em cada operação é compensado com os valores pagos nas operações anteriores. Mecanismo de creditamento: na compra mercadorias, a empresa se credita do valor do imposto não cumulativo pago na compra (exclui do estoque) e abate do valor devido quando ocorrer a venda. Tributos recuperáveis: IPI, ICMS, PIS/PASEP não cumulativo e COFINS não cumulativa. Tributos não recuperáveis (cumulativos): são contabilizados como parte do custo de aquisição das mercadorias entradas no estoque. EXEMPLOS de tributos cumulativos: II, CIDE-Combustíveis. Em determinadas situações, mesmo valores pagos a título de tributos não cumulativos não são recuperáveis.

Tópico-síntese: Estoques	
Características do IPI	Incide sobre produtos industrializados, nacionais ou estrangeiros. Contribuintes: estabelecimento industrial ou equiparado a industrial e o importador de produtos industrializados. Calculado por fora do preço: o valor total da nota fiscal é o valor da venda acrescido do valor do IPI. IPI pago por um contribuinte na aquisição de matérias-primas e insumos para fabricação deve ser compensado com o tributo devido na venda dos produtos.
Características do ICMS	Incide nas operações de circulação de mercadorias e sobre a prestação de serviços de transporte interestadual e intermunicipal e de comunicação, ainda que as operações ou as prestações se iniciem no exterior. A empresa contribuinte do ICMS tem o direito de creditar-se do imposto cobrado em operações de entrada de matérias-primas, insumos, mercadorias, bens para o ativo imobilizado ou o recebimento de serviços de transporte interestadual e intermunicipal ou de comunicação. As mercadorias destinadas ao consumo da empresa não dão direito a crédito. O ICMS é calculado "por dentro", ou seja, o montante do imposto integra sua própria base de cálculo. O IPI não integra a base de cálculo do ICMS, nas operações entre contribuintes e relativas a produto destinado à industrialização ou à comercialização. No caso de aquisição de mercadoria para uso ou consumo da empresa compradora, o IPI fará parte da base de cálculo do ICMS.
Características do PIS/PASEP e da COFINS	As empresas tributadas pelo IRPJ com base no lucro real, com algumas exceções, sofrem a incidência não cumulativa do PIS/PASEP e da COFINS. Essas contribuições são calculadas por dentro, de forma semelhante ao ICMS. As empresas podem descontar créditos calculados mediante aplicação da alíquota respectiva, em relação a determinadas operações, como aquisição de mercadorias para revenda ou insumos e matéria-prima para industrialização. O ICMS e o IPI não integram o custo dos bens para efeito de cálculo de créditos do PIS/PASEP e da COFINS.
Descontos Incondicionais ou Comerciais Obtidos	Normalmente ocorrem devido à grande quantidade de mercadoria adquirida ou a clientes preferenciais, não sendo vinculados a qualquer evento futuro. O valor do desconto deve ser excluído da entrada no estoque.

Tópico-síntese: Estoques	
Abatimentos	Reduções de preços concedidos após a entrega das mercadorias, em virtude de defeitos de qualidade, de danos provocados pelo transporte etc. O valor abatido deve ser deduzido do estoque.
Descontos Financeiros ou Condicionais Obtidos	Ocorre em virtude de antecipação do pagamento em relação ao prazo original. Não provoca qualquer efeito no estoque do comprador, pois é contabilizado por este como uma receita financeira.

Capítulo

11

ATIVO REALIZÁVEL A LONGO PRAZO

Leia a lei:

- *Art 179, inciso II e § único; Art. 183, inciso VII da Lei nº 6.404/76 (Lei das S/A)*

1. CONCEITO

A Lei nº 6.404/76 determina a classificação no ativo realizável a longo prazo dos seguintes itens:

1 – Direitos realizáveis após o término do exercício seguinte;

2 – Direitos provenientes de vendas, adiantamentos ou empréstimos a sociedades coligadas ou controladas, diretores, acionistas ou participantes no lucro da companhia, que não constituírem negócios usuais na cxploração do objcto da companhia.

1.1. Direitos realizáveis de longo prazo

Os direitos com prazo de realização posterior ao exercício seguinte, contado da data de encerramento do balanço, são classificados no ativo realizável a longo prazo. Os direitos realizáveis podem ser bens físicos, como estoques, ou valores a receber, como duplicatas emitidas e notas promissórias.

Supondo um balanço elaborado ao término do exercício social em 31/12/X1. Serão considerados de longo prazo, os direitos realizáveis após o fim do exercício compreendido entre 01/01/X2 e 31/12/X2.

Exemplo: Em 31/12/X1, a empresa tem registrado no Livro Razão as seguintes duplicatas a serem recebidas:

Valor	Vencimento
R$ 11.200,00	31/03/X2
R$ 2.800,00	15/11/X2
R$ 1.500,00	31/01/X3
R$ 3.700,00	10/03/X3

No balanço de 31/12/X1 serão apresentadas duas contas de duplicatas a receber: uma no Ativo Circulante, no valor de R$ 14.000,00 e outra no Ativo Realizável a Longo Prazo, com saldo de R$ 5.200,00.

1.1.1. Ciclo operacional com duração superior ao exercício social

O parágrafo único do art. 179 da Lei nº 6.404/76 dispõe que na companhia em que o ciclo operacional tiver duração maior do que o exercício social, a classificação no circulante ou longo prazo terá por base o prazo desse ciclo.

Segundo a Lei nº 6.404/76, o exercício social da companhia terá duração de um ano.

O ciclo operacional de uma empresa inicia-se a partir da compra de mercadorias ou matérias-primas e encerra-se com o recebimento das vendas. Usualmente o ciclo operacional tem duração inferior a 12 (doze meses). Nesse caso, os direitos realizáveis dentro do prazo do exercício seguinte serão classificados no ativo circulante. Já os direitos realizáveis após o término do exercício seguinte serão classificados no ativo realizável a longo prazo.

Entretanto, algumas companhias têm o ciclo operacional com duração superior a um ano. Para esses casos, a classificação no circulante ou realizável a longo será feita de acordo com o prazo de duração desse ciclo.

Supondo um estaleiro cujo ciclo operacional tenha a duração de dois anos, os direitos realizáveis em até dois anos serão classificados no Ativo Circulante e, os de realização após esse prazo, serão classificados no Ativo Realizável a Longo Prazo.

1.2. Operações não usuais com pessoas ligadas

Os direitos realizáveis decorrentes de negócios não usuais com pessoas ligadas à companhia são classificados no ativo realizável a longo prazo **independentemente do seu prazo de realização.**

Para efeito do disposto acima, são negócios não usuais as operações de venda, empréstimos ou adiantamentos realizados pela empresa, quando não incluídos em seu objeto social. Ou seja, são atividades cuja exploração não está prevista no estatuto social da empresa. São exemplos dessas operações: a venda de bens do ativo imobilizado de uma empresa e a concessão de empréstimos efetuados por uma indústria.

As pessoas ligadas citadas pela Lei são as sociedades coligadas ou controladas, os diretores, acionistas ou participantes do lucro da companhia (detentores de partes beneficiárias ou debêntures, por exemplo).

Portanto, é necessária a existência cumulativa dos três requisitos para o registro dos direitos no realizável a longo prazo independentemente do prazo de realização:

1 – a origem do direito em vendas, adiantamentos ou empréstimos;

2 – o negócio que gerou o direito não é usual na exploração do objeto da companhia;

3 – o devedor é sociedade controlada ou coligada, diretor, acionista ou participante do lucro da companhia.

EXEMPLO 1:

Indústria de móveis concede um adiantamento a fornecedor, para recebimento de matérias-primas em um mês:

Requisito 1: origem do direito é um adiantamento;

Requisito 2: negócio está incluído no seu objeto social;

Requisito 3: não ocorreu, pois o devedor não é uma pessoa ligada à empresa.

Conclusão: está presente apenas um dos requisitos, por isso, a classificação do crédito no circulante ou longo prazo será de acordo com o seu vencimento (um mês – Ativo Circulante).

EXEMPLO 2:

Indústria de móveis vende uma mesa do seu estoque de produtos para venda a um diretor, para recebimento em três parcelas mensais.

Requisito 1: direito é oriundo de vendas;

Requisito 2: não ocorreu, pois, a operação faz parte do objeto social da empresa;

Requisito 3: devedor é pessoa ligada;

Conclusão: estão presentes apenas dois dos requisitos, a classificação do crédito no circulante ou longo prazo será de acordo com o seu vencimento (três meses – Ativo Circulante).

EXEMPLO 3:

Indústria de móveis vende um veículo do seu ativo imobilizado a um acionista, para recebimento em duas parcelas mensais.

Requisito 1: direito originado de venda;

Requisito 2: devedor é pessoa ligada;

Requisito 3: operação não faz parte do objeto social da empresa.

Conclusão: estão presentes os três requisitos, portanto a classificação da conta a receber será no Ativo Realizável a Longo Prazo independentemente do seu vencimento.

2. AJUSTE A VALOR PRESENTE

O inciso VIII do art. 183 da Lei nº 6.404/76 determina que os valores a receber de operações de longo prazo devem ser ajustados a valor presente, sendo os de curto prazo ajustados quando houver efeito relevante. Esse procedimento destina-se a excluir os juros embutidos nas operações.

O pronunciamento técnico CPC 12 (R1) – Ajuste a Valor Presente estabelece os requisitos básicos a serem observados quando da apuração do ajuste a valor presente de elementos do ativo e do passivo.

No caso de uma conta a receber no ativo sujeita a ajuste a valor presente e originada de uma venda para recebimento a longo prazo (ou curto prazo caso tenha efeito relevante), tem-se, em linhas gerais, o procedimento descrito a seguir.

Os juros embutidos são excluídos da receita de venda, através da aplicação de uma taxa de desconto que reflita as condições do mercado. Esses juros excluídos constarão em conta de Ajuste a Valor Presente (retificadora do ativo referente à conta a receber). Com o passar do tempo, haverá a reversão dos valores registrados na conta de Ajuste a

Valor Presente para uma conta de receita financeira. Caso a empresa possa fundamentar que o financiamento a seus clientes faça parte de suas atividades operacionais, as reversões serão feitas em conta de receita operacional, ao invés de receita financeira.

A taxa de desconto a ser aplicada não deve ser líquida de efeitos fiscais, mas sim antes dos tributos.

Exemplo: Uma companhia realizou a venda de um produto, para pagamento em três vezes anuais, sem especificação de juros, havendo a assinatura de três notas promissórias no valor de R$ 4.000,00. Foi considerada uma taxa de juros de 10% ao ano:

Valor Nominal dos Títulos = R$ 12.000,00

Taxa de Desconto = 10% ao ano

Valor Presente = R$ 9.947,40

Ajuste a Valor Presente:

Valor Nominal - Valor Presente = 12.000 - 9.947,40 = 2.052,60

Lançamentos:

D	Notas Promissórias a Receber	12.000,00	
C	Receita de Venda de Imóveis		9.947,40
C	Ajuste a Valor Presente		2.052,60

Ao longo do tempo, o valor do Ajuste a Valor Presente será transferido para o resultado, de acordo com o regime de competência, mediante o lançamento:

D Ajuste a Valor Presente

C Receitas Financeiras

Tópico-síntese: Ativo Realizável a Longo Prazo	
Classificação no ARLP	I – Direitos realizáveis após o término do exercício seguinte. Quando o ciclo operacional da empresa tiver duração maior do que um ano, a classificação no circulante ou longo prazo terá por base o prazo desse ciclo. II – Quando atendidos todos os requisitos, independentemente do prazo de realização: direitos provenientes de vendas, adiantamentos ou empréstimos a sociedades coligadas ou controladas, diretores, acionistas ou participantes no lucro da companhia, que não constituírem negócios usuais na exploração do objeto da companhia.
Ajuste a Valor Presente	I – todas as operações de longo prazo devem ser ajustadas a valor presente; II – as operações de curto prazo devem ser ajustadas a valor presente quando houver efeito relevante. Esse procedimento destina-se a excluir os juros embutidos nas operações.

Capítulo

12

INVESTIMENTOS

Leia a lei:

- *Lei nº 6.404/76 (Lei das S/A): art. 179, inciso III; art. 183, incisos III e IV; art. 243; art. 248.*

1. CONCEITO

A Lei nº 6.404/76 classifica os seguintes itens no subgrupo Investimentos do Ativo Não Circulante:

1 – As participações permanentes no capital social de outras sociedades;

2 – Os direitos de qualquer natureza, não classificáveis no ativo circulante e que não se destinem à manutenção da atividade da companhia ou da empresa.

1.1. Participações permanentes em outras sociedades

A intenção da empresa no momento da aquisição da participação societária determinará se o investimento é permanente ou temporário. Se a empresa adquirir ações de uma companhia, com intenção de vendê-las dentro de alguns meses, elas serão classificadas no Ativo Circulante. Caso a empresa não tenha a intenção de vender as ações adquiridas, estas serão classificadas no Ativo Não Circulante – Investimentos.

A Lei Societária determina que as participações permanentes no capital de outras empresas sejam avaliadas por um dos seguintes métodos: equivalência patrimonial ou custo de aquisição.

1.1.1. Método do custo de aquisição

Quando não for obrigatório o uso do método da equivalência patrimonial, a companhia deve avaliar o investimento em participação no capital social de outras empresas pelo custo de aquisição.

Exemplo: A companhia XYZ adquiriu em 31/01/X7, com intenção de permanência, uma participação de 8% do capital social de sua investida B, pelo valor de R$ 400.000,00. No balanço patrimonial da companhia XYZ, o investimento estará registrado pelo custo de aquisição:

Ativo Não Circulante

Investimentos

Participações Avaliadas pelo Custo de Aquisição

Ações da Companhia B R$ 400.000,00

Conforme a legislação tributária, os dividendos recebidos até 6 meses da data de aquisição de participação societária avaliada pelo custo de aquisição, devem ser registrados como diminuição do custo de aquisição, sem alterar o resultado.

Continuando o exemplo anterior, em 15/05/X7, a Cia B distribuiu dividendos, cabendo à investidora Cia Alpha o valor de R$ 5.000,00:

Dividendos a Receber

a Participações Permanentes na Cia Beta R$ 5.000,00

Assim, em 31/12/X7, no balanço patrimonial da Cia A, a sua participação permanente na Cia Beta estará registrada da seguinte maneira:

Ações da Cia Beta R$ 395.000,00

Os dividendos recebidos após 6 meses da data de aquisição de participação societária avaliada pelo custo de aquisição, são registrados como receita operacional.

Prosseguindo o exemplo, em 15/11/X7, a Cia B distribuiu dividendos, cabendo à investidora Cia Alpha o valor de R$ 15.000,00:

Dividendos a Receber

a Receita de Dividendos R$ 15.000,00

Em 31/12/X7, no balanço patrimonial da Cia XYZ, a sua participação permanente na Cia B estará registrada da seguinte maneira:

Ações da Companhia B R$ 395.000,00

A Lei nº 6.404/76 prevê a constituição de ajuste para perdas prováveis na realização do valor da participação, quando essa perda for comprovada como permanente e não for modificada em razão do recebimento, sem custo para a companhia, de ações ou quotas bonificadas.

Perda permanente é aquela cuja recuperação seja improvável, como por exemplo, investimentos em empresas em estado falimentar.

Ações ou quotas bonificadas são resultantes de aumentos do capital social, sem haver desembolso pelos acionistas ou sócios. Podem ocorrer pela incorporação ao capital social de lucros acumulados ou reservas. As ações adicionais em função do aumento de capital são distribuídas aos acionistas de maneira proporcional à participação societária detida até então.

Supondo, no exemplo anterior, que a Cia XYZ tenha comprovado a perda permanente, tendo como expectativa de realização da participação na Cia B, o valor de R$ 245.000,00:

Despesa com Perda em Investimento
a Ajuste para Perda em Investimento R$ 150.000,00

No balanço patrimonial da Cia XYZ constará o seguinte:

Ações da Companhia B	R$ 395.000,00
(-) Ajuste para Perda em Investimento	(R$ 150.000,00)

1.1.2. Método da equivalência patrimonial – MEP

Conforme o art. 248 da Lei nº 6.404/76, são avaliados obrigatoriamente pelo método da equivalência patrimonial, os seguintes investimentos:

1 – em sociedades coligadas;

2 – em sociedades controladas;

3 – em outras sociedades que façam parte de um mesmo grupo ou estejam sob controle comum.

Coligadas são sociedades nas quais a **investidora** tenha **influência significativa.**

Há influência significativa quando a investidora tem o poder de participar nas decisões das políticas financeira ou operacional da investida, sem controlá-la.

Se a investidora possuir 20% ou mais dos votos conferidos pelo capital da investida, sem controlá-la, presume-se a existência de influência significativa, exceto se houver evidência em contrário.

É controlada a sociedade na qual a investidora, diretamente ou através de outras controladas, tenha assegurada, de modo permanente, a preponderância nas deliberações sociais e o poder de eleger a maioria dos administradores. Normalmente esta situação ocorre quando a empresa detém mais de 50% do capital votante da investida.

O valor do investimento pelo método da equivalência patrimonial é determinado pela aplicação sobre o patrimônio líquido da investida, da porcentagem de participação da investidora no seu capital.

Exemplo: A Companhia XIS possui uma participação de 70% do capital social da Companhia Y. De acordo com o balanço patrimonial da Companhia Y, o valor do seu Patrimônio Líquido é de R$ 800.000,00.

Como se trata de um investimento em controlada, sua avaliação será pelo Método da Equivalência Patrimonial – MEP. Assim, será aplicado o percentual de participação do capital social sobre o patrimônio líquido da controlada: 70% X 800.000 = R$ 560.000,00.

No balanço patrimonial da Cia XIS o seu investimento em B estará assim registrado:

Ativo Não Circulante

Investimentos

Participações Avaliadas pelo MEP

Ações da Controlada Y R$ 560.000,00

Um detalhamento do método da equivalência patrimonial será visto no capítulo 13.

1.2. Demais investimentos permanentes

A lei prevê o registro no ativo não circulante – investimentos, dos direitos de qualquer natureza, não classificáveis no ativo circulante e que não se destinem à manutenção da atividade da companhia e da empresa.

Embora a lei tenha omitido, esses direitos também não podem estar classificados no ativo realizável a longo prazo.

Portanto, fazem parte, por exclusão, do subgrupo investimentos, no ativo não circulante, os direitos de qualquer natureza que:

1 - não sejam classificáveis no ativo circulante ou no ativo realizável a longo prazo;

2 - não se destinem à manutenção da atividade da companhia e da empresa, ou seja, não classificáveis no ativo não circulante - imobilizado ou intangível.

Como exemplo desses investimentos permanentes, tem-se as obras de arte em uma sociedade comercial e os terrenos destinados a uso futuro.

A Lei nº 6.404/76 dispõe que esses investimentos devem ser avaliados pelo custo de aquisição, deduzido de ajuste para atender às perdas prováveis na realização do seu valor, ou para redução do custo de aquisição ao valor de mercado, quando este for inferior;

Assim, a constituição de qualquer um desses ajustes será em conta retificadora do ativo correspondente (conta credora) e em contrapartida a conta de despesas para perdas:

Despesas com Perdas em Investimentos Permanentes

a Ajuste para Perdas Prováveis/ Ajuste ao Valor de Mercado (retificadora- saldo credor)

1.2.1. Propriedades para investimento

A Lei nº 6.404/76 não menciona diretamente as propriedades para investimento. No entanto, o Pronunciamento Técnico CPC 28 - Propriedade para Investimento dispõe sobre este tipo específico de ativo, que deve ser classificado no subgrupo Investimentos do Ativo Não Circulante.

Conforme o CPC 28, propriedade para investimento é o imóvel (terreno, edifício - ou parte de um edifício - ou ambos) mantido pela empresa para obtenção de receita de aluguel ou para valorização do capital ou para ambas. O imóvel assim classificado não pode ser utilizado nas atividades operacionais da empresa ou para venda no curso ordinário dos negócios.

São exemplos de propriedade para investimento: terrenos mantidos à espera de valorização no longo prazo; terrenos mantidos para o futuro, sem definição de uso; edifício mantido para aluguel ou arrendamento operacional; propriedade em construção para futura utilização como propriedade para investimento.

Inicialmente a propriedade para investimento deve ser mensurada pelo custo de aquisição. No custo estão compreendidos o preço de compra e qualquer valor adicional necessário para dispor o ativo na condição pretendida pela administração, tais como, remunerações profissionais de serviços legais, impostos sobre transferência de propriedade e outros custos de transação.

Após o reconhecimento inicial, em regra, a entidade deve escolher como sua política contábil ou o método do valor justo ou o método do custo e deve aplicar essa política a todas as suas propriedades para investimento.

Como exceção à regra geral, o Pronunciamento Técnico CPC 28 permite que a entidade possa:

"(a) escolher o método do valor justo ou o método do custo para todas as propriedades para investimento que suportem passivos que pagam retorno diretamente associado ao valor justo de, ou aos retornos de ativos especificados incluindo essa propriedade para investimento; e

(b) escolher o método do valor justo ou o método do custo para todas as restantes propriedades para investimento, independentemente da escolha feita na alínea (a)".

Se a entidade optar pelo método do valor justo, após o reconhecimento inicial, deve mensurar todas as propriedades para investimento por esse método, exceto quando for impossível determinar confiavelmente o valor justo.

O ganho ou perda decorrente da variação do valor justo da propriedade deve ser reconhecido como receita ou despesa do período em que ocorrer.

Se a entidade optar pelo método do custo, após o reconhecimento inicial, deve mensurar todas as propriedades para investimento de acordo com os requisitos do Pronunciamento Técnico CPC 27 - Ativo Imobilizado. Há exceção no caso das propriedades classificadas como mantidas para venda, que devem ser mensuradas conforme as disposições do Pronunciamento Técnico CPC 31 - Ativo Não Circulante Mantido para Venda e Operação Descontinuada (vide capítulo 22).

O Pronunciamento Técnico CPC 28 exige que a entidade determine o valor justo das propriedades para investimento, tanto para fins de mensuração, caso opte pelo método do valor justo, ou seja pela necessidade de divulgação, se optar pelo método do custo.

Tópico-síntese: Ativo Não Circulante – Investimentos	
Composição Conforme Lei das S/A	I – Participações permanentes no capital social de outras sociedades; II – Direitos de qualquer natureza, não classificáveis no ativo circulante e que não se destinem à manutenção da atividade da companhia e da empresa
Participações Permanentes em Outras Sociedades	A intenção no momento da aquisição determina se o investimento é permanente ou não. São avaliados pelos seguintes métodos: I – Método do Custo de Aquisição; II – Método da Equivalência Patrimonial – MEP.
Custo de Aquisição	Quando o investimento permanente em outras sociedades não incidir nos critérios para avaliação pelo MEP, é obrigatório o uso do custo de aquisição. O investimento é avaliado pelo custo e ajustado para perdas prováveis na realização do valor da participação, quando essa perda for comprovada como permanente e não for modificada em razão do recebimento, sem custo para a companhia, de ações ou quotas bonificadas.
Método da Equivalência Patrimonial	São obrigatoriamente avaliados pelo Método da Equivalência Patrimonial, os investimentos em: 1 – sociedades coligadas; 2 – sociedades controladas; 3 – outras sociedades que façam parte de um mesmo grupo ou estejam sob controle comum. Coligadas são sociedades nas quais a investidora tenha influência significativa. Há influência significativa quando a investidora tem o poder de participar nas decisões das políticas financeira ou operacional da investida, sem controlá-la.

Método da Equivalência Patrimonial	A propriedade de 20% ou mais dos votos conferidos pelo capital da investida, sem controlá-la, presume a existência de influência significativa. É controlada a sociedade na qual a investidora, diretamente ou através de outras controladas, tenha assegurada, de modo permanente, a preponderância nas deliberações sociais e o poder de eleger a maioria dos administradores. Normalmente esta situação ocorre quando a empresa detém mais de 50% do capital votante da investida. O valor do investimento pelo método da equivalência patrimonial é determinado pela aplicação sobre o patrimônio líquido da investida, da porcentagem de participação no seu capital.
Demais Investimentos Permanentes	Direitos de qualquer natureza que: I – não sejam classificáveis no ativo circulante ou no ativo realizável a longo prazo; II – não se destinem à manutenção da atividade da companhia e da empresa, ou seja, não classificáveis no imobilizado ou intangível. Devem ser avaliados pelo custo de aquisição, deduzido de ajuste para atender às perdas prováveis na realização do seu valor, ou para redução do custo de aquisição ao valor de mercado, quando este for inferior
Propriedades para Investimento (CPC 28)	Imóvel (terreno, edifício- ou parte de um edifício – ou ambos) mantido pela empresa para obtenção de receita de aluguel ou para valorização do capital ou para ambas. O imóvel assim classificado não pode ser utilizado nas atividades operacionais da empresa ou para venda no curso ordinário dos negócios. No reconhecimento inicial, deve ser mensurada pelo custo de aquisição. Após o reconhecimento inicial, regra geral, a entidade deve escolher como sua política contábil ou o método do valor justo ou o método do custo e deve aplicar essa política a todas as suas propriedades para investimento. Se a opção for pelo custo, após o reconhecimento inicial, deve ser mensurada de acordo com as mesmas regras aplicáveis ao ativo imobilizado.

Capítulo

13

MÉTODO DA EQUIVALÊNCIA PATRIMONIAL

Leia a lei:

- *Art 248 da Lei nº 6.404/76 (Lei das S/A)*

1. DEFINIÇÃO E RECONHECIMENTO INICIAL

Conforme o Pronunciamento Técnico CPC 18 (R3) – Investimento em Coligada, em Controlada e em Empreendimento Controlado em Conjunto, "método da equivalência patrimonial é o método de contabilização por meio do qual o investimento é inicialmente reconhecido pelo custo e, a partir daí, é ajustado para refletir a alteração pós-aquisição na participação do investidor sobre os ativos líquidos da investida".

De acordo com o CPC 18 (R3), "o investimento em coligada e em empreendimento controlado em conjunto deve ser contabilizado pelo método da equivalência patrimonial a partir da data em que o investimento se tornar sua coligada ou empreendimento controlado em conjunto".

O valor pago pela participação pode ser diferente do valor patrimonial dessa participação. Se o valor pago for maior que o valor patrimonial, a diferença pode ocorrer por "mais valia de ativos líquidos" ou em função de ágio pago por "expectativa de resultados futuros (goodwill)". O "ganho por compra vantajosa" ocorre quando o valor pago for inferior em relação à participação do investidor no valor justo líquido, na data da aquisição, dos ativos e passivos identificáveis adquiridos.

Os motivos pelos quais o valor do pagamento seja maior que o patrimonial podem ser:

1 – os ativos da investida, líquidos dos passivos, mensurados a valor justo valem mais do que o valor contábil (mais-valia);

2 – espera-se que a investida gere lucros acima do normal, ou seja, paga-se por expectativa de rentabilidade futura, também denominado fundo de comércio ou *goodwill*.

Exemplo: A Companhia A adquiriu uma participação de 40% do capital social da Companhia B, pelo valor de R$ 4.600.000,00. Foram extraídos do balanço patrimonial da Companhia B, na data da aquisição, os seguintes dados referentes ao seu Patrimônio Líquido:

Capital Social	R$ 6.000.000,00
Reservas de Lucros	R$ 2.500.000,00
Reservas de Capital	R$ 1.500.000,00
Total do Patrimônio Líquido	R$ 10.000.000,00

Como a investidora adquiriu 40% de participação da Cia B, o valor do seu investimento é de R$ 4.000.000,00 (40% X 10.000.000).

Apesar do investimento pela equivalência patrimonial ser avaliado em R$ 4.000.000,00, foi pago R$ 4.600.000,00 pela participação. A diferença de R$ 600.000,00 paga a mais tem dois motivos:

1 – Na avaliação dos valores justos dos ativos e passivos, verificou-se que o imobilizado vale R$ 1.000.000,00 a mais do que o contabilizado. Assim, o patrimônio líquido da investida, avaliado a valor justo, é de R$ 11.000.000,00. Nesse caso, 40% do patrimônio líquido a valor justo equivale a R$ 4.400.000,00. Logo, foi pago R$ 400.000,00 por mais-valia dos ativos líquidos (4.400.000 – 4.000.000).

2 – O excedente ao valor de R$ 4.400.000,00 pago (R$ 200.000,000), constitui pagamento por expectativa de rentabilidade futura, ou *goodwill*.

O excedente no valor total de R$ 600.000,00 relativo à mais-valia e ao *goodwill* é apresentado no balanço individual da investidora incluído no valor contábil do investimento, no subgrupo Investimentos.

O *goodwill* é apresentado no balanço individual da controladora incluído no valor contábil do investimento, no subgrupo Investimentos, mas na consolidação ele aparece no Ativo Intangível.

Nos termos do CPC 18 (R3), "demonstrações consolidadas são as demonstrações contábeis de um grupo econômico, em que ativos, passivos, patrimônio líquido, receitas, despesas e fluxos de caixa da controladora e de suas controladas são apresentados como se fossem uma única entidade econômica".

2. DATA DAS DEMONSTRAÇÕES CONTÁBEIS

A Lei nº 6.404/76 estabelece que o valor do patrimônio líquido da coligada ou da controlada será determinado a partir de balanço patrimonial ou balancete de verificação levantado pela investida, na mesma data, ou com até 60 (sessenta) dias de antecedência.

Conforme o CPC 18 (R3), se o término do exercício social ocorrer em datas diferentes, a investida deve elaborar demonstrações contábeis na mesma data do investidor, exceto se for impraticável. Nesse caso, é permitida uma defasagem máxima de três meses entre as datas de encerramento das demonstrações da investida e do investidor. Ao longo dos exercícios, os períodos abrangidos nas demonstrações contábeis e a diferença entre as datas de encerramento devem ser os mesmos.

3. VARIAÇÕES NO PATRIMÔNIO LÍQUIDO DA INVESTIDA

Sempre que houver variação no patrimônio líquido da investida, a investidora deverá ajustar proporcionalmente o valor do investimento.

Conforme RICARDO J. FERREIRA (2012, p 312), "a participação do investidor no lucro ou prejuízo do período da investida é reconhecida no lucro ou prejuízo do período do investidor".

A parte da investidora nos lucros da investida deve ser reconhecida como aumento da conta do investimento e em contrapartida à receita de equivalência patrimonial.

Se houver prejuízo na investida, a conta do investimento deve ser diminuída em contrapartida à despesa de equivalência patrimonial.

Caso a variação ocorra diretamente no saldo do patrimônio líquido da investida, sem passar pelo resultado, o reconhecimento pelo investidor será da mesma forma em seu patrimônio líquido. Seria o caso, por exemplo, de um aumento no saldo da conta Ajustes de Avaliação Patrimonial da investida. A parte do investidor seria reconhecida de forma reflexa, ou seja, em conta de Ajustes de Avaliação Patrimonial diretamente no patrimônio líquido do investidor e não em seu resultado.

EXEMPLO: A companhia A possui uma participação de 70% do capital social da companhia B. No início do exercício X1, sua participação está avaliada pelo valor de R$ 560.000,00. O Patrimônio Líquido da companhia B está assim constituído:

Capital Social	R$ 500.000,00
Reservas de Lucros	R$ 200.000,00
Reservas de Capital	R$ 95.000,00
Ajustes de Avaliação Patrimonial	R$ 5.000,00
TOTAL	R$ 800.000,00

Ao final do exercício X1, foram obtidas as seguintes informações de suas demonstrações contábeis:

Lucro Líquido do exercício: R$ 40.000,00

Aumento em Ajustes de Avaliação Patrimonial (credor): R$ 10.000,00

No exercício X1, houve o aumento do Patrimônio Líquido da Cia B, passando de 800.000 para 850.000. Sendo assim, a investidora A deve reconhecer o aumento de seu investimento proporcionalmente à sua parcela de participação (70% X 50.000 = 35.000). A contrapartida do aumento do investimento de R$ 35.000,00 será:

- R$ 28.000,00 no Resultado (70% X 40.000 = 28.000) e
- R$ 7.000,00 em Ajustes de Avaliação Patrimonial de Controladas (70% X 10.000 = 7.000):

Lançamentos no Razão:

Investimento Controlada B – MEP	
560.000	
(1) 35.000	
595.000	

Resultado Positivo MEP	
	28.000(1)

Ajustes de Avaliação Patrimonial Controladas	
	7.000(1)

4. DIVIDENDOS DISTRIBUÍDOS

Quando a investida distribui dividendos, haverá a diminuição do seu Patrimônio Líquido. Essa variação patrimonial negativa será reconhecida pela investidora ao contabilizar os dividendos a receber em contrapartida à diminuição do investimento.

Exemplo: Foi distribuída a metade dos lucros de R$ 40.000,00 do item anterior. A parcela da investidora sobre esses dividendos corresponde ao valor de R$ 14.000,00 (70 % X 20.000):

Investimento Controlada B – MEP	
595.000	14.000 (1)
581.000	

Dividendos a Receber	
(1)14.000	

Após o reconhecimento dos dividendos a distribuir, o patrimônio líquido da investida passou a ser de R$ 830.000 (850.000 - 20.000). Portanto o valor do investimento na Cia B, reconhecido pela investidora corresponde aos 70% de sua participação (70% X 830.000 = 581.000).

5. RESULTADOS DE OPERAÇÕES ENTRE INVESTIDORA E INVESTIDA

O inciso I do art. 248 da Lei nº 6.404/76 estabelece que, no valor de patrimônio líquido da controlada ou coligada, não serão computados os resultados não realizados decorrentes de negócios com a companhia, ou com outras sociedades coligadas à companhia, ou por ela controladas.

O lucro deve ser reconhecido apenas quando decorrente de operações com terceiros. As vendas de uma empresa a outra do mesmo grupo não proporcionam lucro ao se analisar o grupo como um todo. Por essa razão, o lucro não realizado deve ser eliminado do patrimônio líquido da investida (só haverá lucro ao se realizar venda a terceiros).

5.1. Operações entre investidora e coligada

O CPC 18 (R3) estabelece que "os resultados decorrentes de transações ascendentes (*upstream*) e descendentes (*downstream*) envolvendo ativos que não constituam um negócio, conforme definido pelo Pronunciamento Técnico CPC 15, entre o investidor (incluindo suas controladas consolidadas) e a coligada ou o empreendimento controlado em conjunto devem ser reconhecidos nas demonstrações contábeis do investidor somente na extensão da participação de outros investidores sobre essa coligada ou empreendimento controlado em conjunto, desde que esses outros investidores sejam partes independentes do grupo econômico ao qual pertence a investidora. As transações ascendentes são, por exemplo, vendas de ativos da coligada ou do empreendimento controlado em conjunto para o investidor. As transações descendentes são, por exemplo, vendas de ativos do investidor para a coligada ou para o empreendimento controlado em conjunto. A participação do investidor no resultado de coligada ou empreendimento controlado em conjunto resultante dessas transações deve ser eliminada".

5.1.1. Operações de venda de investidora para coligada

Em operações de venda de investidora para coligada, é considerada realizada a parcela do lucro correspondente à participação percentual dos demais sócios na coligada que sejam partes independentes da investidora ou dos controladores da investidora. A venda deve ser registrada normalmente pela investidora, mas o lucro não realizado deve ser eliminado na demonstração do resultado da investidora, em linha logo após o resultado da equivalência patrimonial, (Lucro não realizado – Operações com Coligadas) em contrapartida a crédito de conta retificadora do investimento (Ajuste – Investimento Coligada).

EXEMPLO: A investidora A vendeu R$ 3.000,00 em mercadorias a sua coligada B, com lucro de R$ 1.000,00. As mercadorias ainda permaneciam em estoque da coligada à época das demonstrações contábeis. O percentual de participação de A em B é de 30%. O lucro não realizado corresponde a 30% X 1.000 = R$ 300,00:

Ajuste – Investimento Coligada B – MEP	
	300 (1)

Lucro Não Realizado – Operações com Coligadas	
(1) 300	

Supondo que foram vendidas 60% das mercadorias. Portanto, à época da elaboração das demonstrações contábeis ainda restavam 40% das mercadorias no estoque da empresa B. Nesse caso, o lucro não realizado corresponde a parcela da participação da investidora sobre os lucros remanescentes (30% X 40% X 1.000 = R$ 120,00):

Ajuste – Investimento Coligada B – MEP	
	120 (1)

Lucro Não Realizado – Operações com Coligadas	
(1) 120	

A parcela não reconhecida dos lucros será realizada à medida que as mercadorias sejam vendidas a terceiros ou baixadas por qualquer motivo (a débito de Ajuste - Investimento Coligada B e a crédito de Resultado - MEP).

5.1.2. Operações de venda de coligada para investidora

Em operações de venda de coligada para a investidora, os lucros não realizados nos ativos ainda em poder da investidora ou de suas controladas são eliminados da seguinte forma: do valor da equivalência patrimonial calculada sobre o lucro líquido da investida é deduzida a integralidade do lucro não realizado pela investidora.

EXEMPLO: No exercício em que obteve lucro de R$ 4.000,00, a empresa B vendeu para sua investidora A mercadorias no valor de R$ 3.000,00, com lucro de R$ 1.000,00. As mercadorias ainda permaneciam em estoque da investidora à época das demonstrações contábeis. O percentual de participação de A em B é de 30%. O cálculo do Resultado da Equivalência Patrimonial seria assim:

Lucro líquido da coligada B	R$ 4.000,00
Percentual de participaçao de A em B	X 30%
Equivalência Patrimonial (antes da eliminação)	R$ 1.200,00
(-) Lucro não realizado (30% X 1.000)	(R$ 300,00)
(=) Resultado Equivalência Patrimonial ajustada	R$ 900,00

Lançamento na investidora A:

Investimento Coligada B – MEP	
XXX	
(1) 900	

Resultado Positivo – MEP	
	900 (1)

Supondo que foram vendidas 60% das mercadorias. Portanto, à época da elaboração das demonstrações contábeis ainda restavam 40% das mercadorias no estoque da investidora A. O cálculo do Resultado da Equivalência Patrimonial seria assim:

Lucro líquido da coligada B	R$ 4.000,00
Percentual de participação de A em B	X 30%
Equivalência Patrimonial (antes da eliminação)	R$ 1.200,00
(-) Lucro não realizado (30% X 40% X 1.000)	(R$ 120,00)
(=) Resultado Equivalência Patrimonial ajustada	R$ 1.080,00

Lançamento na investidora A:

Investimento Coligada B – MEP	
XXX	
(1) 1.080	

Resultado Positivo – MEP	
	1.080 (1)

5.2. Operações entre controladora e controlada

Nas operações com controladas, independentemente do percentual de participação, os lucros não realizados são totalmente eliminados das demonstrações contábeis da controladora tanto nas operações de venda da controladora para a controlada, quanto da controlada para a controladora ou entre as controladas.

O disposto no parágrafo anterior deve produzir o mesmo resultado líquido e o mesmo patrimônio líquido para a controladora que são obtidos a partir das demonstrações consolidadas dessa controladora e suas controladas.

De acordo com o Pronunciamento Técnico CPC 18 (R3), "demonstrações consolidadas são as demonstrações contábeis de um grupo econômico, em que ativos, passivos, patrimônio líquido, receitas, despesas e fluxos de caixa da controladora e de suas controladas são apresentados como se fossem uma única entidade econômica".

5.2.1. Operações de venda de controladora para controlada

Os resultados positivos decorrentes de transações de venda de controladora para controlada não devem ser reconhecidos nas demonstrações contábeis individuais da controladora enquanto os ativos estiverem no balanço da controlada pertencente ao mesmo grupo econômico.

A venda deve ser registrada normalmente pela investidora, mas o lucro não realizado deve ser eliminado na demonstração do resultado individual da investidora, em linha logo após o resultado da equivalência patrimonial, em contrapartida a crédito de conta retificadora do investimento.

Exemplo: A empresa A vendeu mercadorias a sua controlada B por R$ 3.000,00, com lucro de R$ 1.000,00, que ainda permaneciam em estoque à época das demonstrações contábeis. O percentual de participação de A em B é de 60%. O lucro não realizado corresponde a 1.000 e deve ser eliminado em sua totalidade independentemente do percentual de participação da controladora.

Ajuste – Investimento Controlada B – MEP		Lucro Não Realizado – Operações c/ Controladas	
	1.000 (1)	(1) 1.000	

Supondo que foram vendidas 60% das mercadorias. Portanto, à época da elaboração das demonstrações contábeis ainda restavam 40% das mercadorias no estoque da empresa B. Nesse caso, o lucro não realizado corresponde a R$ 400 (40% X 1.000).

Ajuste – Investimento Controlada B – MEP		Lucro Não Realizado – Operações c/ Controladas	
	400 (1)	(1) 400	

A parcela não reconhecida dos lucros será realizada à medida que as mercadorias sejam vendidas a terceiros ou baixadas por qualquer motivo (a débito de Ajuste – Investimento em Controlada B e a crédito de Resultado Positivo- MEP).

5.2.2. Operações de venda de controlada para controladora

Os resultados positivos decorrentes de transações de venda de controlada para controladora e de transações entre as controladas do mesmo grupo econômico devem ser reconhecidos nas demonstrações contábeis da vendedora, mas não devem ser reconhecidos nas demonstrações contábeis individuais da controladora enquanto os ativos transacionados estiverem no balanço de adquirente pertencente ao grupo econômico.

Nas demonstrações individuais, em operações de vendas da controlada para a controladora ou entre controladas, os lucros não realizados nos ativos ainda em poder da investidora ou de suas controladas são eliminados da seguinte forma: do valor da equivalência patrimonial calculada sobre o lucro líquido da investida, deduz-se cem por cento do lucro contido no ativo ainda em poder do grupo econômico.

EXEMPLO: No exercício em obteve lucro de R$ 4.000,00, a empresa B vendeu a sua controladora A mercadorias no valor de R$ 3.000,00, com lucro de R$ 1.000,00. As mercadorias ainda se encontravam no estoque da controladora à época da elaboração das demonstrações contábeis. O percentual de participação de A em B é de 60%. O lucro não realizado deve ser eliminado em sua totalidade independentemente do percentual de participação da controladora. O cálculo do Resultado da Equivalência Patrimonial seria assim:

Lucro líquido da controlada B	R$ 4.000,00
Percentual de participação de A em B	X 60%
Equivalência Patrimonial (antes da eliminação)	R$ 2.400,00
(-) Lucro não realizado (100% X 1.000)	(R$ 1.000,00)
(=) Resultado Equivalência Patrimonial ajustada	R$ 1.400,00

Lançamento na investidora A:

Investimento Controlada B – MEP	
XXX	
(1) 1.400	

Resultado Positivo – MEP	
	1.400 (1)

Supondo que foram vendidas 60% das mercadorias. Portanto, à época da elaboração das demonstrações contábeis ainda restavam 40% das mercadorias no estoque da investidora A. O cálculo do Resultado da Equivalência Patrimonial seria assim:

Lucro líquido da controlada B	R$ 4.000,00
Percentual de participação de A em B	X 60%
Equivalência Patrimonial (antes da eliminação)	R$ 2.400,00
(-) Lucro não realizado (40% X 1.000)	(R$ 400,00)
(=) Resultado Equivalência Patrimonial ajustada	R$ 2.000,00

Lançamento na investidora A:

Investimento Controlada B – MEP	
XXX	
(1) 2.000	

Resultado Positivo – MEP	
	2.000 (1)

Atenção

A Lei nº 6.404/76, em seu art. 248 I e II, estabelece que o valor do resultado não realizado é deduzido do Patrimônio Líquido da controlada ou coligada, e sobre seu valor ajustado é aplicada a porcentagem de participação. Embora o texto legal esteja correto em relação à coligada, há um equívoco em referência à controlada. Conforme demonstrado anteriormente, segundo o CPC 18(R2), deve ser aplicada a porcentagem de participação sobre o Patrimônio Líquido da controlada e só depois deduzir o valor do resultado não realizado. O equívoco da Lei foi corrigido pela CVM, desde a Resolução CVM nº 247/96.

5.3. Prejuízos em operações de venda entre investidora e investida

Quando as operações de venda entre investidora e investida (tanto descendentes como ascendentes) resultarem em prejuízos, a investidora deve reconhecer sua participação nessas perdas.

5.4. Prejuízos Acumulados de Coligadas e Controladas

Conforme o CPC 18 (R3), "quando a participação do investidor nos prejuízos da coligada ou do empreendimento controlado em conjunto se igualar ou exceder o saldo contábil de sua participação na investida, o investidor deve descontinuar o reconhecimento de sua participação em perdas adicionais".

Caso os prejuízos acumulados da investida tornem o seu patrimônio líquido negativo, a investidora irá reduzir a zero o valor do investimento. Caso as perdas adicionais fossem reconhecidas, o valor do investimento se tornaria um passivo para a investidora. O reconhecimento desse passivo só ocorre caso a investidora tiver assumido obrigações (legais ou não formalizadas) ou tiver feito pagamentos em nome da investida.

O disposto acima não se aplica a investimento em controlada no balanço individual da controladora, uma vez que se deve observar a prática contábil que produz o mesmo resultado líquido e o mesmo patrimônio líquido para a controladora que são obtidos a partir das demonstrações contábeis consolidadas do grupo econômico.

<table>
<tr><th colspan="2">Tópico-síntese: Método da Equivalência Patrimonial</th></tr>
<tr><td>Definição de Método da Equivalência Patrimonial</td><td>Método de contabilização por meio do qual o investimento, inicialmente reconhecido pelo custo, é ajustado para refletir a participação do investidor sobre o patrimônio líquido da investida.</td></tr>
<tr><td>Valor Pago Inicialmente pela Participação</td><td>Pode ser diferente do valor da porcentagem de participação sobre o patrimônio líquido da investida (valor patrimonial).
Valor pago superior ao patrimonial pode ocorrer por:
I – "mais valia de ativos líquidos", quando o valor justo dos ativos da investida, líquidos dos passivos, valem mais do que o valor contábil;
II – ágio pago por "expectativa de resultados futuros (goodwill)", quando se espera que a investida gere lucros acima do normal.
O "ganho por compra vantajosa" ocorre quando o valor pago for inferior em relação à participação do investidor no valor justo líquido, na data da aquisição, dos ativos e passivos identificáveis adquiridos.</td></tr>
<tr><td>Data das Demonstrações Contábeis da Investida e da Investidora</td><td>Mesma data ou, na hipótese de impossibilidade, defasagem máxima de três meses.</td></tr>
</table>

Tópico-síntese: Método da Equivalência Patrimonial	
Variações no Patrimônio Líquido da Investida	Devem ser reconhecidas nas demonstrações contábeis da investidora proporcionalmente à sua participação: I – se houver lucro na investida, deve haver aumento da conta do investimento e em contrapartida à receita de equivalência patrimonial. II – se houver prejuízo na investida, a conta do investimento deve ser diminuída em contrapartida a despesa de equivalência patrimonial. III – Se a variação ocorrer diretamente no saldo do patrimônio líquido da investida, sem passar pelo resultado, o reconhecimento pelo investidor será de forma direta em seu patrimônio líquido.
Distribuição de Dividendos pela Investida	Há diminuição do patrimônio Líquido da investida, devendo ser reconhecida pela investidora através da contabilização dos dividendos a receber em contrapartida à diminuição do investimento.
Operações de Venda entre Investidora e Investidas	Os lucros não realizados devem ser eliminados do patrimônio líquido da investida. Portanto a investidora só irá reconhecer o lucro em operações com terceiros. Se houver prejuízo na operação, a investidora deve reconhecer sua participação nessas perdas.

Capítulo

14

ATIVO IMOBILIZADO

Leia a lei:

- *Lei nº 6.404/76 (Lei das S/A): art. 179, inciso IV, art. 183, inciso V, § 2º e §3º*

1. CONCEITO

No ativo não circulante imobilizado devem estar classificados os bens corpóreos utilizados nas atividades da empresa, e que não se destinam à comercialização ou à incorporação em produtos destinados à venda. São exemplos: máquinas e equipamentos, instalações, terrenos, prédios, veículos, ferramentas, móveis e utensílios, equipamentos de informática, semoventes (animais).

Regra geral, apenas os bens de propriedade da empresa são classificados no imobilizado. Assim, um prédio alugado pela empresa para uso em suas atividades não será registrado no imobilizado, mas apenas haverá o lançamento das despesas do aluguel. Entretanto, a lei determina a classificação no imobilizado de bens corpóreos de uso, decorrentes de operações que transfiram à companhia seus benefícios, riscos e controle. Neste caso, não é necessário que a companhia detenha a propriedade do bem classificado no imobilizado.

Os bens, para uso na manutenção das atividades da empresa, que estão em fase de aquisição ou produção também são classificados no imobilizado e recebem a denominação de imobilizações em andamento.

O Pronunciamento Técnico CPC 27 – Ativo Imobilizado define Ativo Imobilizado como:

"item tangível que:

(a) é mantido para uso na produção ou fornecimento de mercadorias ou serviços, para aluguel a outros, ou para fins administrativos; e

(b) se espera utilizar por mais de um período".

A legislação do imposto de renda permite que bens do ativo imobilizado cujo custo de aquisição tenha valor unitário até R$ 1.200,00, ou prazo de vida útil de até um ano sejam deduzidos diretamente como despesa. Mas, essa exceção não é aplicável quando a atividade exercida pela empresa exija utilização de um conjunto desses bens. Assim, por exemplo, uma empresa de locação de impressoras deverá classificar tais equipamentos no imobilizado, mesmo se o custo unitário for inferior ao limite fiscal de R$ 1.200,00.

2. CUSTO DE ITEM DO IMOBILIZADO

Conforme o Pronunciamento Técnico CPC 27 – Ativo Imobilizado, o custo de um item do imobilizado engloba o **preço de aquisição** (incluídos o imposto de importação e tributos não recuperáveis), os **gastos necessários para colocar o ativo no local e condições pretendidas** (tais como: custos de preparação do local, custos de frete e de manuseio para recebimento e instalação, seguros, impostos não recuperáveis, comissões, custos de instalação e montagem, gastos com desembaraço aduaneiro, escritura e outros serviços legais) e a **estimativa inicial dos custos de desmontagem e remoção do item e de restauração do local onde está localizado.**

O custo de aquisição de bens do imobilizado engloba todos os gastos necessários para que eles sejam utilizados nas atividades da empresa, tais como: custos de preparação do local, custos de frete e de manuseio (para recebimento e instalação), seguros, impostos não recuperáveis, comissões, custos de instalação e montagem, gastos com desembaraço aduaneiro, escritura e outros serviços legais.

Os impostos recuperáveis, os descontos comerciais e os abatimentos não fazem parte do custo de aquisição do ativo imobilizado.

Os encargos financeiros (como juros e atualização monetária) de empréstimos e financiamentos para a aquisição de bens do imobilizado não fazem parte do custo desses ativos, pois são classificados como despesas financeiras.

Entretanto, caso seja considerado um ativo qualificável, os custos de empréstimos, como os encargos financeiros, diretamente atribuíveis à aquisição, construção ou produção do imobilizado devem ser contabilizados como parte de seu custo. Conforme o Pronunciamento Técnico CPC 20 (R1) – Custo de Empréstimos, "ativo qualificável é um ativo que, necessariamente, demanda um período de tempo substancial para ficar pronto para seu uso ou venda pretendidos". Os juros deixam de ser contabilizados como custo do ativo qualificável, quando concluídas as atividades necessárias ao seu preparo para uso ou venda.

Custo do mobilizado, conforme o Pronunciamento Técnico CPC 27
Preço de aquisição
(+) Impostos de importação e outros tributos não recuperáveis
(-) Descontos comerciais e abatimentos
(+) quaisquer custos diretamente atribuíveis para colocação do ativo no local e condição para funcionamento na forma pretendida pela empresa
(+) Estimativa inicial dos custos de desmontagem, remoção do bem e restauração do local onde está instalado
(=) Custo do imobilizado

Após a instalação do ativo imobilizado no local e nas condições pretendidas pela empresa, não são reconhecidos novos custos no seu valor contábil. O seguro anual do imobilizado, por exemplo, é contabilizado como despesa.

Exemplo: A empresa Industrial X adquiriu um equipamento para uso em sua atividade industrial, pago à vista, por R$ 200.000,00. Sobre a operação incidiu R$ 20.000,00 de IPI e R$ 39.600,00 de ICMS. A empresa pagou R$ 500,00 de frete e R$ 2.000,00 para a instalação do equipamento.

Equipamento	R$ 200.000,00
IPI	R$ 20.000,00
Total da Nota Fiscal	R$ 220.000,00

Frete	R$ 500,00
Gasto com Instalação	R$ 2.000,00
Total Gasto	R$ 222.500,00
(-) ICMS	(R$ 39.600,00)
Custo de Aquisição	R$ 182.900,00

Lançamentos no Diário:

D	Equipamentos	182.900,00	
D	ICMS a Recuperar	39.600,00	
C	Disponibilidades		222.5000

3. GASTOS COM REPAROS, CONSERVAÇÃO E SUBSTITUIÇÃO

A legislação fiscal prevê que os gastos com reparos e conservação de bens e instalações destinados a mantê-los em condições eficientes de operação são registradas como custo ou despesa operacional.

Se os gastos incorridos com reparos, conservação ou substituição de partes e peças de bens do ativo imobilizado resultarem em aumento da vida útil superior a um ano, deverão ser incorporados ao valor do bem, para fins de depreciação do novo valor contábil, no novo prazo de vida útil previsto para o bem recuperado.

O CPC 27 estabelece que "sobressalentes, peças de reposição, ferramentas e equipamentos de uso interno são classificados como ativo imobilizado quando a entidade espera usá-los por mais de um período. Da mesma forma, se puderem ser utilizados somente em conexão com itens do ativo imobilizado, também são contabilizados como ativo imobilizado".

4. DEPRECIAÇÃO, AMORTIZAÇÃO E EXAUSTÃO

A Lei nº 6.404/76 determina que "a diminuição do valor dos elementos dos ativos imobilizado e intangível será registrada periodicamente nas contas de:

a) depreciação, quando corresponder à perda do valor dos direitos que têm por objeto bens físicos sujeitos a desgaste ou perda de utilidade por uso, ação da natureza ou obsolescência;

b) amortização, quando corresponder à perda do valor do capital aplicado na aquisição de direitos da propriedade industrial ou comercial e quaisquer outros com existência ou exercício de duração limitada, ou cujo objeto sejam bens de utilização por prazo legal ou contratualmente limitado;

c) exaustão, quando corresponder à perda do valor, decorrente da sua exploração, de direitos cujo objeto sejam recursos minerais ou florestais, ou bens aplicados nessa exploração".

4.1. Valor contábil

Conforme o CPC 27, o valor do custo de aquisição do imobilizado deve ser ajustado pela conta de depreciação acumulada e da perda por redução ao valor recuperável acumulada. O valor resultante após essas deduções é o valor contábil.

Conforme a lei societária, depreciação é a perda de valor de bens físicos do imobilizado sujeitos a desgaste ou perda de utilidade por uso, ação da natureza ou obsolescência.

Não pode ser contabilizada depreciação para bens que não apresentam a característica de perda de valor com o passar do tempo, como por exemplo, terrenos.

O CPC 27 define depreciação como "a alocação sistemática do valor depreciável de um ativo ao longo da sua vida útil".

A perda por redução ao valor recuperável é vista com mais detalhes no capítulo 17.

De acordo com a legislação do imposto de renda, a quota de depreciação é dedutível a partir da época em que o bem é instalado, posto em serviço ou em condições de produzir.

Segundo o Pronunciamento Técnico CPC 27, "a depreciação do ativo se inicia quando este está disponível para uso, ou seja, quando está no local e em condição de funcionamento na forma pretendida pela administração. A depreciação de um ativo deve cessar na data em que o ativo é classificado como mantido para venda (ou incluído em um grupo de ativos classificado como mantido para venda de acordo com o Pronunciamento Técnico CPC 31 – Ativo Não Circulante Mantido para Venda e Operação Descontinuada) ou, ainda, na data em que o ativo é baixado, o que ocorrer primeiro. Portanto, a depreciação não cessa quando o ativo se torna ocioso ou é retirado do uso normal, a não ser que o ativo esteja totalmente depreciado. No entanto, de acordo com os métodos de depreciação pelo uso, a despesa de depreciação pode ser zero enquanto não houver produção".

O valor depreciável é o custo do ativo menos seu valor residual.

Valor residual é o valor que a entidade espera obter com a venda do bem, líquido de despesa de venda, ao fim de sua vida útil.

A contabilização da depreciação é feita a crédito de conta retificadora do ativo imobilizado (depreciação acumulada) e, em contrapartida, a débito de conta de despesas (ou custos):

Depreciação

a Depreciação acumulada

Atenção

O montante da depreciação acumulada não pode ultrapassar o custo de aquisição do bem.

4.2. Métodos de depreciação

Existem vários métodos de depreciação. Alguns dos métodos mais comuns são: linear (quotas constantes), soma dos dígitos dos anos, unidades produzidas, horas de trabalho.

4.2.1. Método das quotas constantes (linear ou da linha reta)

Por este método, a quota de depreciação é obtida pela divisão do valor depreciável pelo tempo de vida útil do bem.

Exemplo: A empresa Industrial S/A adquiriu, em 01/01/X7, uma máquina X pelo valor de R$ 130.000,00. O tempo de vida útil estimada da máquina é de 10 anos. A empresa irá depreciar o bem pelo método linear, considerando o valor residual de R$ 10.000,00.

Valor depreciável = Custo de aquisição – valor residual

Valor depreciável = R$ 130.000,00 – R$ 10.000,00

Valor depreciável = R$ 120.000,00

Vida útil: 10 anos

Quota de depreciação anual= $\frac{120.000,00}{10 \text{ anos}}$ = 12.000,00/ano

A taxa de depreciação anual é de 10% (1/10 anos).

Se a depreciação for contabilizada em bases mensais, a quota mensal terá um valor de R$ 1.000,00 (120.000/120 meses). Portanto, a cada mês será feito o seguinte lançamento:

Despesa de depreciação

a Depreciação acumulada máquina X R$ 1.000,00

No balanço elaborado em 31/12/X7, o valor do bem e da depreciação acumulada será:

Máquina X	R$ 130.000,00
(-) Depreciação acumulada máquina X	(R$ 12.000,00)

No ano seguinte, o balanço de 31/12/X8 apresentará os seguintes valores:

Máquina X	R$ 130.000,00
(-) Depreciação acumulada máquina X	(R$ 24.000,00)

Valor contábil em 31/12/X8 = 130.000 – 24.000 = R$ 106.000,00

Atenção

O valor residual é subtraído do custo para a obtenção do valor depreciável. No entanto o valor residual não deve ser considerado no cálculo do valor contábil.

4.2.2. Método da soma dos dígitos

Por este método, a depreciação de cada ano é resultado da multiplicação do custo de aquisição por um índice. O numerador do índice é representado pelo número de anos de uso e o denominador é a soma dos dígitos do tempo de vida útil do bem. O numerador irá variar conforme as quotas sejam crescentes ou decrescentes.

Exemplo: A empresa Industrial S/A adquiriu, em 01/01/X7, uma máquina X pelo valor de R$ 150.000,00. O tempo de vida útil estimada da máquina é de 5 anos. A empresa irá depreciar o bem pelo método crescente, sem valor residual.

O cálculo começa com a soma dos dígitos dos anos de vida útil:

Ano	1
Ano	2
Ano	3
Ano	4
Ano	5
Soma	15

A seguir, é feito o cálculo da depreciação de cada ano:

1º ano	(1/15) X R$ 150.000,00 = R$ 10.000,00
2º ano	(2/15) X R$ 150.000,00 = R$ 20.000,00
3º ano	(3/15) X R$ 150.000,00 = R$ 30.000,00
4º ano	(4/15) X R$ 150.000,00 = R$ 40.000,00
5º ano	(5/15) X R$ 150.000,00 = R$ 50.000,00

Esse método proporciona menores quotas de depreciação no início e maiores no fim da vida útil. É utilizado quando a empresa deseja maior depreciação no final da vida útil, pois nessa época estará mais próximo o momento de substituir o bem.

Caso fosse utilizado o método decrescente, ocorreria a inversão da ordem do numerador do índice:

1º ano	(5/15) X R$ 150.000,00 = R$ 50.000,00
2º ano	(4/15) X R$ 150.000,00 = R$ 40.000,00
3º ano	(3/15) X R$ 150.000,00 = R$ 30.000,00
4º ano	(2/15) X R$ 150.000,00 = R$ 20.000,00
5º ano	(1/15) X R$ 150.000,00 = R$ 10.000,00

Esse método proporciona maiores quotas de depreciação no início e menores no fim da vida útil. Ele permite maior uniformidade na contabilização dos custos. Isso ocorre porque no início a empresa tem um custo mínimo com a manutenção do bem. Com o passar do tempo, esses gastos aumentam. Assim, com o transcorrer do tempo, a depreciação decrescente equilibra o crescente gasto com manutenção.

4.2.3. Método das unidades produzidas

A quota de depreciação é calculada pela relação entre as unidades produzidas no período e a estimativa de produção total de unidades a serem produzidas pelo ativo.

Exemplo: A empresa Industrial S/A adquiriu, em 01/01/X7, uma máquina pelo valor de R$ 150.000,00. Estima-se que a máquina tem capacidade de produzir 1.000.000 de peças ao longo de sua vida útil. No primeiro ano de produção, foram produzidas 200.000 peças. Calcular a depreciação pelo método das unidades produzidas.

Estimativa de produção total: 1.000.000 de peças

Produção no ano: 200.000 peças

Depreciação no ano: $\frac{200.000}{1.000.000}$ X R$ 150.000,00 = R$ 30.000,00

4.2.4. Método das horas de trabalho

A quota de depreciação é calculada pela relação entre o tempo de trabalho no período e a estimativa de horas de trabalho durante a vida útil do bem a ser depreciado.

Exemplo: A empresa Industrial S/A adquiriu, em 01/01/X7, uma máquina pelo valor de R$ 150.000,00. Estima-se que a máquina tenha a vida útil de 58.400 horas de trabalho. No primeiro ano de produção, a máquina operou durante 2.920 horas. Calcular a depreciação pelo método das horas de trabalho.

Estimativa de horas de trabalho total: 58.400 horas

Horas de operação da máquina durante o ano: 2.920 horas

Depreciação no ano: $\frac{2.920}{58.400}$ X R$ 150.000,00 = R$ 7.500,00

4.3. Depreciação – aspectos fiscais

A legislação do imposto de renda contém vários dispositivos sobre a contabilização da depreciação dos bens do ativo imobilizado.

Dentre esses dispositivos destacam-se os referentes à quota de depreciação, à taxa anual de depreciação, à depreciação de bens usados, à depreciação acelerada contábil e à depreciação acelerada incentivada.

4.3.1. Quota de depreciação

A quota de depreciação será calculada mediante a aplicação da taxa anual de depreciação sobre o custo de aquisição dos bens depreciáveis.

A quota anual de depreciação será ajustada proporcionalmente no caso de período de apuração com prazo de duração inferior a doze meses, e de bem acrescido ao ativo, ou dele baixado, no curso do exercício. Por exemplo, caso o bem seja instalado em 01/04/X7, a taxa de depreciação será proporcional ao período (9/12 da taxa anual).

A depreciação poderá ser apropriada em quotas mensais, dispensado o ajuste da taxa para os bens postos em funcionamento ou baixados no curso do mês. Por exemplo, no caso de um bem instalado em 22/07/X7, a taxa a ser considerada no balanço de 31/12/X7 será proporcional a 6 meses (apesar de ter decorrido o período de 5 meses e 10 dias).

4.3.2. Taxa anual de depreciação

A Receita Federal publica taxas anuais de depreciação admitidas, em condições normais ou médias, para cada espécie de bem.

No entanto, o contribuinte tem o direito de computar a quota efetivamente adequada às condições de depreciação de seus bens, desde que faça a prova dessa adequação, quando adotar taxa diferente. Em qualquer caso, a depreciação acumulada não poderá ser superior ao custo de aquisição do bem.

Algumas taxas anuais de depreciação admitidas pela legislação do Imposto de Renda:

Edifícios e Construções: 4%

Máquinas, aparelhos e equipamentos/Móveis e utensílios: 10%

Automóveis de passageiros: 20%

Quando o registro do imobilizado for feito por conjunto de instalações ou equipamentos, sem especificação suficiente para permitir aplicar as diferentes taxas de depreciação de acordo com a natureza do bem, e o contribuinte não tiver elementos para justificar as taxas médias adotadas para o conjunto, será obrigado a utilizar as taxas aplicáveis aos bens de maior vida útil que integrem o conjunto (menor taxa de depreciação).

4.3.3. Depreciação de bens usados

Para se determinar a taxa anual de depreciação de bens adquiridos usados é utilizado o maior dos seguintes prazos:

I – metade da vida útil admissível para o bem adquirido novo;

II – restante da vida útil, considerada em relação à primeira instalação para utilização do bem.

Exemplo: A empresa Industrial S/A adquiriu, em 01/01/X7, um equipamento com 6 anos de uso pelo valor de R$ 20.000,00. A vida útil estimada deste equipamento novo é de 10 anos.

Dados:

Metade da vida útil do bem novo:	5 anos (10/2)
Vida útil restante	4 anos (10-6)

Deve-se considerar como vida útil, para fins de depreciação, o prazo de 5 anos, que é o maior entre os dois. Portanto, a taxa anual de depreciação será de 20% (1/5 anos).

4.3.4. Depreciação acelerada contábil

Para bens móveis, podem ser adotados os seguintes coeficientes de depreciação acelerada, em função do número de horas diárias de operação:

I – um turno de oito horas – 1,0;

II – dois turnos de oito horas – 1,5;

III – três turnos de oito horas – 2,0.

O encargo de depreciação acelerada deve ser registrado na escrituração comercial.

Exemplo: A empresa Industrial S/A adquiriu, em 01/01/X7, um equipamento com vida útil estimada de 10 anos. No entanto, será utilizado em regime de dois turnos de 8 horas.

Depreciação anual em condições normais:	10% (1/10)
Coeficiente de 2 turnos de 8 horas:	1,5
Depreciação anual a ser contabilizada:	15% (10% X1,5)

4.3.5. Depreciação acelerada incentivada

A depreciação acelerada incentivada de bens do ativo imobilizado é um tipo de incentivo fiscal, visando a implantação, renovação ou modernização de instalações e equipamentos de determinadas atividades econômicas.

Consiste em permitir, nos casos previstos pela legislação do imposto de renda, que a empresa tributada pelo lucro real antecipe a despesa de depreciação de instalações e equipamentos (por exemplo, a depreciação em cinco anos, para fins de cálculo do lucro real, de um bem, com vida útil prevista de dez anos).

O ajuste é escriturado apenas no Livro de Apuração do Lucro Real – LALUR e não influencia a escrituração contábil.

O total da depreciação acumulada, incluindo a normal e a acelerada, não pode ultrapassar o custo de aquisição do bem.

A partir do período de apuração em que for atingido o custo de aquisição do bem, o valor da depreciação normal, registrado na escrituração comercial, deverá ser adicionado ao lucro líquido para efeito de determinar o lucro real.

Um exemplo de depreciação acelerada incentivada é o que permite a depreciação integral no próprio ano de aquisição de bens do ativo imobilizado, exceto a terra nua, adquiridos por pessoa jurídica que explore a atividade rural, para uso nessa atividade.

Tópico-síntese: Ativo Imobilizado	
Itens Classificados no Imobilizado	Bens corpóreos utilizados nas atividades da empresa e não destinados à comercialização ou à incorporação em produtos destinados à venda. Em regra, somente bens de propriedade da empresa são classificados no imobilizado. No entanto, incluem bens corpóreos de uso, decorrentes de operações que transfiram à companhia seus benefícios, riscos e controle.
Definição de Ativo Imobilizado, conforme CPC 27	Item tangível: I – mantido para uso na produção ou fornecimento de mercadorias ou serviços, para aluguel a outros, ou para fins administrativos; e II – cuja utilização é estimada para mais de um período.
Critério Fiscal	Podem ser deduzidos diretamente como despesas, os bens do ativo imobilizado cujo custo de aquisição tenha valor unitário até R$ 1.200,00, ou prazo de vida útil de até um ano, desde que a atividade exercida pela empresa não exija utilização de um conjunto desses bens.
Reconhecimento Inicial de um Ativo Imobilizado	Preço de aquisição (+) gastos necessários para sua utilização nas atividades da empresa (preparação do local, frete, manuseio para recebimento, instalação, seguros, tributos não recuperáveis, comissões, desembaraço aduaneiro, escritura e outros serviços legais) (-) impostos recuperáveis (-) descontos comerciais e abatimentos (+) Estimativa inicial dos custos de desmontagem, remoção do bem e restauração do local onde está instalado (=) custo reconhecido do imobilizado Os encargos financeiros (como juros e atualização monetária) de empréstimos e financiamentos para a aquisição não fazem parte do custo. Exceção: para um ativo qualificável (ativo que demanda um tempo substancial para ficar pronto para seu uso ou venda pretendidos), os custos de empréstimos, como os encargos financeiros, diretamente atribuíveis à aquisição, construção ou produção do imobilizado devem ser contabilizados como parte de seu custo. Após a instalação no local e nas condições pretendidas, não são reconhecidos novos custos no seu valor contábil.

Tópico-síntese: Ativo Imobilizado	
Gastos com Reparos, Conservação e Substituição	Conforme a legislação fiscal: gastos com reparos e conservação de bens e instalações são registradas como custo ou despesa operacional. Se os gastos com reparos, conservação ou substituição de partes e peças aumentarem a vida útil do bem do imobilizado em mais de um ano, deverão ser incorporados ao valor do bem, para depreciação do novo valor contábil, no novo prazo de vida útil previsto. Conforme o CPC 27: sobressalentes, peças de reposição, ferramentas e equipamentos de uso interno são classificados no imobilizado quando se espera usá-los por mais de um ano. Também são classificados no ativo imobilizado, caso possam ser utilizados somente em conexão com itens do imobilizado.
Contas que Registram Diminuição Periódica de Itens do Imobilizado e do Intangível	Depreciação: perda do valor dos direitos que têm por objeto bens físicos sujeitos a desgaste ou perda de utilidade por uso, ação da natureza ou obsolescência; Amortização: perda do valor do capital aplicado na aquisição de direitos da propriedade industrial ou comercial e quaisquer outros com existência ou exercício de duração limitada, ou cujo objeto sejam bens de utilização por prazo legal ou contratualmente limitado; Exaustão: perda do valor, decorrente da exploração de direitos cujo objeto sejam recursos minerais ou florestais, ou bens aplicados nessa exploração.
Início da Depreciação	Legislação fiscal: quando o bem é instalado, posto em serviço ou em condições de produzir. CPC 27: quando o bem está disponível para uso, ou seja, no local e em condição de funcionamento na forma pretendida pela administração.
Valor Contábil	Custo de aquisição do imobilizado (-) Depreciação acumulada (-) Perda por redução ao valor recuperável acumulada (=) Valor contábil
Valor Depreciável	Custo do ativo (-) valor residual (=) valor depreciável Valor residual: valor que se espera obter com a venda do bem, líquido de despesa de venda, ao fim de sua vida útil.

Tópico-síntese: Ativo Imobilizado	
Limite da Depreciação Acumulada	Custo de aquisição do bem.
Principais Métodos de Depreciação	Linear: quota de depreciação é obtida pela divisão do valor depreciável pelo tempo de vida útil do bem; Soma dos dígitos: depreciação de cada ano é resultado da multiplicação do custo de aquisição por um índice, cujo numerador é a quantidade anos de uso e o denominador é a soma dos dígitos do tempo de vida útil do bem. O numerador irá variar conforme as quotas sejam crescentes ou decrescentes; Unidades produzidas: quota de depreciação é a relação entre as unidades produzidas no período e a estimativa de produção total de unidades durante a vida útil; Horas de trabalho: quota de depreciação é a relação entre o tempo de trabalho no período e a estimativa de horas de trabalho durante a vida útil do bem.
Depreciação de Bens Usados – Regra Fiscal	Quota calculada pelo maior dos seguintes prazos: I – metade da vida útil do bem adquirido novo; II – restante da vida útil remanescente.
Depreciação Acelerada Contábil	Coeficientes de depreciação acelerada, em função do número de horas diárias de operação de bens móveis: I – um turno de oito horas – 1,0; II – dois turnos de oito horas – 1,5; III – três turnos de oito horas – 2,0. O encargo de depreciação acelerada deve ser registrado na escrituração comercial.
Depreciação Acelerada Incentivada	Incentivo fiscal que, em casos previstos na legislação, concede à empresa tributada pelo lucro real a possibilidade de antecipar a despesa de depreciação de instalações e equipamentos. O ajuste é escriturado apenas no Livro de Apuração do Lucro Real – LALUR e não influencia a escrituração contábil.

Capítulo

15

ATIVO INTANGÍVEL

Leia a lei:

- *Lei nº 6.404/76 (Lei das S/A): art. 179, inciso VI, art. 183, inciso VII, § 2º e §3º*

1. CONCEITO

Segundo a Lei nº 6.404/76, no intangível são classificadas as contas representativas de "direitos que tenham por objeto bens incorpóreos destinados à manutenção da companhia ou exercidos com essa finalidade, inclusive o fundo de comércio adquirido".

A lei societária denominou como fundo de comércio o ágio por expectativa de rentabilidade futura (goodwill). Apenas é permitida a contabilização do fundo de comércio adquirido, mas não daquele que a empresa acumula ao longo de suas atividades.

São exemplos de bens classificados no ativo intangível: software (quando não for parte integrante do respectivo equipamento/hardware), marcas industriais, patentes de fabricação de produtos, ponto comercial, direitos autorais, gastos com desenvolvimento.

2. DEFINIÇÃO E RECONHECIMENTO

Nos termos do Pronunciamento Técnico CPC 4 (R1) – Ativo Intangível, "ativo intangível é um ativo não monetário identificável sem substância física".

Um ativo é denominado monetário quando for representado por dinheiro ou por uma quantia fixa ou determinável de moeda a ser recebida.

O ativo intangível deve ser **identificável**, **controlado** e **gerador de benefício econômico futuro**. Caso um recurso sem substância física não atenda a esses requisitos, o valor gasto para sua aquisição ou geração interna normalmente será reconhecido como despesa.

Um ativo é **identificável** quando:

a) for **separável**, podendo ser destacado da empresa e vendido, transferido, licenciado, alugado ou trocado; OU

b) for **resultado de direitos legais** ou **contratuais**.

Um **ativo** é **controlado** quando a entidade obtém benefícios econômicos futuros advindos dele e tem o poder de limitar o acesso de outros a esses benefícios.

Benefício econômico futuro pode ser gerado por incremento da receita de vendas, redução de custos ou outros benefícios advindos do uso do ativo.

Como todo ativo, um intangível só deve ser reconhecido se:

I) for provável que futuros benefícios econômicos associados ao ativo sejam gerados para a entidade;

II) o seu custo puder ser mensurado com segurança.

O reconhecimento inicial de um ativo intangível deve ser mensurado pelo custo de aquisição, que inclui:

(a) preço de compra, somado do imposto de importação e demais tributos não recuperáveis sobre a compra, com dedução dos descontos comerciais e abatimentos; e

(b) outros custos atribuíveis à preparação do ativo para a finalidade pretendida pela administração.

2.1. Pesquisa e desenvolvimento

Para fins de reconhecimento, a entidade deve classificar se um ativo intangível gerado internamente está na fase de pesquisa ou na fase de desenvolvimento. Se não for possível diferenciar em qual fase se encontra o projeto de geração de um intangível, os gastos com o projeto devem ser classificados como incorridos na fase de pesquisa.

Na definição do CPC 4 (R1), "pesquisa é a investigação original e planejada realizada com a expectativa de adquirir novo conhecimento e entendimento científico ou técnico".

Os gastos com pesquisa devem ser reconhecidos como despesa.

De acordo com o CPC 4 (R1), "desenvolvimento é a aplicação dos resultados da pesquisa ou de outros conhecimentos em um plano ou projeto visando à produção de materiais, dispositivos, produtos, processos, sistemas ou serviços novos ou substancialmente aprimorados, antes do início da sua produção comercial ou do seu uso".

Um ativo intangível resultante de desenvolvimento somente deve ser reconhecido se a entidade puder demonstrar todos os seguintes aspectos:

- intenção, viabilidade técnica e capacidade para concluí-lo e usá-lo ou vendê-lo;
- forma como irá gerar benefícios econômicos futuros;
- disponibilidade de recursos técnicos, financeiros e outros para concluir o ativo e usá-lo ou vendê-lo;
- capacidade de mensurar com segurança os gastos durante seu desenvolvimento.

3. MENSURAÇÃO APÓS O RECONHECIMENTO INICIAL

Após o reconhecimento inicial, o CPC 4 (R1) prevê que a entidade pode optar pela mensuração do ativo intangível pelo método de custo ou pelo método da reavaliação, caso permitido (no Brasil é proibida a reavaliação).

Sendo assim, no Brasil, após o seu reconhecimento inicial, um ativo intangível com vida útil definida será registrado pelo custo, subtraído de amortização acumulada e eventual perda acumulada por redução ao valor recuperável (ver capítulo 17).

Um ativo intangível de duração ilimitada ou indefinida será registrado pelo custo, mas estará sujeito apenas à redução ao valor recuperável.

3.1. Amortização

Conforme a Lei nº 6.404/76, os elementos do ativo intangível devem ser avaliados pelo custo incorrido na aquisição deduzido do saldo da respectiva conta de amortização.

A amortização registrada no intangível refere-se à perda de valor de bens incorpóreos, cuja existência tenha duração limitada ou cuja utilização tenha prazo legal ou contratualmente limitado.

O prazo usado para o cálculo da taxa de amortização pode ser:

- disposto em lei, como o prazo de exploração de patentes;
- fixado em contrato, por exemplo, no caso de concessão de serviço público;
- limitado pela natureza do bem, como um programa de computador cuja duração é restringida pela obsolescência.

Portanto, os direitos que tenham duração ilimitada, tais como marcas de indústria e comércio, não estão sujeitos à amortização.

Conforme o Pronunciamento Técnico CPC 4 (R1), "a amortização deve ser iniciada a partir do momento em que o ativo estiver disponível para uso, ou seja, quando se encontrar no local e nas condições necessários para que possa funcionar da maneira pretendida pela administração. A amortização deve cessar na data em que o ativo é classificado como mantido para venda ou incluído em um grupo de ativos classificado como mantido para venda, de acordo com o Pronunciamento Técnico CPC 31 – Ativo Não Circulante Mantido para Venda e Operação Descontinuada, ou, ainda, na data em que ele é baixado, o que ocorrer primeiro. O método de amortização utilizado reflete o padrão de consumo pela entidade dos benefícios econômicos futuros. Se não for possível determinar esse padrão com confiabilidade, deve ser utilizado o método linear. A despesa de amortização para cada período deve ser reconhecida no resultado, a não ser que outra norma ou pronunciamento contábil permita ou exija a sua inclusão no valor contábil de outro ativo".

A quota de amortização é determinada pela aplicação da taxa de amortização sobre o valor amortizável.

O valor contábil corresponde à diferença ente o custo de aquisição do direito e a amortização e perda por desvalorização acumuladas.

Exemplo: Transportável S/A adquiriu concessão para explorar serviço de transporte urbano da cidade Nortessul em 10/01/X7, com prazo de 25 anos, pelo valor de R$ 1.000.000,00.

Custo do bem: R$ 1.000.000,00

Taxa anual de amortização: 4% (1/25 anos)

Quota anual de amortização: R$ 40.000,00

Lançamento: 31/12/X7

Despesas (ou encargos) de Amortização

a Amortização Acumulada R$ 40.000,00

No balanço de 31/12/X7, constará o seguinte:

Ativo Não Circulante

Intangível

Concessão de Transporte Urbano – NortessulR$ 1.000.000,00

(-) Amortização Acumulada (R$ 40.000,00)

4. EXAUSTÃO

A exaustão corresponde à diminuição de valor dos direitos sobre recursos minerais ou florestais decorrente de sua exploração.

No caso de recursos minerais, a quota de exaustão é calculada pela relação entre a produção do período e a possança conhecida da mina ou pelo prazo de concessão, caso este seja menor do que aquele previsto para o esgotamento dos recursos.

EXEMPLO: Em 10/03/X7, Minas S/A adquire, pelo valor de R$ 1.000.000,00, a concessão para exploração de uma mina de prata. O volume estimado é de 100 toneladas. No primeiro ano foram extraídas 5 toneladas de minério.

Possança conhecida: 100 toneladas

Taxa de Exaustão: $\frac{\text{volume de extração}}{\text{possança conhecida}} = 5/100 = 5\%$

Quota de Exaustão = R$ 1.000.000,00 X 5% = R$ 50.000,00

Lançamento:

Encargos de Exaustão

a Exaustão Acumulada R$ 50.000,00

No balanço de 31/12/X7, constará o seguinte:

Ativo Não Circulante

Imobilizado

Mina de Prata R$ 1.000.000,00

(-) Exaustão Acumulada (R$ 50.000,00)

No caso de recursos florestais, a quota de exaustão é determinada pela relação entre a quantidade de árvores extraídas no período e o volume total de árvores que compunha a floresta.

A legislação fiscal prevê a dedução de despesas de exaustão de florestas cujos contratos de exploração sejam por prazo indeterminado, mas não permite no caso de jazidas minerais inesgotáveis ou de exaurimento indeterminável, como as de água mineral.

A Lei nº 6.404/76 prevê que os bens aplicados na exploração de recursos minerais ou florestais estão sujeitos a exaustão.

A legislação fiscal permite que a depreciação dos bens aplicados exclusivamente na exploração de minas, jazidas e florestas, cujo período de exploração total seja inferior ao tempo de vida útil desses bens, possa ser determinada, opcionalmente, em função do prazo da concessão ou do contrato de exploração ou, ainda, do volume da produção de cada período de apuração e sua relação com a possança conhecida da mina ou dimensão da floresta explorada.

<table>
<tr><th colspan="2">Tópico-síntese: Ativo Intangível</th></tr>
<tr><td>Itens Classificados no Intangível</td><td>Bens incorpóreos destinados à utilização nas atividades da empresa, inclusive o fundo de comércio adquirido.</td></tr>
<tr><td>Definição de Ativo Intangível, conforme o CPC 4 (R1)</td><td>Ativo não monetário identificável e sem substância física.
Ativo monetário é representado por dinheiro ou por uma quantia fixa ou determinável de moeda a ser recebida.
Ativo intangível deve ser:
I – identificável: separável (pode ser vendido, alugado, transferido, emprestado) ou resultado de direitos legais/contratuais;
II – controlado: benefícios econômicos futuros são gerados para a entidade e esta tem o poder de limitar o acesso de outros a esses benefícios;
III – gerador de benefício econômico futuro: incremento das vendas, redução de custos ou outros benefícios.</td></tr>
<tr><td>Reconhecimento Inicial</td><td>Preço de aquisição
(+) tributos não recuperáveis;
(+) gastos necessários para sua utilização nas atividades da empresa
(-) tributos recuperáveis
<u>(-) descontos comerciais e abatimentos</u>
(=) custo reconhecido do intangível</td></tr>
<tr><td>Mensuração Após o Reconhecimento Inicial</td><td>Ativo intangível com vida útil definida:
Custo
(-) amortização acumulada
(-) perda acumulada por redução ao valor recuperável

Ativo intangível de duração ilimitada ou indefinida:
Custo
(-) perda acumulada por redução ao valor recuperável</td></tr>
<tr><td>Amortização</td><td>Perda de valor de bens incorpóreos, com existência de duração limitada ou cuja utilização tenha prazo legal ou contratualmente limitado. Inicia-se a partir do momento em que o ativo estiver disponível para uso.
Direitos que tenham duração ilimitada, tais como marcas de indústria e comércio, não estão sujeitos à amortização.</td></tr>
</table>

Tópico-síntese: Ativo Intangível	
Pesquisa e Desenvolvimento	A entidade deve classificar se os ativos gerados internamente pela empresa estão na fase de pesquisa ou de desenvolvimento. Se não for possível fazer a distinção, os gastos são classificados como incorridos na fase de pesquisa. Pesquisa: investigação original realizada com o objetivo de aquisição de novo conhecimento e entendimento científico ou técnico. Os gastos nessa fase devem ser reconhecidos como despesa. Desenvolvimento: aplicação dos resultados da pesquisa ou de outros conhecimentos em um plano ou projeto visando à produção de bens ou serviços. Os gastos nessa fase devem ser reconhecidos como ativo intangível se a entidade puder demonstrar: – intenção, viabilidade técnica e capacidade para concluí-lo e usá-lo ou vendê-lo; – forma como irá gerar benefícios econômicos futuros; – disponibilidade de recursos técnicos, financeiros e outros para concluir o ativo e usá-lo ou vendê-lo; – capacidade de mensurar com segurança os gastos durante seu desenvolvimento.
Exaustão	Diminuição de valor de recursos minerais ou florestais decorrente de sua exploração. Recursos minerais: quota de exaustão é a relação entre a produção do período e a possança conhecida da mina. Recursos florestais: quota de exaustão é a relação entre a quantidade de árvores extraídas no período e o volume total de árvores que compunha a floresta.

Capítulo

16

ARRENDAMENTOS

1. CONCEITO

De acordo com o Pronunciamento Técnico CPC 06 (R2) – Arrendamentos, "arrendamento é o contrato, ou parte do contrato, que transfere o direito de usar um ativo (ativo subjacente) por um período de tempo em troca de contraprestação".

Nos termos do CPC 06 (R2), "na celebração de contrato, a entidade deve avaliar se o contrato é, ou contém, um arrendamento. O contrato é, ou contém, um arrendamento se ele transmite o direito de controlar o uso de ativo identificado por um período de tempo em troca de contraprestação".

2. IDENTIFICAÇÃO DE ARRENDAMENTO

Para avaliar se o contrato transmite o direito de controlar o uso de ativo identificado por um período de tempo, deve-se avaliar se, durante todo o período de uso, o cliente detém os seguintes direitos:

1. Obter substancialmente todos os benefícios econômicos advindos do uso dos ativos identificados;
2. Direcionar o uso desses ativos.

Caso o direito de controlar o ativo ocorra somente durante parte do prazo do contrato, considera-se que o contrato contém um arrendamento nesse período parcial.

3. ISENÇÃO DE RECONHECIMENTO

O arrendatário pode deixar de aplicar os requisitos de reconhecimento e contabilização relativos ao arrendamento, nos casos de:

1. Arrendamento de curto prazo; ou
2. Arrendamentos para os quais o ativo subjacente é de baixo valor.

Nesses casos, o arrendatário deve reconhecer os pagamentos do arrendamento como despesa em base linear ao longo do prazo do arrendamento ou em outra base sistemática.

O ativo subjacente é considerado de baixo valor levando-se em consideração o seu valor quando novo. Assim, por exemplo, o arrendamento de veículos não se enquadra nessa classificação. São exemplos de arrendamentos de baixo valor: computadores pessoais, impressoras para escritório, telefones celulares.

4. PRAZO DO ARRENDAMENTO

O Pronunciamento Técnico CPC 06 (R2) estabelece que:

> A entidade deve determinar o prazo do arrendamento como o prazo não cancelável do arrendamento, juntamente com:
>
> (a) períodos cobertos por opção de prorrogar o arrendamento, se o arrendatário estiver razoavelmente certo de exercer essa opção; e
>
> (b) períodos cobertos por opção de rescindir o arrendamento, se o arrendatário estiver razoavelmente certo de não exercer essa opção.

5. ARRENDATÁRIO

No **reconhecimento inicial,** o arrendatário deve reconhecer o ativo de direito de uso e o passivo de arrendamento.

5.1. Mensuração pelo arrendatário do ativo de direito de uso

Na data de início, o **ativo de direito de uso deve ser mensurado ao custo**.

Conforme o CPC 06 (R2), o **custo do ativo de direito de uso inclui**:

1. O valor da mensuração inicial do passivo de arrendamento;
2. Os pagamentos de arrendamento efetuados até a data de início, menos os incentivos de arrendamento recebidos;
3. Os custos diretos iniciais incorridos pelo arrendatário; e
4. A estimativa de custos a serem incorridos pelo arrendatário na desmontagem e remoção do ativo subjacente, restauração do local em que está localizado ou do ativo subjacente à condição requerida pelos termos e condições do arrendamento, salvo se esses custos forem incorridos para produzir estoques.

Na mensuração subsequente, o ativo de direito de uso deve ser mensurado pelo método de custo, exceto se for aplicado o método de valor justo (no caso de aplicação do valor justo para as propriedades para investimento do arrendatário) ou, se permitido por lei, pelo método de reavaliação (no caso de reavaliação de classes do ativo imobilizado do arrendatário).

Atenção

No Brasil a reavaliação não é permitida por lei.

Nos termos do CPC 06 (R2), na aplicação do método de custo, o ativo de direito de uso deve ser mensurado, com os seguintes ajustes:

1. Subtração da depreciação acumulada e das perdas acumuladas por redução ao valor recuperável;
2. Correção por remensuração do passivo de arrendamento.

A depreciação será calculada conforme as características da operação:

a) caso o arrendatário irá permanecer com o ativo ao fim do arrendamento, ou o custo refletir que a opção de compra será exercida, deve ser utilizado como base a vida útil do ativo subjacente;

b) caso contrário, a base para depreciação será o menor prazo entre a vida útil do ativo ou o fim do prazo de arrendamento.

5.2. Mensuração pelo arrendatário do passivo de arrendamento

Na data de início, o **passivo de arrendamento deve ser mensurado ao valor presente dos pagamentos do arrendamento que não são efetuados nessa data.** Os pagamentos devem ser descontados à taxa de juros implícita no arrendamento, se puder ser determinada imediatamente, ou, caso contrário, deve ser utilizada a taxa incremental sobre o empréstimo do arrendatário.

Conforme o CPC 06 (R2), os pagamentos do arrendamento incluídos na mensuração do passivo de arrendamento, não efetuados na data de início, compreendem:

1. Os pagamentos fixos, menos os incentivos de arrendamento a receber;
2. Os pagamentos variáveis que dependem de índice ou de taxa;
3. Os valores esperados que sejam pagos pelo arrendatário, de acordo com as garantias de valor residual;
4. O preço de exercício da opção de compra, caso o arrendatário esteja razoavelmente certo de exercê-la;
5. Os pagamentos de multas por rescisão do arrendamento, no caso de o prazo do arrendamento refletir o arrendatário exercendo a opção de rescindi-lo.

Na mensuração subsequente, o valor contábil do passivo de arrendamento deve ser ajustado, para refletir os seguintes eventos:

1. Juros incidentes (aumento do valor contábil);
2. Pagamentos do arrendamento (redução do valor contábil);
3. Reavaliação ou modificação do arrendamento (remensuração do valor contábil)

5.3. Exemplo de contabilização nas demonstrações contábeis do arrendatário

Em 30/11/20X9, a empresa Arrendatária S/A adquiriu uma máquina, mediante contrato arrendamento mercantil, com as seguintes características:

Pagamento em 60 parcelas mensais no valor de R$ 8.630,39.

Parcela adicional ao fim contrato correspondente ao valor residual garantido: R$ 196.861,85.

Taxa de juros implícita: 2% ao mês.

Custos iniciais pagos pelo arrendatário no valor de R$ 6.000,00.

Depreciação linear, considerando vida útil de 10 anos, sem valor residual.

5.3.1. Mensuração na data de início

O **passivo de arrendamento** deve ser mensurado, com a inclusão dos seguintes valores:

Valor presente das 60 parcelas mensais	R$ 300.000,00
Valor presente do valor residual garantido	R$ 60.000,00
Passivo de arrendamento na data de início	**R$ 360.000,00**

O **ativo de direito de** uso deve ser mensurado ao custo, com a inclusão dos seguintes valores:

Passivo de arrendamento na data de início	R$ 360.000,00
Custos iniciais	R$ 6.000,00
Ativo de direito de uso na data de início	**R$ 366.000,00**

Lançamentos na data de início do contrato de arrendamento em 30/11/20X9:

D	Direito de uso (Ativo)	366.000,00
C	Contrato de arrendamento (Passivo)	360.000,00
C	Disponibilidades	6.000,00

Observação

Para fins didáticos, o passivo Contrato de Arrendamento englobou tanto as parcelas de curto prazo como as de longo prazo, totalizando o valor de R$ 360.000,00. Porém, na contabilidade deve haver duas contas de passivo relativas ao Contrato de Arrendamento, uma no Passivo Circulante no valor de R$ 72.000,00 (referente aos 12 meses iniciais), e outra no Passivo não Circulante, no valor de R$ 288.000,00 (referente às parcelas com vencimento superior a 12 meses).

5.3.2. Mensuração na data do Balanço em 31/12/20X9

Ajustes no **passivo de arrendamento**:

Adição dos juros de 2% no passivo de arrendamento	R$ 7.200,00
Redução pelo pagamento da parcela do arrendamento	R$ 8.630,39

Lançamentos:

D	Despesa Financeira	R$ 7.200,00	
D	Contrato de arrendamento	R$ 8.630,39	
C	Contrato de arrendamento		R$ 7.200,00
C	Disponibilidades		R$ 8.630,39

Ajuste no **ativo de direito de uso:**

Reconhecimento da depreciação referente a 1 mês, no valor de	R$ 3.050,00

Lançamentos:

D	Despesa de Depreciação	3.050,00	
C	Depreciação Acumulada		3.050,00

Nos períodos seguintes, a contabilização seguirá o mesmo padrão demonstrado.

6. ARRENDADOR

O **arrendador deve classificar cada um de seus arrendamentos como operacional ou financeiro**, de acordo com a essência da transação e não da forma do contrato. Essa classificação deve ser feita na data de celebração do contrato, podendo ser reavaliada apenas se houver modificação do arrendamento.

Um arrendamento é classificado como financeiro, quando há transferência substancial de todos os riscos e benefícios associados à propriedade do ativo subjacente.

No arrendamento operacional não há transferência substancial de todos os riscos e benefícios associados à propriedade do ativo subjacente.

O CPC 06 (R2) exemplifica as seguintes situações que individualmente ou em combinação podem levar à classificação como arrendamento financeiro:

> (a) o arrendamento transfere a propriedade do ativo subjacente ao arrendatário ao final do prazo do arrendamento;
>
> (b) o arrendatário tem a opção de comprar o ativo subjacente a preço que se espera que seja suficientemente mais baixo do que o valor justo na data em que a opção se tornar exercível, de modo que seja razoavelmente certo, na data de celebração do arrendamento, que a opção será exercida;
>
> (c) o prazo do arrendamento é equivalente à maior parte da vida econômica do ativo subjacente, mesmo se a propriedade não for transferida;
>
> (d) na data da celebração do arrendamento, o valor presente dos recebimentos do arrendamento equivale substancialmente à totalidade do valor justo do ativo subjacente; e
>
> (e) o ativo subjacente é de natureza tão especializada que somente o arrendatário pode usá-lo sem modificações importantes.

O CPC 06 (R2) menciona ainda os seguintes indicadores de situações que individualmente ou em combinação podem levar à classificação como arrendamento financeiro:

> (a) se o arrendatário puder cancelar o arrendamento, as perdas do arrendador associadas ao cancelamento são arcadas pelo arrendatário;

(b) ganhos ou perdas provenientes da flutuação no valor justo do residual são gerados para o arrendatário (por exemplo, na forma de desconto no aluguel que seja equivalente à maior parte dos rendimentos de venda no final do arrendamento); e

(c) se o arrendatário tiver a capacidade de continuar o arrendamento por período secundário, com aluguel que seja substancialmente menor que o aluguel de mercado.

Entretanto os exemplos e indicadores anteriormente mencionados nem sempre são conclusivos. Assim, se a partir de outras características ficar claro que não há transferência substancial de todos os riscos e benefícios associados à propriedade do ativo subjacente, o arrendamento deve ser classificado como operacional.

6.1. Arrendamento financeiro

6.1.1. Mensuração inicial

No reconhecimento inicial do arrendamento financeiro, os arrendadores devem registrar os arrendamentos como conta a receber por valor igual ao investimento líquido no arrendamento. Para mensurar o investimento líquido deve ser usada a taxa de juros implícita no arrendamento.

Os custos diretos iniciais, no caso de arrendadores não fabricantes ou revendedores, devem ser incluídos na mensuração inicial do investimento líquido e reduzem o valor da receita reconhecida ao longo do prazo de arrendamento. Na definição da taxa de juros implícita, os custos diretos iniciais devem ser incluídos no investimento líquido no arrendamento, não sendo necessário adicioná-los separadamente.

Conforme o CPC 06 (R2), na data de início, os recebimentos de arrendamento incluídos na mensuração do investimento líquido, compreendem os seguintes itens ainda não recebidos:

1. Recebimentos fixos, excluídos incentivos de arrendamento a pagar;
2. Recebimentos variáveis que dependem de índice ou de taxa;
3. Garantias de valor residual fornecidas ao arrendador pelo arrendatário, uma parte relacionada ou arrendatário ou um terceiro não relacionado ao arrendador;

4. Preço de exercício da opção de compra, se o arrendatário estiver razoavelmente certo de exercê-la; e
5. Recebimentos de multas por rescisão do arrendamento, caso o prazo do arrendamento reflita a opção do arrendatário em rescindir o arrendamento.

Arrendador fabricante ou revendedor

Conforme estabelece o CPC 06 (R2):

> Na data de início, para cada um de seus arrendamentos financeiros, o arrendador fabricante ou revendedor deve reconhecer o seguinte:
>
> (a) a receita que é o valor justo do ativo subjacente ou, se for inferior, o valor presente dos recebimentos de arrendamento de responsabilidade do arrendador, descontado, utilizando a taxa de juros de mercado;
>
> (b) o custo de venda, que é o custo, ou valor contábil, caso seja diferente, do ativo subjacente menos o valor presente do valor residual não garantido; e
>
> (c) o resultado na venda (que é a diferença entre a receita e o custo da venda), de acordo com sua política para vendas diretas à qual se aplica o CPC 47. O arrendador fabricante ou revendedor deve reconhecer o resultado na venda em arrendamento financeiro na data de início, independentemente de se o arrendador transfere o ativo subjacente, conforme descrito no CPC 47.

No caso de arrendamentos financeiros feitos por arrendadores fabricantes ou revendedores, os custos com a obtenção do arrendamento na data de início devem ser excluídos do investimento líquido no arrendamento, sendo reconhecidos como despesa.

6.1.2. Mensuração Subsequente

Ao longo do prazo do arrendamento o arrendador reconhece a receita financeira, com base em padrão que reflita a taxa de retorno periódica constante sobre o investimento líquido do arrendador no arrendamento.

A diferença entre os recebimentos do arrendamento e a receita financeira constitui a amortização do principal.

6.1.3. Exemplo de contabilização de arrendamento financeiro nas demonstrações contábeis do arrendador

Em 30/11/20X9, a empresa Arrendadora S/A (não fabricante ou revendedora) arrendou, na forma de arrendamento mercantil financeiro, uma máquina, com as seguintes características:

Investimento líquido no arrendamento: R$ 360.000,00.

Recebimento em 60 parcelas mensais no valor de R$ 8.630,39.

Parcela adicional ao fim contrato correspondente ao valor residual garantido: R$ 196.861,85.

Taxa de juros implícita: 2% ao mês.

Custos iniciais pagos pelo arrendatário no valor de R$ 6.000,00.

Depreciação linear, considerando vida útil de 10 anos, sem valor residual.

6.1.3.1. Mensuração na data de início

No reconhecimento inicial, o arrendador irá registrar o arrendamento como conta a receber por valor igual ao investimento líquido no arrendamento mercantil.

Lançamentos em 30/11/20X9:

D	Arrendamento a Receber	360.000,00	
C	Máquinas Arrendadas (ativo)		360.000,00

Observação

Para fins didáticos, o ativo Arrendamento a Receber englobou tanto as parcelas de curto prazo como as de longo prazo, totalizando o valor de R$ 360.000,00. Porém, na contabilidade deve haver duas contas Arrendamento a Receber, uma no Ativo Circulante no valor de R$ 72.000,00 (referente aos 12 meses iniciais), e outra no Ativo não Circulante, no valor de R$ 288.000,00 (referente às parcelas com vencimento superior a 12 meses).

6.1.3.2. Mensuração na data do Balanço em 31/12/20X9

Reconhecimento da receita financeira de 2%: R$ 7.200,00

Amortização do ativo (diferença entre a receita financeira e o pagamento de R$ 8.630,39): R$ 1.430,39

Lançamentos:

D	Disponibilidades	8.630,39	
C	Receitas Financeiras		7.200,00
C	Arrendamento a Receber		1.430,39

Nos períodos seguintes, a contabilização seguirá o mesmo padrão demonstrado.

6.2. Arrendamento Operacional

Os valores recebidos pelo arrendador de um arrendamento operacional devem ser contabilizados como receita. A receita deve ser reconhecida em base linear durante o prazo do arrendamento, ou em outra base sistemática, caso esta represente melhor o padrão temporal em que o benefício do uso do ativo subjacente é diminuído.

O arrendador deve reconhecer como despesa os custos, inclusive depreciação, incorridos na realização da despesa de arrendamento.

Conforme o CPC 06 (R2), "o arrendador deve adicionar os custos diretos iniciais incorridos na obtenção do arrendamento operacional ao valor contábil do ativo subjacente e deve reconhecer esses custos como despesa ao longo do prazo do arrendamento na mesma base que a receita do arrendamento".

O ativo arrendado está sujeito ainda ao teste de recuperabilidade pelo arrendador, conforme o Pronunciamento CPC 01 (R1) – Redução ao Valor Recuperável de Ativos (ver capítulo 17).

O arrendador fabricante ou revendedor não deve reconhecer ganho na venda decorrente de arrendamento operacional.

7. TRANSAÇÃO DE VENDA E RETROARRENDAMENTO (*SALE AND LEASEBACK*)

A transação de venda e *leaseback* (retroarrendamento pelo vendedor junto ao comprador) envolve a venda de um ativo e, ao mesmo tempo, seu arrendamento pelo comprador ao vendedor.

Conforme o CPC 06 (R2), "a entidade deve aplicar os requisitos para determinar quando a obrigação de performance estará satisfeita com base no CPC 47, para determinar se a transferência do ativo deve ser contabilizada como venda desse ativo".

7.1. Transferência do ativo contabilizada como venda

O vendedor-arrendatário deve mensurar o ativo de direito de uso resultante proporcionalmente ao valor contábil anterior do ativo. O vendedor-arrendatário deve reconhecer somente os ganhos ou perdas referentes aos direitos transferidos ao comprador-arrendador.

O comprador-arrendador deve contabilizar a compra do ativo conforme os pronunciamentos aplicáveis. O arrendamento deve ser contabilizado conforme os requisitos de contabilização do arrendador previstos no CPC 06 (R2).

Conforme estabelece o CPC 06 (R2):

> Se o valor justo da contraprestação pela venda do ativo não equivale ao valor justo do ativo, ou se os pagamentos pelo arrendamento não são a taxas de mercado, a entidade deve fazer os seguintes ajustes para mensurar os rendimentos da venda ao valor justo:
>
> (a) quaisquer termos abaixo do mercado devem ser contabilizados como pagamentos antecipados de pagamentos do arrendamento; e
>
> (b) quaisquer condições acima do mercado devem ser contabilizadas como financiamento adicional fornecido pelo comprador-arrendador ao vendedor-arrendatário.

7.2. Transferência do ativo não é uma venda

O vendedor-arrendatário deve continuar a reconhecer o ativo transferido, bem como reconhecer o passivo financeiro equivalente aos rendimentos de transferência.

O comprador-arrendador não deve reconhecer o ativo transferido. Nesse caso, deverá ser reconhecido o ativo financeiro equivalente aos rendimentos de transferência.

Tópico-síntese: Arrendamentos	
Definição de Arrendamento Mercantil pelo CPC 06 (R2)	"Arrendamento é o contrato, ou parte do contrato, que transfere o direito de usar um ativo (ativo subjacente) por um período de tempo em troca de contraprestação".
Identificação de Arrendamento	O contrato é ou contém um arrendamento, caso transmita o direito de controlar o uso de um ativo identificado por um período de tempo em troca de contraprestação. Esse direito ocorre quando o cliente pode: 1. obter substancialmente todos os benefícios econômicos advindos do uso dos ativos identificados; 2. direcionar o uso desses ativos.
Isenção de Reconhecimento	O arrendatário pode deixar de contabilizar como arrendamento, nos casos de arrendamento de curto prazo ou quando o ativo subjacente é de baixo valor. Nesse caso o arrendatário deve reconhecer os pagamentos do arrendamento como despesa em base linear ao longo do tempo do arrendamento ou em outra base sistemática.
Reconhecimento do Arrendamento pelo Arrendatário	Reconhecimento inicial do ativo de direito de uso e do passivo de arrendamento. No **reconhecimento inicial**, o **ativo de direito de uso** deve ser mensurado pelo custo, o qual inclui: o valor da mensuração inicial do passivo de arrendamento; os pagamentos de arrendamento efetuados até a data de início, menos os incentivos de arrendamento recebidos; os custos diretos iniciais incorridos pelo arrendatário; e a estimativa de custos a serem incorridos pelo arrendatário na desmontagem e remoção do ativo subjacente, restauração do local em que está localizado ou do ativo subjacente à condição requerida pelos termos e condições do arrendamento, salvo se esses custos forem incorridos para produzir estoques. Na **mensuração subsequente** o **ativo de direito de uso** deve ser ajustado, subtraindo-se a depreciação acumulada e as perdas acumuladas por redução ao valor recuperável, bem como eventual remensuração do passivo de arrendamento. Na **mensuração inicial**, o **passivo de arrendamento** deve ser mensurado pelo valor presente dos pagamentos não efetuados nessa data, o qual inclui: os pagamentos fixos, menos os incentivos de arrendamento a receber; os pagamentos variáveis que dependem de índice ou de taxa; os valores esperados que sejam pagos pelo arrendatário, de acordo com as garantias de valor residual; o preço de exercício da opção de compra, caso o arrendatário esteja razoavelmente

Tópico-síntese: Arrendamentos	
Reconhecimento do Arrendamento pelo Arrendatário	certo de exercê-la; pagamentos de multas por rescisão do arrendamento, no caso de o prazo do arrendamento refletir o arrendatário exercendo a opção de rescindi-lo. Na **mensuração subsequente**, o **passivo de arrendamento** deve ser ajustado, para refletir o aumento pelos juros incidentes, a redução pelos pagamentos do arrendamento, e eventual remensuração do valor contábil.
Reconhecimento do Arrendamento pelo Arrendador	O arrendador deve classificar cada um de seus arrendamentos como operacional ou financeiro, de acordo com a essência da transação e não da forma do contrato. Um arrendamento é classificado como financeiro, quando há transferência substancial de todos os riscos e benefícios associados à propriedade do ativo subjacente. No arrendamento operacional não há transferência substancial de todos os riscos e benefícios associados à propriedade do ativo subjacente.
Reconhecimento de Arrendamento Financeiro pelo Arrendador	No **reconhecimento inicial do arrendamento financeiro**, este deve ser registrado como conta a receber por valor igual ao investimento líquido no arrendamento mercantil. A mensuração do investimento líquido inclui os seguintes itens ainda não recebidos: recebimentos fixos, excluídos incentivos de arrendamento a pagar; recebimentos variáveis que dependem de índice ou de taxa; garantias de valor residual fornecidas ao arrendador pelo arrendatário, uma parte relacionada ou arrendatário ou um terceiro não relacionado ao arrendador; preço de exercício da opção de compra, se o arrendatário estiver razoavelmente certo de exercê-la; e recebimentos de multas por rescisão do arrendamento, caso o prazo do arrendamento reflita a opção do arrendatário em rescindir o arrendamento. Na **mensuração subsequente**, o arrendador reconhece a receita financeira ao longo do prazo do arrendamento e a amortização do principal (diferença entre o recebimento do arrendamento e a receita financeira).
Reconhecimento de Arrendamento Operacional pelo Arrendador	Os recebimentos de um arrendamento operacional devem ser contabilizados como receita. A receita deve ser reconhecida em base linear durante o prazo do arrendamento, ou em outra base sistemática, caso esta represente melhor o padrão temporal em que o benefício do uso do ativo subjacente é diminuído. O arrendador deve reconhecer como despesa os custos, inclusive depreciação, incorridos na realização da despesa de arrendamento.

Tópico-síntese: Arrendamentos	
Transação de Venda e Retroarrendamento (*Sale and Leaseback*)	Venda de um ativo e, ao mesmo tempo, seu arrendamento pelo comprador ao vendedor. A entidade deve avaliar se a transferência do ativo deve ser contabilizada como venda, com base no CPC 47. Se for contabilizada como venda: 1. vendedor-arrendatário deve mensurar o ativo de direito de uso resultante proporcionalmente ao valor contábil anterior do ativo; 2. comprador-arrendador deve contabilizar a compra do ativo conforme os pronunciamentos aplicáveis, e o arrendamento deve ser contabilizado conforme os requisitos de contabilização do arrendador previstos no CPC 06 (R2). Se não for contabilizada como venda: 1. Vendedor-arrendatário mantém o ativo transferido na contabilidade e reconhece o passivo financeiro equivalente aos rendimentos de transferência; 2. comprador-arrendador não reconhece o ativo transferido e reconhece o ativo financeiro equivalente aos rendimentos de transferência.

Capítulo

17

REDUÇÃO AO VALOR RECUPERÁVEL DE ATIVOS

Leia a lei:

- *Art. 183, §3º, da Lei nº 6.404/76 (Lei das S/A)*

1. CONCEITO

A Lei nº 6.404/76 determina a análise periódica sobre a recuperação dos ativos registrados no imobilizado e no intangível, a fim de serem reconhecidas as perdas dos valores aplicados quando houver decisão de interromper os empreendimentos ou atividades a que se destinavam ou quando comprovado que não irão gerar resultados suficientes para recuperação desse valor. Essa análise tem por objetivo também revisar e ajustar os critérios para determinação da vida útil estimada e para o cálculo da depreciação, amortização e exaustão.

As normas contábeis ampliaram a obrigatoriedade do teste de recuperabilidade para todo o ativo. O Pronunciamento Técnico CPC 01 (R1) – Redução ao Valor Recuperável de Ativos é aplicável a todos os ativos, exceto: estoques, ativos de contrato e ativos resultantes de custos para obter ou cumprir contratos que devem ser reconhecidos de acordo com CPC 47 – Receita de Contrato com Cliente, ativos fiscais diferidos, ativos advindos de planos de benefícios a empregados, ativos classificados como mantidos para venda, ativos financeiros que estejam dentro do alcance do CPC 48 – Instrumentos Financeiros, propriedade para investimento que seja mensurada ao valor justo, ativos biológicos relacionados à atividade agrícola que sejam mensurados ao valor justo líquido de despesas de vender, contratos no alcance do CPC 50 – Contratos de Seguro que sejam ativos e quaisquer ativos para fluxos de caixa de aquisição de seguros conforme definido no CPC 50, ativos não circulantes (ou grupos de ativos disponíveis para venda) classificados como mantidos para venda de acordo com o Pronunciamento Técnico CPC 31 – Ativo Não Circulante Mantido para Venda e Operação Descontinuada.

Os **ativos não devem ser registrados contabilmente por valores superiores aos de recuperação.** Isso ocorrerá se o valor contábil for superior ao valor recuperável pelo uso ou pela venda do ativo. Nesse caso a entidade deverá reconhecer um ajuste para perdas por desvalorização. Ou seja, **deve ser adotado o menor valor entre o valor contábil e o recuperável.**

O valor contábil de um ativo é o valor de custo deduzido da depreciação, amortização, exaustão e ajuste para perdas acumuladas.

O CPC 01 (R1) estabelece que ao fim do exercício social a entidade deve avaliar se um ativo sofreu desvalorização. Caso a entidade tenha alguma indicação de que um ativo esteja desvalorizado, deverá estimar o seu valor recuperável.

Essas indicações podem ser: diminuição do valor de mercado significativa, mais do que a esperada pela passagem do tempo ou uso normal; indicativos de dano físico ou obsolescência. Há uma lista não exaustiva no CPC 01 (R1) de indicações a partir de fontes internas e externas.

O item 12 do CPC 01 (R1) estabelece que:

> Ao avaliar se há alguma indicação de que um ativo possa ter sofrido desvalorização, a entidade deve considerar, no mínimo, as seguintes indicações:
>
> Fontes externas de informação
>
> (a) há indicações observáveis de que o valor do ativo diminuiu significativamente durante o período, mais do que seria de se esperar como resultado da passagem do tempo ou do uso normal;
>
> (b) mudanças significativas com efeito adverso sobre a entidade ocorreram durante o período, ou ocorrerão em futuro próximo, no ambiente tecnológico, de mercado, econômico ou legal, no qual a entidade opera ou no mercado para o qual o ativo é utilizado;

(c) as taxas de juros de mercado ou outras taxas de mercado de retorno sobre investimentos aumentaram durante o período, e esses aumentos provavelmente afetarão a taxa de desconto utilizada no cálculo do valor em uso de um ativo e diminuirão materialmente o valor recuperável do ativo;

(d) o valor contábil do patrimônio líquido da entidade é maior do que o valor de suas ações no mercado;

Fontes internas de informação

(e) evidência disponível de obsolescência ou de dano físico de um ativo;

(f) mudanças significativas, com efeito adverso sobre a entidade, ocorreram durante o período, ou devem ocorrer em futuro próximo, na extensão pela qual, ou na maneira na qual, um ativo é ou será utilizado. Essas mudanças incluem o ativo que se torna inativo ou ocioso, planos para descontinuidade ou reestruturação da operação à qual um ativo pertence, planos para baixa de ativo antes da data anteriormente esperada e reavaliação da vida útil de ativo como finita ao invés de indefinida;

(g) evidência disponível, proveniente de relatório interno, que indique que o desempenho econômico de um ativo é ou será pior que o esperado;

Dividendo de controlada, empreendimento controlado em conjunto ou coligada

(h) para um investimento em controlada, empreendimento controlado em conjunto ou coligada, a investidora reconhece dividendo advindo desse investimento e existe evidência disponível de que:

(i) o valor contábil do investimento nas demonstrações contábeis separadas excede os valores contábeis dos ativos líquidos da investida reconhecidos nas demonstrações consolidadas, incluindo eventual ágio por expectativa de rentabilidade futura (goodwill); ou

(ii) o dividendo excede o total de lucro abrangente da controlada, empreendimento controlado em conjunto ou coligada no período em que o dividendo é declarado.

Independentemente de haver indicação ou não de desvalorização, deve ser testada, no mínimo anualmente, a redução ao valor recuperável de um ativo intangível com vida útil indefinida ou de um ativo intangível ainda não disponível para uso. Da mesma forma, deve ser testado anualmente o ágio pago por expectativa de rentabilidade futura (goodwill) em combinação de negócios.

O valor recuperável é o maior valor entre o valor justo líquido de despesas de venda de um ativo e o seu valor em uso.

O CPC 1 (R1) define o valor justo como "o preço que seria recebido pela venda de um ativo ou que seria pago pela transferência de um passivo em uma transação não forçada entre participantes do mercado na data da mensuração".

Conforme o CPC 1 (R1), o valor em uso representa "o valor presente dos fluxos de caixa futuros esperados que devem advir de um ativo ou de unidade geradora de caixa". Deve-se estimar as entradas e saídas futuras de caixa derivados do uso ativo e da sua baixa final e aplicar taxas de desconto a esse fluxo de caixa futuro.

Caso um dos dois valores seja maior do que o valor contábil não será necessário determinar o outro, uma vez que não terá ocorrido desvalorização.

2. RECONHECIMENTO DE PERDA POR DESVALORIZAÇÃO

De acordo com o CPC 01(R1), "se, e somente se, o valor recuperável de um ativo for inferior ao seu valor contábil, o valor contábil do ativo deve ser reduzido ao seu valor recuperável. Essa redução representa uma perda por desvalorização do ativo".

A perda por desvalorização do ativo deve ser reconhecida na demonstração do resultado, exceto se o ativo tiver sido reavaliado. A perda por desvalorização de um ativo reavaliado deve ter como contrapartida uma redução do saldo da reserva de reavaliação.

A perda por desvalorização deve ser reconhecida até zerar o valor contábil do ativo. Após esse ponto, se fossem reconhecidas perdas adicionais, surgiria um passivo. Mas esse reconhecimento de passivo somente deve ser feito se exigido por outro Pronunciamento.

Após o reconhecimento da perda por desvalorização, as despesas de depreciação, amortização ou exaustão devem ser ajustadas para o novo valor contábil do ativo, menos seu valor residual, conforme sua vida útil remanescente.

Exemplo: A companhia XIS possui um ativo imobilizado registrado pelo valor de R$ 220.000,00, já depreciado em 40%, com valor residual de R$ 20.000,00. Ao final do exercício de 2X10, a empresa teve indicação de que o ativo sofreu desvalorização significativa, acima do que seria esperada pela passagem do tempo com utilização normal do ativo. Sendo assim, tornou-se necessário estimar o seu valor recuperável. Avaliou-se que o tempo de vida útil remanescente do ativo seria de 5 anos, sem valor residual. A companhia estimou em R$ 150.000,00 o valor justo do ativo. Para efetuar a venda foram estimados gastos de R$ 17.000,00. Os fluxos de caixa futuros estimados que seriam gerados pela utilização do ativo no tempo de vida útil foram os constantes na tabela seguinte. Foi considerada uma taxa de desconto de 10% ao ano.

O valor contábil do ativo é determinado pelo custo, subtraído da depreciação acumulada e, caso existisse, as perdas por desvalorização anteriores:

Custo do Imobilizado	R$ 220.000,00
(-) Depreciação Acumulada 200.000 X 40% =	(R$ 80.000,00)
(=) Valor Contábil	R$ 140.000,00

O valor depreciável foi de R$ 200.000,00, pois do custo de R$ 220.000,00 foi subtraído o valor residual de R$ 20.000,00.

A estimativa do **valor justo líquido de despesa de vendas** foi de **R$ 133.000,00** (150.000 – 17.000).

O valor em uso é o valor presente dos fluxos de caixa futuros:

Ano	Fluxo de Caixa Estimado	Valor Presente
2X11	R$ 30.000,00	R$ 27.272,73
2X12	R$ 22.000,00	R$ 18.181,82
2X13	R$ 27.000,00	R$ 20.285,50
2X14	R$ 38.000,00	R$ 25.954,51
2X15	R$ 41.000,00	R$ 25.457,77
Total	R$ 158.000,00	R$ 117.152,33

O valor em uso foi estimado em R$ 117.152,33.

O valor recuperável é o maior valor entre o valor justo líquido de despesas de venda de um ativo e o seu valor em uso. Portanto o **valor recuperável é R$ 133.000,00.**

Como o valor contábil de R$ 140.000,00 excede o valor recuperável de R$ 133.000,00, a companhia deve reconhecer a perda por desvalorização, através de um lançamento a débito do resultado e a crédito de conta retificadora do ativo desvalorizado:

D Despesa c/ Perda por Desvalorização R$ 7.000,00

C Ajuste por Valor Não Recuperável 7.000,00

Após os ajustes para perdas por desvalorização, a revisão da vida útil remanescente (5 anos), com valor residual nulo, a quota anual de depreciação seria de R$ 26.600,00 (R$ 133.000,00/5 anos).

3. UNIDADE GERADORA DE CAIXA E ÁGIO POR EXPECTATIVA DE RENTABILIDADE FUTURA (*GOODWILL*)

Conforme o CPC 01 (R1), "se houver qualquer indicação de que um ativo possa estar desvalorizado, o valor recuperável deve ser estimado para o ativo individual". No entanto, caso não seja possível estimar o valor recuperável para o ativo individual, deve ser determinado o valor recuperável da unidade geradora de caixa a qual o ativo pertence.

Não é possível determinar o valor recuperável para o ativo individual quando este não gera entradas de caixa provenientes de seu uso contínuo, que são, em grande parte, independentes daquelas provenientes de outros ativos ou de grupos de ativos. Nesse caso, o valor recuperável deve ser determinado para a unidade geradora de caixa da qual o ativo faça parte.

Unidade geradora de caixa é definida pelo CPC 01 (R1) como "o menor grupo identificável de ativos que gera entradas de caixa, entradas essas que são em grande parte independentes das entradas de caixa de outros ativos ou outros grupos de ativos".

Seria o caso de uma máquina utilizada no processo produtivo em conjunto com outros ativos. Como a máquina isoladamente não gera entradas de caixa independentes, o valor recuperável deverá ser determinado para a unidade geradora de caixa, no caso, a fábrica.

Não será necessário determinar o valor recuperável para a unidade geradora de caixa, se o valor justo líquido de despesas de venda do ativo for maior do que seu valor contábil, ou quando se estima que o valor em uso do ativo seja próximo do valor justo líquido de despesas de venda e este possa ser determinado.

O valor recuperável de uma unidade geradora de caixa é o maior valor entre o seu valor justo líquido de despesas de venda e o seu valor em uso. As referências feitas anteriormente para a determinação do valor recuperável de um ativo individual são válidas também para uma unidade geradora de caixa.

O valor contábil de uma unidade geradora de caixa deve incluir somente os ativos que dela fazem parte.

O ágio pago por expectativa de rentabilidade futura (goodwill) adquirido em uma aquisição de empresas deve ser alocado ao valor contábil de cada uma das unidades geradoras de caixa do adquirente que devem se beneficiar das sinergias da operação.

Os ativos corporativos também devem ser alocados às unidades geradoras de caixa a qual pertencem. O CPC 01 (R1) traz a definição de ativos corporativos como "ativos, exceto ágio por expectativa de rentabilidade futura (goodwill), que contribuem, mesmo que indiretamente, para os fluxos de caixa futuros tanto da unidade geradora de caixa sob revisão quanto de outras unidades geradoras de caixa". É o caso de um centro de pesquisas ou o edifício usado como sede administrativa da empresa.

Uma perda por desvalorização de uma unidade geradora de caixa deve ser reconhecida caso o valor contábil da unidade exceda o valor recuperável da unidade. A perda por desvalorização deve reduzir o valor contábil dos ativos da unidade geradora de caixa na seguinte ordem:

1) em primeiro lugar, é reduzido o valor do ágio por expectativa de rentabilidade futura (goodwill) alocado à unidade geradora de caixa;

2) depois, os outros ativos da unidade geradora de caixa, proporcionalmente ao valor contábil de cada ativo da unidade.

A perda por desvalorização alocada a um ativo individual não pode resultar em um valor contábil menor do que o valor justo líquido de despesas de venda ou o valor em uso deste ativo, caso determinável. A parcela da perda que deixou de ser alocada a esse ativo deve ser atribuída proporcionalmente aos outros ativos da unidade geradora de caixa.

4. REVERSÃO DE PERDA POR DESVALORIZAÇÃO

Ao fim do exercício social, a entidade deve avaliar se há indicação de que a perda por desvalorização de um ativo ou unidade geradora de caixa reconhecida anteriormente, exceto goodwill, tenha diminuído ou deixado de existir. Nesse caso, deverá ser determinado o valor recuperável do ativo ou da unidade geradora de caixa.

O CPC 01 (R1) estabelece que:

> Ao avaliar se há alguma indicação de que perda por desvalorização reconhecida em períodos anteriores para um ativo, exceto o ágio por expectativa de rentabilidade futura (goodwill), possa ter diminuído ou possa não mais existir, a entidade deve considerar, no mínimo, as seguintes indicações:
>
> Fontes externas de informação
>
> (a) há indicações observáveis de que o valor do ativo tenha aumentado significativamente durante o período;
>
> (b) mudanças significativas, com efeito favorável sobre a entidade, tenham ocorrido durante o período, ou ocorrerão em futuro próximo, no ambiente tecnológico, de mercado, econômico ou legal no qual ela opera ou no mercado para o qual o ativo é destinado;
>
> (c) as taxas de juros de mercado ou outras taxas de mercado de retorno sobre investimentos tenham diminuído durante o período, e essas diminuições possivelmente tenham afetado a taxa de desconto utilizada no cálculo do valor em uso do ativo e aumentado seu valor recuperável materialmente;
>
> Fontes internas de informação
>
> (d) mudanças significativas, com efeito favorável sobre a entidade, tenham ocorrido durante o período, ou se espera que ocorram em futuro próximo, na extensão ou na maneira por meio da qual o ativo é utilizado ou se espera que seja utilizado. Essas mudanças incluem custos incorridos durante o período para melhorar ou aprimorar o desempenho do ativo ou para reestruturar a operação à qual o ativo pertence;

(e) há evidência disponível advinda dos relatórios internos que indica que o desempenho econômico do ativo é ou será melhor do que o esperado.

A reversão de perda por desvalorização de um ativo não deve resultar em um valor contábil maior do que teria sido determinado (líquido de depreciação, amortização ou exaustão), caso não houvesse reconhecimento de perda por desvalorização para o ativo em anos anteriores.

A reversão de perda por desvalorização do ativo deve ser reconhecida na demonstração do resultado, exceto se o ativo tiver sido reavaliado. A reversão de perda por desvalorização de um ativo reavaliado deve ter como contrapartida um aumento do saldo da reserva de reavaliação.

No caso de uma unidade geradora de caixa, a reversão de perda por desvalorização deve ser alocada aos ativos da unidade, exceto o goodwill, proporcionalmente ao valor contábil desses ativos.

O valor contábil de um ativo, após a alocação da reversão de perda por desvalorização de uma unidade geradora de caixa, não pode ser superior ao seu valor recuperável (se determinável), nem exceder o valor contábil que teria sido determinado (líquido de depreciação, amortização ou exaustão), caso não houvesse reconhecimento de perda por desvalorização para o ativo em anos anteriores. A parcela da reversão de perda que deixou de ser alocada a esse ativo deve ser atribuída proporcionalmente aos outros ativos da unidade geradora de caixa, exceto goodwill.

A perda por desvalorização reconhecida para o ágio por expectativa de rentabilidade futura (goodwill) não é revertida em exercícios posteriores.

Tópico-síntese: Redução ao Valor Recuperável de Ativos	
Valor Reconhecido de um Ativo	Um ativo não deve ser registrado na Contabilidade por valor superior ao que se espera recuperar com sua venda ou uso. Regra: deve ser adotado o menor valor entre o contábil e o recuperável.
Unidade Geradora de Caixa	Menor grupo identificável de ativos que gera entradas de caixa em grande parte independentes daquelas provenientes de outros ativos ou outros grupos de ativos.

Tópico-síntese: Redução ao Valor Recuperável de Ativos	
Valor Contábil	Custo (-) Depreciação, amortização, exaustão acumuladas (-) Perda por desvalorização
Valor Recuperável	O maior entre os seguintes valores: I – Valor justo líquido de despesas de venda; II – Valor em uso.
Valor Justo	Preço que seria recebido pela venda de um ativo ou pago pela transferência de um passivo em uma transação não forçada entre participantes do mercado na data da mensuração.
Valor em uso	Valor presente dos fluxos de caixa futuros que se espera obter de um ativo ou de unidade geradora de caixa.
Perda por Desvalorização	Montante pelo qual o valor contábil do ativo ou unidade geradora de caixa é superior a seu valor recuperável.
Reconhecimento da Perda por Desvalorização do Ativo	Contrapartida da redução do ativo será uma despesa na demonstração do resultado. Exceção: se o ativo tiver sido reavaliado, a contrapartida será uma redução do saldo da reserva de reavaliação. Limite da perda por desvalorização: até zerar o valor contábil do ativo. Perdas adicionais que resultem em um passivo só devem ser reconhecidas se exigido por outro Pronunciamento.
Ajustes no Cálculo da Depreciação, Amortização e Exaustão	Após o reconhecimento da perda por desvalorização, as despesas de depreciação, amortização ou exaustão devem ser ajustadas para o novo valor contábil do ativo, menos seu valor residual, conforme sua vida útil remanescente.
Determinação de Valor recuperável para Unidade Geradora de Caixa	Ocorre se não for possível determinar o valor recuperável para um ativo individual, por este não gerar entradas de caixa em grande parte independentes daquelas provenientes de outros ativos ou outros grupos de ativos.
Reversão de Perda por Desvalorização	Deve ser reconhecida na demonstração do resultado. Exceção: se o ativo tiver sido reavaliado, a reversão deve ter como contrapartida um aumento do saldo da reserva de reavaliação. A reversão de perda por desvalorização não deve resultar em um valor contábil maior do que teria sido determinado (líquido de depreciação, amortização ou exaustão), caso não houvesse reconhecimento de perda por desvalorização para o ativo em anos anteriores.

Capítulo

18

PASSIVO CIRCULANTE E NÃO CIRCULANTE

Leia a lei:

- *Arts. 180 e 184 da Lei nº 6.404/76 (Lei das S/A)*

1. CONCEITO

A Lei nº 6.404/76 estabelece a classificação das obrigações da companhia no passivo circulante, quando o vencimento ocorrer no exercício seguinte, e no passivo não circulante, caso ocorra em prazo maior.

Caso o ciclo operacional da companhia ultrapasse um ano, a classificação em circulante ou não circulante passará a ser baseada na duração desse ciclo. O tratamento para a classificação em circulante ou não circulante é a mesma para o ativo e o passivo.

De acordo com o Pronunciamento Técnico CPC 26 (R1), o passivo é classificado como circulante quando ocorrer uma das seguintes situações:

(a) é esperada sua liquidação durante o ciclo operacional da entidade;

(b) é mantido essencialmente com o propósito de ser negociado;

(c) é esperada sua liquidação até um ano após a data do balanço; ou

(d) a entidade não tem o direito incondicional de adiar a liquidação do passivo por mais de um ano após a data do balanço.

Todos os demais passivos devem ser classificados como não circulantes.

Entre outras, são registradas no Passivo Circulante e no Passivo Não Circulante as contas: Empréstimos e Financiamentos; Fornecedores; Duplicatas a Pagar; Notas Promissórias a Pagar; Salários a Pagar; Duplicatas Descontadas; Adiantamentos de Clientes; Contas a Pagar; Impostos, Taxas e Contribuições a Recolher ou a Pagar; Provisões; Debêntures; Dividendos Propostos ou a Pagar.

2. CRITÉRIOS DE AVALIAÇÃO DO PASSIVO

De acordo com o art. 184 da Lei nº 6.404/76, as obrigações no passivo devem ser avaliadas pelos seguintes critérios:

I – as obrigações, os encargos e os riscos, conhecidos ou calculáveis, inclusive Imposto sobre a Renda, são contabilizados pelo valor atualizado até a data do balanço;

II – as obrigações em moeda estrangeira, com cláusula de paridade cambial, devem ser convertidas em moeda nacional pela cotação da taxa de câmbio na data do balanço;

III – as obrigações, os encargos e os riscos classificados no passivo não circulante devem ser ajustados a valor presente, sendo os demais ajustados quando houver efeito relevante.

2.1. Ajuste a valor presente

O pronunciamento técnico CPC 12 (R1) estabelece os requisitos básicos a serem observados quando da apuração do ajuste a valor presente de elementos do ativo e do passivo.

Exemplo: Uma companhia comprou um imóvel, para pagamento em 3 vezes anuais, sem especificação de juros, havendo a assinatura de 3 notas promissórias no valor de R$ 400.000,00 cada uma. Foi considerada uma taxa de juros de 10% ao ano:

Valor Nominal dos Títulos = R$ 1.200.000,00

Taxa de Desconto = 10% ao ano

Valor Presente = R$ 994.740,00

Ajuste a Valor Presente = Valor Nominal – Valor Presente

Ajuste a Valor Presente = 1.200.000 – 994.740,00 = R$ 205.260,00

No registro da transação, o valor contabilizado no ativo imobilizado será o valor presente (líquido dos juros embutidos). A diferença de R$ 205.260,00 será registrada como Ajuste a Valor Presente (retificadora da conta do passivo):

D	Imóveis	994.740,00	
D	Ajuste a Valor Presente	205.260,00	
C	Notas Promissórias a Pagar		1.200.000,00

Ao longo do tempo, o valor do Ajuste a Valor Presente será transferido para o resultado, de acordo com o regime de competência, mediante o lançamento:

D Despesas Financeiras

C Ajuste a Valor Presente

2.2. Variações cambiais

As obrigações contraídas em moeda estrangeira devem ser registradas e atualizadas na data do balanço, pela taxa cambial vigente. A diferença decorrente da variação cambial entre o saldo contábil anterior e o saldo na data do balanço será contabilizado como receita ou despesa de variações cambiais, conforme o caso.

Exemplo: Em 01/11/X6 a empresa XIS adquiriu mercadorias de um fornecedor estrangeiro no valor de U$100.000,00 a ser pago em 90 dias. A taxa de câmbio em 01/11/X6 era de R$ 1,80.

Lançamento na aquisição das compras em 01/11/X6:

D	Mercadorias	180.000,00	
C	Fornecedores		180.000,00

Lançamentos na data do balanço, em 31/12/X6, supondo a taxa de câmbio de R$ 1,85:

D	Variações Cambiais Passivas	5.000,00	
C	Fornecedores		5.000,00

2.3. Empréstimos e financiamentos

Essas contas registram obrigações da empresa perante instituições financeiras.

O registro no Passivo ocorre no recebimento dos recursos pela empresa. Caso o recebimento do valor do empréstimo ocorra em várias parcelas, o registro no Passivo deve ser efetuado à medida que elas são liberadas para a empresa.

Os empréstimos cujos prazos de pagamento sejam superiores a um ano são inicialmente classificados no passivo não circulante. Posteriormente são transferidos para o circulante conforme o período a transcorrer para a liquidação da dívida seja inferior a um ano.

2.3.1. Variações monetárias e juros

A atualização da dívida por um índice de preços deve ser creditada na conta de Empréstimos e a débito da conta de despesa de Variações Monetárias.

Os juros são registrados a débito de Juros Passivos.

O registro de juros e variações monetárias é efetuado independentemente do pagamento.

Caso o empréstimo seja liquidado ou tenha que ser convertido em moeda estrangeira, a variação cambial deverá ser registrada, conforme visto no item 2.2.

Exemplo: A empresa X contraiu um empréstimo bancário em 30/11/X7, para pagamento em 6 meses. Serão cobrados juros de 1% a.m. e correção pela variação do IGPM.

Lançamento na contratação e recebimento do empréstimo:

D	Bancos C/M	100.000,00	
C	Empréstimos Bancários		100.000,00

Lançamentos na data do balanço, em 31/12/X7, considerando IGPM de 0,45%:

D	Variações Monetárias Passivas	450,00	
D	Juros Passivos	1.004,50	
C	Empréstimos Bancários		1.454,50

2.4. Financiamento de ativos qualificáveis

As variações monetárias e demais encargos financeiros são contabilizados como despesas, exceto quando incorridos para financiamento de ativos qualificáveis.

Conforme o Pronunciamento Técnico CPC 20 (R1) – Custo de Empréstimos, "ativo qualificável é um ativo que, necessariamente, demanda um período de tempo substancial para ficar pronto para seu uso ou venda pretendidos". Exemplos de ativos qualificáveis são: usinas de geração de energia, plantas industriais, propriedade para investimento, desde que demandem tempo razoável para serem produzidos ou construídos.

Os custos de empréstimos, como os encargos financeiros, diretamente atribuíveis à aquisição, construção ou produção de um ativo qualificável devem ser contabilizados como parte de seu custo.

Conforme o CPC 20 (R1):

> A entidade deve iniciar a capitalização dos custos de empréstimos como parte do custo de um ativo qualificável na data de início. A data de início para a capitalização é a primeira data em que a entidade satisfaz todas as seguintes condições:
>
> (a) incorre em gastos com o ativo;
>
> (b) incorre em custos de empréstimos; e
>
> (c) inicia as atividades que são necessárias ao preparo do ativo para seu uso ou venda pretendidos.

A entidade deve capitalizar esses custos de empréstimos até o momento em que substancialmente estiverem concluídas todas as atividades necessárias ao preparo do ativo qualificável para uso ou venda.

2.5. Juros a transcorrer

Há determinadas operações, como descontos de títulos, em que os juros são cobrados antecipadamente, sendo recebido pela empresa somente o valor líquido. Nesses casos, pelo princípio da competência, a despesa financeira ainda não ocorreu. Por isso, a conta que registra a obrigação deverá ser retificada pela conta Juros a Transcorrer. Com o passar do tempo, conforme a despesa seja incorrida, a empresa irá transferir o valor correspondente ao período de Juros a Transcorrer para Despesas Financeiras.

Exemplo: Em 30/11/X7, a empresa descontou um título de R$ 100.000,00, com vencimento em 31/03/X8. A empresa recebeu R$ 92.000,00 pelo título descontado.

Lançamentos na data da operação de desconto:

D	Bancos C/M	92.000,00	
D	Juros a Transcorrer	8.000,00	
C	Títulos Descontados		100.000,00

Em 31/12/X7 será efetuado o lançamento para apropriar a despesa de juros do período:

D	Despesas Financeiras	1.937,90	
C	Juros a Transcorrer		1.937,90

No Balanço Patrimonial, estará assim registrado:

Passivo Circulante	
Títulos Descontados	R$ 100.000,00
(-) Juros a Transcorrer	(R$ 6.062,10)

3. DUPLICATAS DESCONTADAS

Uma operação comum efetuada pelas empresas é o desconto de duplicatas: o banco as adquire à vista e desconta, no ato, as despesas bancárias e os juros do período entre a data do desconto e a do vencimento das duplicatas.

A empresa é responsável pelo pagamento das duplicatas, caso seu cliente não o faça.

Quando houver a liquidação da duplicata pelo cliente ocorrerá a baixa através do lançamento a débito de Duplicatas Descontadas e a crédito de Duplicatas a Receber.

Caso o cliente não honre o pagamento, o banco cobrará o valor da própria empresa. Nesse caso, será feito o lançamento a débito de Duplicatas Descontadas e a crédito de Bancos Conta Movimento.

Exemplo: A empresa Alpha, que possui duplicatas a receber no valor de R$ 20.000,00, efetua uma operação de desconto de metade dessas duplicatas. O banco cobra R$ 300,00 a título de despesas bancárias e juros, cobrados na data do desconto.

Duplicatas Descontadas	
	10.000

Bancos C/M	
9.700	

Juros a Transcorrer	
300	

A conta Juros a Transcorrer é uma conta de juros pagos antecipadamente (retificadora do passivo) e, em decorrência do Princípio da Competência, ainda não é despesa. Com o decorrer do tempo, deve-se reconhecer as respectivas despesas bancárias e de juros, através do lançamento a débito de Despesas Financeiras e a crédito de Juros a Transcorrer:

Despesas Financeiras	
(1) 300	

Juros a Transcorrer	
(SA)300	300 (1)
0	

Quando o banco informar a liquidação de cada título ocorrerá a sua baixa na conta Duplicatas Descontadas em contrapartida à Duplicatas a Receber. Prosseguindo o exemplo, o banco informa o pagamento de duplicatas em desconto no valor de R$ 7.000,00:

Duplicatas a Receber	
(SA) 20.000	7.000 (1)
13.000	

Duplicatas Descontadas	
(1) 7.000	10.000
	3.000,00

Se o banco informar o não pagamento de títulos pelo cliente, haverá a baixa na conta Duplicatas Descontadas, mas em contrapartida a Bancos Conta Movimento, pois o banco irá cobrar o valor da empresa. Assim, considerando que o banco informe que títulos no valor de R$ 3.000,00 não foram liquidados pelos devedores:

Bancos Conta Movimento	
(SA) 14.000	3.000 (1)
11.000,00	

Duplicatas Descontadas	
(1) 3.000	3.000 (SA)
	0

Atenção

No passado, a conta duplicatas descontadas era classificada como retificadora do ativo. A partir da convergência das normas contábeis brasileiras às normas internacionais, as duplicatas descontadas passaram a ser demonstradas no passivo, pois na essência trata-se de uma operação de financiamento bancário.

4. DEBÊNTURES

Debêntures são títulos negociáveis emitidos pela companhia e adquiridos por investidores. Representam empréstimos contraídos pela companhia junto aos investidores. O adquirente desses títulos (debenturista) obtém direitos de crédito, como recebimento de juros ou participação no lucro da companhia, conforme as condições constantes da escritura de emissão. No vencimento, normalmente de longo prazo, o investidor recebe o valor nominal da debênture ou, se estiver previsto, o valor pode ser convertido em ações.

O lançamento na emissão das debêntures é a débito da conta que recebe os recursos, por exemplo, Bancos Conta Movimento, e a crédito de conta do passivo.

Os custos de transação incorridos na captação de debêntures (gastos com elaboração de prospectos, publicidade, custos de registro, taxas bancárias etc.) devem ser contabilizados como redução do valor justo do título.

Os prêmios obtidos na emissão de debêntures devem ser somados ao valor justo. O prêmio é o valor pago na aquisição acima do valor nominal da debênture, devido a condições vantajosas conferidas ao investidor, como juros acima do valor de mercado. O valor do prêmio deve ser contabilizado inicialmente como Passivo e ser apropriado como Receita proporcionalmente ao prazo de vencimento dos títulos.

Dessa forma será evidenciado o valor líquido recebido pela entidade.

5. SALÁRIOS E ENCARGOS A PAGAR

Devido ao princípio da competência, quando os salários são pagos no mês seguinte ao qual foram incorridos, deve haver o provisionamento dos valores na conta Salários a Pagar. Em empresas comerciais, a contrapartida será na conta de despesa Salários. Já no ramo industrial ou de serviços, a contrapartida poderá ser diretamente em despesas, ou no ativo, caso o gasto esteja relacionado com a produção de bens ou prestação de serviços.

Há encargos incidentes sobre a folha de salários, como as contribuições para o INSS (patronal) e o FGTS, que também devem ser registradas no mês de competência. A contrapartida desses encargos também poderá ser em contas de despesas ou no ativo (se estiverem relacionadas à produção de bens ou prestação de serviços).

A conta INSS a Pagar, além do encargo patronal, registra também a parcela devida pelos empregados. Essa parcela dos empregados é retida pela empresa, que por sua vez repassa os valores para a União. Por isso não representa uma despesa para a empresa (nem será ativada, se for relacionada à produção). Sendo assim, essa parcela representa uma diminuição do valor de salários que será recebido pelos empregados.

Exemplo: Uma empresa comercial apresenta os seguintes valores de folha de pagamento (salários e encargos são pagos apenas no mês seguinte):

Salários	R$ 100.000,00
INSS Patronal (20%)	R$ 20.000,00
INSS Empregados (11%)	R$ 11.000,00
FGTS (8%)	R$ 8.000,00

Lançamentos para apropriação dos gastos com folha de pagamento ao fim do mês:

D	Salários (despesa)	100.000,00	
D	INSS (despesa)	20.000,00	
D	FGTS (despesa)	8.000,00	
C	Salários a Pagar		89.000,00
C	INSS a Pagar (Patronal + Empregados)		31.000,00
C	FGTS a Recolher		8.000,00

6. APROPRIAÇÕES POR COMPETÊNCIA

Há obrigações a pagar por serviços recebidos pela empresa, mas cujo desembolso ocorrerá no futuro. Tendo em vista o regime de competência, a despesa (ou custo ativado, caso relacionado à produção de bens ou serviços) deverá ser reconhecida no momento em que incorrida. Como a incerteza relacionada ao valor ou prazo desses passivos é muito pequena, o Pronunciamento Técnico CPC 25 não os classifica como provisões. Esses passivos são denominados apropriações por competência (accruals) e divulgados como parte das contas a pagar.

É caso do reconhecimento das férias e do 13º salário, comumente denominados Provisão para Férias e Provisão para 13º.

6.1. Férias a pagar (Provisão para férias)

A empresa deve provisionar as férias transcorridas e não gozadas, através da aplicação de um percentual sobre o valor bruto da folha de pagamento (salários e encargos) e adicional de 1/3. Ao constituir a provisão, a contabilização é feita a débito de Despesas com Férias (ou ativado se custo de produção) e a crédito de Férias a Pagar. Assim, quando um empregado entra em férias, é feito o lançamento a débito de Férias a Pagar e a crédito da conta de onde sairá o pagamento (por exemplo: Bancos Conta Movimento).

Na data do balanço, deve ser apurado o número de dias de férias que cada empregado tem direito e feitos os ajustes necessários.

EXEMPLO: Em 31/01/20X2, a empresa provisionou os direitos de férias que os funcionários adquiriram no mês de janeiro.

A soma da folha de pagamento com os encargos totaliza R$ 115.200,00. A esse valor deve ser somado o adicional de 1/3 (115.200/3), totalizando R$ 153.600,00. Portanto, o valor a ser constituído no mês referente às férias é de R$ 12.800,00 (153.600 X 1/12 meses).

D	Férias (despesa)	12.800,00	
C	Férias a Pagar		12.800,00

6.2. 13º Salário (Provisão para 13º)

O 13º salário também deve ser apropriado à medida que os empregados adquirem o direito a ele e não apenas no mês de pagamento.

Assim, é constituída uma provisão que é contabilizada em bases mensais, à razão de 1/12 do valor bruto da folha de pagamentos com encargos.

Utilizando os dados do exemplo do item anterior, o valor a ser constituído no mês referente ao 13º salário é de R$ 9.600,00 (115.200/12).

D	13º Salário (despesa)	9.600,00	
C	13º Salário a Pagar		9.600,00

Tópico-síntese: Passivo Circulante e Não Circulante	
Classificação	Passivo Circulante: obrigações cujo vencimento ocorrerá em até um ano, contado da data do balanço. Passivo Não Circulante: obrigações cujo vencimento ocorrerá em prazo superior a um ano, contado da data do balanço. Exceção: em companhias com ciclo operacional superior a um ano, a classificação em circulante e não circulante terá por base o prazo desse ciclo.
Critérios de Avaliação	I – obrigações, encargos e riscos, conhecidos ou calculáveis, inclusive Imposto sobre a Renda, são contabilizados pelo valor atualizado até a data do balanço; II – obrigações em moeda estrangeira, com cláusula de paridade cambial, devem ser convertidas em moeda nacional pela cotação da taxa de câmbio na data do balanço; III – obrigações, encargos e os riscos classificados no passivo não circulante devem ser ajustados a valor presente, sendo os demais ajustados quando houver efeito relevante.
Ativos Qualificáveis	Ativos que demandam longo tempo para estarem prontos para uso ou venda pretendidos. Exceção: variações monetárias e demais encargos financeiros incorridos para construção ou produção de um ativo qualificável devem ser somados a seu custo.
Desconto de Duplicatas	Operação na qual um banco adquire duplicatas em poder da empresa à vista e desconta, no ato, as despesas bancárias e os juros do período entre a data do desconto e a do vencimento das duplicatas. A empresa é responsável pelo pagamento das duplicatas descontadas no banco, caso seu cliente não o faça. Na essência trata-se de uma operação de financiamento bancário.

Tópico-síntese: Passivo Circulante e Não Circulante	
Debêntures	Títulos negociáveis emitidos pela companhia e adquiridos por investidores, que obtêm direitos de crédito, como recebimento de juros ou participação no lucro da companhia, conforme as condições constantes da escritura de emissão. No vencimento, normalmente de longo prazo, o investidor recebe o valor nominal da debênture ou, se estiver previsto, o valor pode ser convertido em ações.
Apropriações por Competência (Accruals)	Obrigações a pagar por serviços recebidos pela empresa, mas cujo desembolso ocorrerá no futuro. Exemplos: férias e 13º salário. Não são classificadas como provisões, pois a incerteza relacionada ao valor ou prazo desses passivos é muito pequena.

Capítulo

19

PROVISÕES, PASSIVOS CONTINGENTES E ATIVOS CONTINGENTES

1. CONCEITO

Determinadas obrigações não têm data precisa para liquidação nem valor exato, mas ainda assim devem ser registradas.

O Pronunciamento Técnico CPC 25 – Provisões, Passivos Contingentes e Ativos Contingentes conceitua provisão como passivo com prazo ou valor incertos.

No passado, era comum a utilização do termo provisão para denominar certas contas retificadoras do ativo, como a "Provisão para Créditos de Liquidação Duvidosa (PCLD)". No entanto, conforme a definição do CPC 25, o termo provisão é restrito a itens do passivo.

Também era comum o uso das expressões "Provisão para Férias" e "Provisão para 13º". Mas o referido Pronunciamento também as distingue das provisões, classificando-as como apropriações por competência (accruals). Estas são caracterizadas por um grau de incerteza muito menor e, por isso, são classificadas como parte das contas a pagar.

Exemplos de provisões: provisão para riscos de ações trabalhistas ou cíveis, provisão para garantia de produtos, provisão para indenizações por quebra de contratos.

2. PROVISÕES E PASSIVOS CONTINGENTES

Conforme o CPC 25, as provisões são reconhecidas como passivo, desde que possa ser feita uma estimativa confiável, visto que são obrigações presentes e, para sua liquidação, é provável a saída de recursos que incorporam benefícios econômicos.

Os passivos contingentes não são reconhecidos como passivo, porque são apenas obrigações possíveis ou, se obrigações presentes, não satisfazem os demais requisitos para reconhecimento.

Os requisitos para reconhecimento do passivo são:

I – obrigação presente derivada de eventos passados;

II – provável saída de recursos que incorporam benefícios econômicos para liquidar a obrigação;

III – possibilidade de ser feita uma estimativa confiável do valor da obrigação.

O passivo contingente deve ser apenas divulgado, exceto se for remota a possibilidade de uma saída de recursos que incorporam benefícios econômicos. Nesse último caso não há obrigação de registro ou divulgação.

2.1. Mensuração de provisões

O valor a ser reconhecido como provisão deve ser a melhor estimativa do montante a ser desembolsado para liquidar a obrigação na data do balanço.

As estimativas dependem do julgamento da administração da entidade e de especialistas.

Quando o efeito do dinheiro no tempo for significativo, a provisão deve ser registrada pelo valor presente dos desembolsos esperados para liquidar a obrigação.

O reembolso por terceiros de parte dos desembolsos necessários para liquidar a provisão somente deve ser reconhecido quando for praticamente certo que ele será recebido se a entidade liquidar a obrigação. Seria o caso de um contrato de seguro. O reembolso deve ser tratado como um ativo separado e não pode ultrapassar o valor da provisão.

Há casos em que a entidade não tem a obrigação de assumir parte dos custos se terceiros deixarem de pagar. Essa parte dos custos não deve ser incluída na provisão, pois não representa um passivo para a entidade.

Ao final de cada exercício, a entidade deve avaliar novamente as condições e ajustar, caso necessário, as provisões conforme a nova estimativa. Se não for mais provável a saída de recursos para liquidar a obrigação, a provisão deve ser revertida.

Se for usado ajuste a valor presente, a provisão deve ser aumentada para refletir os juros do período. A contrapartida desse aumento referente aos juros é feita em despesas financeiras.

A provisão só deve ser usada para os desembolsos relacionados com a provisão inicialmente reconhecida. Assim, quando houver o desembolso, o lançamento será:

D Provisão

C Caixa

3. ATIVO CONTINGENTE

Conforme o CPC 25, "ativo contingente é um ativo possível que resulta de eventos passados e cuja existência será confirmada apenas pela ocorrência ou não de um ou mais eventos futuros incertos não totalmente sob controle da entidade".

Um ativo contingente não deve ser reconhecido nas demonstrações contábeis da entidade. Ele somente deve ser divulgado quando for provável a entrada de benefícios econômicos futuros.

Se for praticamente certa a entrada de benefícios econômicos, o ativo deixa de ser contingente e, por isso, deve ser reconhecido nas demonstrações contábeis da entidade.

Tópico-síntese: Provisões, Passivos Contingentes e Ativos Contingentes	
Provisão	Obrigação presente e, para sua liquidação, é provável a saída de recursos que incorporam benefícios econômicos. É reconhecida no Passivo.
Passivo Contingente	I – Obrigação possível; ou II – Obrigação presente que não satisfaz os requisitos para reconhecimento de um passivo. Não é reconhecida no passivo. Deve ser divulgada, exceto se a saída de recursos for remota.

Tópico-síntese: Provisões, Passivos Contingentes e Ativos Contingentes	
Reembolso por terceiros	Somente deve ser reconhecido quando for praticamente certo o seu recebimento se a entidade liquidar a obrigação (exemplo: perda coberta por contrato de seguro). A parte a cargo de terceiros inadimplida não deve ser incluída na provisão, caso a entidade não tenha a obrigação de assumir o pagamento.
Ativo Contingente	Ativo possível, cuja existência é ainda incerta. Não deve ser reconhecido como ativo. Sua divulgação só ocorre se for provável a entrada de benefícios econômicos. Se for praticamente certa a entrada de benefícios econômicos, o ativo deixa de ser contingente e deve ser reconhecido.

Capítulo

20

PATRIMÔNIO LÍQUIDO

Leia a lei:

Arts. 182 e 189 a 200 da Lei nº 6.404/76 (Lei das S/A)

1. INTRODUÇÃO

O Patrimônio Líquido representa o valor contábil pertencente aos sócios ou acionistas. Equivale ao valor remanescente dos ativos após deduzidos os passivos.

O Patrimônio Líquido apresenta as seguintes subdivisões, de acordo com a Lei nº 6.404/76:

- Capital Social;
- Reservas de Capital;
- Ajustes de Avaliação Patrimonial;
- Reservas de Lucros;
- Ações em Tesouraria; e
- Prejuízos Acumulados

2. CAPITAL SOCIAL

Representa o investimento feito pelos sócios ou acionistas na empresa. Abrange os valores entregues pelos sócios/acionistas e os valores decorrentes de lucros anteriores retidos que foram formalmente incorporados ao Capital Social.

Capital Subscrito é o valor, em dinheiro ou bens, que os sócios/acionistas se **comprometeram a entregar** para a formação do capital da empresa. Também denominado capital nominal, capital registrado ou capital declarado.

Capital Realizado (ou Capital Integralizado) é o valor do Capital Subscrito **efetivamente entregue** pelos sócios/acionistas à empresa.

Capital a Integralizar (ou a Realizar) é o **valor do Capital Subscrito que ainda não foi entregue** pelos sócios/acionistas à empresa. Ou seja, representa a diferença entre o Capital Subscrito e o Realizado.

Capital Autorizado é o valor autorizado no estatuto da sociedade anônima até o qual o capital pode ser aumentado independentemente de reforma estatutária. **Não é registrado na contabilidade.**

No balanço deve estar discriminado o capital subscrito e, por dedução, a parcela a realizar. Desse modo, obtém-se o valor do capital realizado.

Lançamento na Subscrição:

D	Capital Social a Realizar	800.000,00	
C	Capital Subscrito		800.000,00

Na integralização (exemplo: R$ 700.000,00 em dinheiro):

D	Bancos Conta Movimento	700.000,00	
C	Capital a Realizar		700.000,00

Registro no balanço:

Capital Subscrito	800.000,00
Capital a Realizar (ou a Integralizar)	(100.000,00)
Capital Realizado	700.000,00

Nas sociedades limitadas, o capital social é dividido em quotas.

Na sociedade anônima ou companhia, o capital social é dividido em ações. As ações devem ser nominativas e podem ter, ou não, valor nominal.

Conforme os direitos ou vantagens atribuídos a seus titulares, as ações podem ser ordinárias, preferenciais, ou de fruição.

O número de ações preferenciais sem direito a voto, ou sujeitas a restrição no exercício desse direito, não pode ultrapassar 50% do total das ações emitidas.

As ações de fruição normalmente dão direito a dividendos, mas não representam parcela de capital nem dão direito a voto.

A assembleia geral de acionistas pode decidir pela redução do capital social se houver perda, até o montante dos prejuízos acumulados, ou se julgá-lo excessivo.

3. RESERVAS DE CAPITAL

São compostas por valores recebidos pela empresa e que aumentam o seu patrimônio líquido, mas não transitam pelo resultado do exercício como receitas. A Lei nº 6.404/76 estabelece as seguintes reservas de capital:

- a contribuição do subscritor de ações que ultrapassar o valor nominal e a parte do preço de emissão das ações sem valor nominal que ultrapassar a importância destinada à formação do capital social, inclusive nos casos de conversão em ações de debêntures ou partes beneficiárias (ágio na emissão de ações);
- o produto da alienação de partes beneficiárias e bônus de subscrição.

A lei societária prevê ainda, como reserva de capital, o resultado da correção monetária do capital realizado, enquanto não capitalizado. A Lei nº 9.249/95 revogou a correção monetária das demonstrações contábeis. No entanto, ainda pode haver saldo de reservas sob esse fundamento constituídas em exercícios anteriores à vedação legal.

3.1. Ágio (prêmio) na emissão de ações

a) Ações com valor nominal

No Capital Social as ações devem ser registradas apenas pelo seu valor nominal, se houver. A diferença entre o valor pago pelos acionistas na integralização de suas ações e o seu valor nominal deve ser registrada em conta de reserva de capital.

Exemplo: Uma companhia aumentou seu capital, através da emissão de 100.000 ações ao valor nominal de R$ 1,00. O preço, no entanto, foi fixado no valor de R$ 1,30 por ação.

D	Bancos C/M	130.000,00	
C	Capital Social		100.000,00
C	Reserva de Capital		
	Prêmio Emissão de Ações		30.000,00

b) Ações sem valor nominal

O preço dessas ações é fixado pelos fundadores (constituição da empresa) ou pela assembleia geral ou conselho de administração (aumentos de capital). O preço pode ser fixado com parte destinada à formação de reserva de capital.

Exemplo: Uma companhia aumentou seu capital, através da emissão de 100.000 ações sem valor nominal, ao preço de R$ 1,30 por ação. Do valor de cada ação, apenas R$ 1,00 será destinado ao capital social.

Lançamento:

D	Bancos C/M	130.000,00	
C	Capital Social		100.000,00
C	Reserva de Capital		
	Prêmio Emissão de Ações		30.000,00

3.1.1. Custos de transação e prêmios

Na emissão de títulos patrimoniais em que exista prêmio originado da subscrição de ações aos quais os custos de transação se referem, deve o prêmio, até o limite do seu saldo, ser utilizado para absorver os custos de transação.

Exemplo: Uma companhia aumentou seu capital, através da emissão de 100.000 ações ao valor nominal de R$ 1,00. O preço, no entanto, foi fixado no valor de R$ 1,30 por ação. O custo da transação foi de R$ 10.000,00:

D	Bancos C/M	120.000,00	
C	Capital Social		100.000,00

C Reserva de Capital

Prêmio Emissão de Ações 20.000,00

Caso não haja prêmio na emissão de ações ou ele seja insuficiente para suportar os custos da transação, o valor excedente destes gastos deve ser apresentado em conta retificadora do patrimônio líquido, logo após o capital social, e somente pode ser usada para redução do capital social ou ser absorvida por reservas de capital.

Exemplo: Uma companhia aumentou seu capital, através da emissão de 100.000 ações ao valor nominal de R$ 1,00. O custo da transação foi de R$ 10.000,00:

D Bancos C/M 90.000,00

D Gastos com Emissão de Ações

(retificadora do PL) 10.000,00

C Capital Social 100.000,00

3.2. Alienação de partes beneficiárias e bônus de subscrição

Partes beneficiárias são títulos negociáveis emitidos por companhias de capital fechado, sem valor nominal e que não fazem parte do capital social. Conferem aos seus titulares direito de participação nos lucros anuais. Podem ser alienadas pela companhia, nas condições determinadas pelo estatuto ou pela assembleia geral, ou atribuídas a fundadores, acionistas ou terceiros, como remuneração de serviços prestados à companhia. O lançamento só ocorre quando há alienação onerosa, como no exemplo a seguir de alienação de partes beneficiárias ao valor de R$ 15.000,00:

D Bancos Conta Movimento 15.000,00

C Reserva de Capital

Alienação de Partes Beneficiárias 15.000,00

Bônus de subscrição são títulos negociáveis emitidos pela companhia, dentro do limite de capital autorizado pelo estatuto, que possibilitam ao adquirente o direito de subscrever ações do capital social, mediante apresentação do título e pagamento do preço de emissão das ações. O lançamento só ocorre quando há alienação onerosa, como no exemplo a seguir de alienação de bônus de subscrição ao valor de R$ 20.000,00:

D Bancos Conta Movimento 20.000,00

C Reserva de Capital

Alienação de Bônus de Subscrição 20.000,00

Na emissão de títulos patrimoniais, deve o prêmio, até o limite do seu saldo, ser utilizado para absorver os custos de transação.

Exemplo: Alienação de bônus de subscrição no valor de R$ 20.000,00, com custos de transação de R$ 5.000,00:

D Bancos Conta Movimento 15.000,00

C Reserva de Capital

Alienação de Bônus de Subscrição 15.000,00

3.3. Utilização de reservas de capital

Conforme a Lei nº 6.404/76, as reservas de capital somente poderão ser utilizadas para:

- absorção de prejuízos que ultrapassarem os lucros acumulados e as reservas de lucros;
- resgate, reembolso ou compra de ações;
- resgate de partes beneficiárias;
- incorporação ao capital social;
- pagamento de dividendo cumulativo a ações preferenciais, quando essa vantagem lhes for assegurada.

Resgate de ações é compra das próprias ações pela companhia, com o objetivo de retirá-las definitivamente de circulação, com redução ou não do capital social.

O reembolso ocorre quando, nos casos previstos em lei, a companhia paga aos acionistas dissidentes de deliberação da assembleia geral o valor de suas ações.

Amortização de ações é a distribuição aos acionistas, a título de antecipação e sem redução do capital social, de quantias que lhes poderiam ser devidas em caso de liquidação da companhia.

Resgate de partes beneficiárias é recompra desses títulos pela companhia.

Na definição de SÉRGIO DE IUDÍCIBUS et al (2010, p 368), "dividendo cumulativo é aquele que dá o direito ao seu beneficiário de recebê-lo no exercício em que houver lucros suficientes para sua distribuição, quando não for possível distribuí-lo no exercício social de sua competência".

4. AJUSTES DE AVALIAÇÃO PATRIMONIAL

A Lei nº 11.638/2007 determinou que sejam classificadas como ajustes de avaliação patrimonial, enquanto não computadas no resultado do exercício em obediência ao regime de competência, as contrapartidas de aumentos ou diminuições de elementos do ativo e do passivo, em decorrência da sua avaliação a valor justo, nos casos previstos na Lei nº 6.404/76 ou, em normas expedidas pela Comissão de Valores Mobiliários, no caso de companhias abertas.

Podem apresentar saldo credor ou devedor.

São registradas em ajustes de avaliação patrimonial, por exemplo, a contrapartida das variações no valor de instrumentos financeiros avaliados a valor justo, por meio de outros resultados abrangentes, e dos aumentos ou diminuições no valor de ativos e passivos decorrentes de avaliação a preço de mercado, em caso de reorganizações societárias.

Regra geral, os valores registrados em ajustes de avaliação patrimonial são transferidos para o resultado quando ocorre a realização dos ativos e passivos que os originaram.

Exemplo: Uma edificação, registrada por R$ 400.000,00, é avaliada a valor justo devido a uma operação de fusão. O laudo indicou o valor de R$ 500.000,00:

D	Edificações	100.000,00	
C	Ajustes de Avaliação Patrimonial		100.000,00

Se o laudo indicasse o valor de R$ 350.000,00, o lançamento da avaliação negativa seria:

D	Ajustes de Avaliação Patrimonial	50.000,00	
C	Edificações		50.000,00

5. RESERVAS DE LUCROS

Ao final do exercício, juntamente com as demonstrações financeiras, a administração da companhia apresenta à assembleia geral ordinária proposta de destinação do lucro líquido do exercício.

Entre essas destinações estão as reservas de lucros. Portanto, as reservas de lucros são constituídas pela apropriação de lucros da companhia.

As sociedades por ações devem destinar todo o lucro líquido do exercício para os acionistas, na forma de dividendos, ou reter parcela deste lucro em reservas de lucros, desde que haja a devida fundamentação, conforme previsto na lei societária.

A Lei nº 6.404/76 prevê as seguintes reservas de lucros: reserva legal, reservas estatutárias, reservas para contingências, reservas de incentivos fiscais, reserva de retenção de lucros, reserva de lucros a realizar, reserva especial para dividendo obrigatório não distribuído.

5.1. Reserva legal

A finalidade da reserva legal é assegurar a integridade do capital social. Essa reserva somente pode ser utilizada para compensar prejuízos ou aumentar o capital.

Assim, do lucro líquido do exercício, 5% (cinco por cento) são aplicados, antes de qualquer outra destinação, na constituição da reserva legal, que não pode exceder a 20% (vinte por cento) do capital social.

A lei prevê ainda um limite facultativo para a constituição da reserva legal: a companhia pode deixar de constituir a reserva legal no exercício em que seu saldo, somado ao montante das reservas de capital, exceto a de correção monetária do capital social (extinta), ultrapassar 30% (trinta por cento) do capital social.

Exemplo: Uma companhia apurou o lucro líquido do exercício de R$ 2.000.000,00. O Patrimônio Líquido estava assim constituído:

Capital Social:	R$ 5.000.000,00
Reservas de Capital:	
– Ágio na Emissão de Ações	R$ 250.000,00
– Alienação de Partes Beneficiárias	R$ 150.000,00
Reserva Legal	R$ 500.00,00
Cálculo da Reserva Legal a ser constituída:	
5% do Lucro Líquido do Exercício:	R$ 100.000,00
Limite Obrigatório: 20% do Capital Social:	R$ 1.000.000,00
Limite Facultativo: 30% do Capital Social:	R$ 1.500.000,00

O limite para a reserva legal é R$ 1.000.000,00. A soma do saldo existente (500.000,00) com o valor calculado no exercício (100.000,00) totaliza R$ 600.000,00. Portanto, está dentro do limite.

O limite facultativo para a reserva legal é R$ 1.500.000,00. A soma da Reserva Legal já existente (500.000,00) com as reservas de capital (400.000,00) totaliza R$ 900.000,00. Logo a empresa não tem a opção de deixar de constituir a parcela da Reserva Legal no exercício.

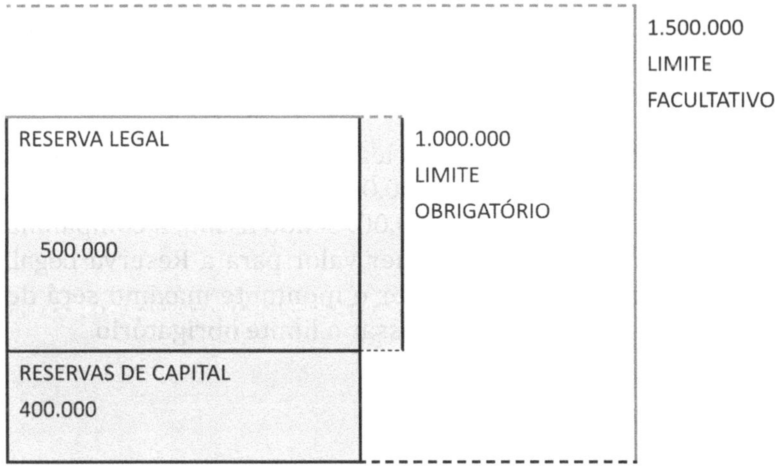

O lançamento é feito a crédito de Reserva Legal e a débito de Lucros Acumulados, pois a reserva legal é constituída após a transferência do resultado para Lucros Acumulados:

D	Lucros Acumulados	R$ 100.000,00	
C	Reserva Legal		R$ 100.000,00

Exemplo: Uma companhia apurou o lucro líquido do exercício de R$ 2.000.000,00. O Patrimônio Líquido estava assim constituído:

Capital Social:	R$ 5.000.000,00
Reservas de Capital:	
– Ágio na Emissão de Ações	R$ 350.000,00
– Alienação de Partes Beneficiárias.	R$ 300.000,00
Reserva Legal	R$ 950.00,00
Cálculo da Reserva Legal a ser constituída:	
5% do Lucro Líquido do Exercício:	R$ 100.000,00
Limite Obrigatório: 20% do Capital Social:	R$ 1.000.000,00
Limite Facultativo: 30% do Capital Social:	R$ 1.500.000,00

O limite obrigatório para a reserva legal é R$ 1.000.000,00. A soma do saldo existente (950.000,00) com o valor calculado no exercício (100.000,00) totaliza R$ 1.050.000,00. Portanto, excede o limite. Desse modo, o valor a ser transferido no exercício para a reserva legal é de no máximo R$ 50.000,00.

O limite facultativo para a reserva legal é R$ 1.500.00,00. A soma da Reserva Legal já existente (950.000,00) com as reservas de capital (650.000,00) totaliza R$ 1.600.000,00. Sendo assim, a companhia tem a opção de não transferir qualquer valor para a Reserva Legal. Caso decida ainda creditar algum valor o montante máximo será de R$ 50.000,00, pois não poderá ultrapassar o limite obrigatório.

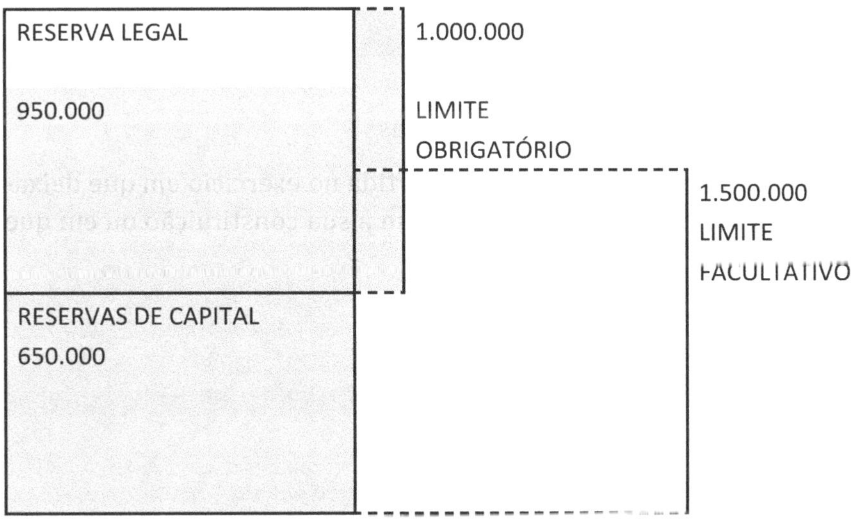

5.2. Reservas estatutárias

As reservas estatutárias são constituídas, de acordo com a determinação do estatuto social da companhia, com base no lucro líquido do exercício.

Conforme a Lei nº 6.404/76, o estatuto pode criar reservas desde que para cada uma:

I – indique, de modo preciso e completo, a sua finalidade;

II – fixe os critérios para determinar a parcela anual dos lucros líquidos que serão destinados à sua constituição; e

III – estabeleça o limite máximo da reserva.

Lançamento para constituição:

D Lucros Acumulados

C Reservas Estatutárias

5.3. Reservas para contingências

A assembleia geral de acionistas pode, por proposta dos órgãos da administração, destinar parte do lucro líquido para constituição de reserva para compensar, em exercício futuro, a diminuição do lucro em função de perda julgada provável, cujo valor possa ser estimado.

Lançamento para constituição:

D Lucros Acumulados

C Reservas para Contingências

A reserva de contingências é revertida no exercício em que deixarem de existir as razões que motivaram a sua constituição ou em que ocorrer a perda.

Lançamento de reversão:

D Reservas para Contingências

C Lucros Acumulados

Atenção

As reservas para contingências do patrimônio líquido não se confundem com as provisões para contingências do passivo. As reservas para contingências consistem em retenção de lucros para compensar, no futuro, a diminuição de lucros em função de perdas prováveis. Ou seja, a despesa que provocará a diminuição nos lucros ainda não ocorreu. Já as provisões para contingências são o reconhecimento de uma despesa já incorrida, mas cujo valor será desembolsado no futuro.

5.4. Reserva de incentivos fiscais

Conforme o art. 195-A da Lei nº 6.404/76, "a assembleia geral poderá, por proposta dos órgãos de administração, destinar para a reserva de incentivos fiscais a parcela do lucro líquido decorrente de doações ou subvenções governamentais para investimentos, que poderá ser excluída da base de cálculo do dividendo obrigatório (inciso I do *caput* do art. 202 desta Lei)".

De acordo com o CPC 7 (R1) – Subvenção e Assistência Governamentais:

> O tratamento contábil da subvenção governamental como receita deriva dos seguintes principais argumentos:
>
> (a) uma vez que a subvenção governamental é recebida de uma fonte que não os acionistas e deriva de ato de gestão em benefício da entidade, não deve ser creditada diretamente no patrimônio líquido, mas, sim, reconhecida como receita nos períodos apropriados;

(b) subvenção governamental raramente é gratuita. A entidade ganha efetivamente essa receita quando cumpre as regras das subvenções e cumpre determinadas obrigações. A subvenção, dessa forma, deve ser reconhecida como receita na demonstração do resultado nos períodos ao longo dos quais a entidade reconhece os custos relacionados à subvenção que são objeto de compensação;

(c) assim como os tributos são despesas reconhecidas na demonstração do resultado, é lógico registrar a subvenção governamental que é, em essência, uma extensão da política fiscal, como receita na demonstração do resultado.

Enquanto não atendidos os requisitos para reconhecimento da receita com subvenção na demonstração do resultado, a contrapartida da subvenção governamental registrada no ativo deve ser feita em conta específica do passivo.

Há situações em que é necessário que o valor da subvenção governamental não seja distribuído ou de qualquer forma repassado aos sócios ou acionistas, fazendo-se necessária a retenção, após trânsito pela demonstração do resultado, em conta apropriada de patrimônio líquido, para comprovação do atendimento dessa condição. Nessas situações, tal valor, após ter sido reconhecido na demonstração do resultado, pode ser creditado à reserva própria (reserva de incentivos fiscais), a partir da conta de lucros ou prejuízos acumulados.

É fundamental, pelo regime de competência, que a receita de subvenção governamental seja reconhecida em bases sistemáticas e racionais, ao longo do período necessário, e confrontada com as despesas correspondentes. Assim, o reconhecimento da receita de subvenção governamental no momento de seu recebimento somente é admitido nos casos em que não há base de alocação da subvenção ao longo dos períodos beneficiados.

Na maioria dos casos essa correlação pode ser feita, e a subvenção deve ser reconhecida em confronto com as despesas correspondentes. Semelhantemente, a subvenção relacionada a ativo depreciável deve ser reconhecida como receita ao longo do período da vida útil do bem e na mesma proporção de sua depreciação.

Subvenção relacionada a ativo não depreciável pode requerer o cumprimento de certas obrigações. O reconhecimento como receita deve então acompanhar a apropriação das despesas necessárias ao cumprimento das obrigações. Exemplificando: uma subvenção que transfira a propriedade definitiva de um terreno pode ter como condição a construção de uma planta industrial e deve ser apropriada como receita na mesma proporção da depreciação dessa planta. Poderão existir situações em que essa correlação exija que parcelas da subvenção sejam reconhecidas segundo critérios diferentes.

Desse modo, se a empresa receber doações e subvenções governamentais e não houver nenhuma obrigação a cumprir, deve imediatamente reconhecê-las como receita, pelo valor justo:

D Imóveis

C Receitas de Doações e Subvenções Governamentais

Caso haja obrigações a cumprir, elas devem ser atendidas para, só então, as doações ou subvenções serem reconhecidas no resultado. Assim, inicialmente há reconhecimento no passivo. Por exemplo, uma doação de um terreno com valor justo de R$ 500.000,00:

Imóveis

a Obrigações de Doações para Investimento R$ 500.000,00

Supondo que a transferência definitiva do terreno seja condicionada à construção de uma planta industrial, quando implementada essa condição, o valor referente à subvenção deve ser transferido para conta de Receita Diferida, no Passivo Não Circulante:

Obrigações de Doações para Investimento (PnC)

a Receita Diferida (PnC) R$ 500.000,00

A receita diferida deve ser transferida para o resultado na mesma proporção da depreciação da planta industrial. Transferência, no primeiro ano, supondo depreciação do prédio da fábrica de 4% a.a.:

Receita Diferida (PnC)

a Receitas Doações
Governamentais p/ Investimento R$20.000,00

A lei permite que a parcela do lucro líquido decorrente de doações ou subvenções governamentais para investimentos seja destinada para a reserva de incentivos fiscais, a fim de evitar a sua distribuição como dividendo obrigatório.

Prosseguimento o exemplo, após a apuração do resultado do exercício o valor reconhecido da receita de doação poderá ser transferido para a Reserva de Incentivos Fiscais:

Lucros Acumulados

a Reserva de Incentivos Fiscais R$ 20.000,00

5.5. Reserva de lucros para expansão (retenção de lucros)

A assembleia geral da companhia pode, por proposta dos órgãos da administração, decidir reter parte do lucro líquido do exercício para atender a projeto de investimento. A retenção deve estar justificada em orçamento, deve ser proposta pelos órgãos da administração com todas as fontes de recursos e aplicações de capital e pode ter a duração de até cinco exercícios, salvo no caso de execução, por prazo maior, de projeto de investimento.

Os recursos são destinados a essa reserva com a finalidade de manter parte do lucro líquido do exercício para aplicação em projetos de investimentos. Caso contrário, os recursos seriam distribuídos como dividendos adicionais aos obrigatórios.

Lançamento da constituição da reserva:

D Lucros Acumulados

C Reserva de Lucros para Expansão

5.6. Reserva de lucros a realizar

No exercício em que o valor do dividendo obrigatório for superior à parcela realizada do lucro líquido do exercício, a assembleia geral pode, por proposta dos órgãos de administração, destinar o excesso à reserva de lucros a realizar.

A finalidade da constituição dessa reserva facultativa é evitar que sejam distribuídos dividendos sobre lucros que somente serão realizados financeiramente a longo prazo.

São considerados lucros não realizados:

- o resultado líquido positivo da equivalência patrimonial;

– o lucro, rendimento ou ganho líquidos em operações ou contabilização de ativo e passivo pelo valor de mercado, cujo prazo de realização financeira ocorra após o término do exercício social seguinte.

Exemplo: A companhia apurou o lucro líquido do exercício em R$ 80.000,00. O resultado continha R$ 42.000,00 como resultado líquido positivo da equivalência patrimonial e R$ 18.000,00 de lucro na venda de mercadorias a serem recebidas 18 meses após a data do balanço. O dividendo mínimo obrigatório calculado nos termos do estatuto foi de R$ 25.000,00.

Lucro Líquido do Exercício	80.000,00
Resultado líquido positivo MEP	(42.000,00)
Lucro venda mercadorias LP	(18.000,00)
(=) Lucro realizado	20.000,00
Dividendo mínimo obrigatório	25.000,00
Lucro Realizado	(20.000,00)
Reserva de Lucros a Realizar	5.000,00

Lançamento dos dividendos a pagar:

D	Lucros Acumulados	20.000,00	
C	Dividendos a Pagar		20.000,00

Lançamento da constituição da reserva:

D	Lucros Acumulados	5.000,00	
C	Reserva de Lucros a Realizar		5.000,00

Conforme os lucros a realizar forem realizados em dinheiro, ocorrerá a reversão da reserva. As parcelas revertidas em cada exercício, se não absorvidos por prejuízos de exercícios posteriores, serão acrescidas ao primeiro dividendo declarado pela companhia após a realização.

A reserva de lucros a realizar somente poderá ser utilizada para pagamento do dividendo obrigatório e, para efeito do descrito no parágrafo anterior, serão considerados como integrantes da reserva os lucros a realizar de cada exercício que forem os primeiros a serem realizados em dinheiro.

5.7. Reserva especial para dividendo obrigatório não distribuído

Essa reserva é constituída quando os órgãos da administração informarem à assembleia geral ordinária que o dividendo obrigatório é incompatível com a situação financeira da companhia. Nesse caso, o dividendo obrigatório não é distribuído e o seu montante é destinado a essa reserva especial.

Os lucros que deixarem de ser distribuídos nesses termos, se não absorvidos por prejuízos em exercícios seguintes, deverão ser pagos como dividendos assim que a situação financeira da companhia possibilitar.

Lançamento na constituição:

D Lucros Acumulados

C Reserva Especial para Dividendo Obrigatório Não Distribuído

5.8. Limite do saldo das reservas de lucro

A Lei nº 6.404/76 determina que "o saldo das reservas de lucros, exceto as para contingências, de incentivos fiscais e de lucros a realizar, não poderá ultrapassar o capital social".

Atingindo esse limite, a assembleia geral deve decidir sobre aplicação do excedente na integralização ou no aumento do capital social ou na distribuição de dividendos.

6. AÇÕES EM TESOURARIA

Ações em tesouraria são ações da companhia que foram adquiridas por ela própria (no caso de sociedades limitadas, são denominadas quotas liberadas). Trata-se de uma conta retificadora do patrimônio líquido. Portanto, apresenta saldo devedor.

A permissão para a companhia adquirir suas próprias ações está restrita aos casos previstos no art. 30 da Lei nº 6.404/76. As companhias abertas devem ainda obedecer às normas expedidas pela CVM.

As ações em tesouraria devem ser destacadas no balanço como dedução da conta do patrimônio líquido que registrar a origem dos recursos aplicados na sua aquisição. Os custos de transação incorridos na aquisição das ações em tesouraria são registrados como acréscimo ao seu custo de aquisição.

Exemplo: A companhia Ypisilon adquiriu 10.000 ações de sua própria emissão ao custo de R$ 20,00 por ação. Para efetuar a aquisição, foram gastos ainda R$ 3.500,00 com corretagem e outros custos:

D	Ações em Tesouraria	203.500,00	
C	Bancos C/M		203.500,00

Supondo que a conta de reservas estatutárias deu suporte à aquisição, no balanço aparecerá:

Patrimônio Líquido	
Reservas Estatutárias	400.000,00
(-) Ações em Tesouraria	(203.500,00)

A alienação das ações em tesouraria poderá gerar ganhos ou perdas para a companhia. Os custos de transação incorridos nessas vendas são tratados como diminuição dos ganhos ou acréscimo das perdas.

Esses ganhos ou perdas não são contabilizados na demonstração do resultado, mas sim diretamente no patrimônio líquido, na conta que houver sido utilizada como suporte à aquisição de tais ações.

7. PREJUÍZOS ACUMULADOS

As contas de lucros acumulados ou de prejuízos acumulados representam o saldo remanescente dos lucros ou prejuízos, após as destinações para reservas de lucros e dividendos distribuídos. Essas contas interligam o Balanço e a Demonstração do Resultado do Exercício.

A Lei nº 11.638/2007, alterando a Lei nº 6.404/76, eliminou a conta Lucros Acumulados do Balanço Patrimonial. Portanto, atualmente no Balanço Patrimonial de uma S/A só poderá constar a conta Prejuízos Acumulados (caso eles existam). Na verdade, o prejuízo do exercício é obrigatoriamente absorvido pelos lucros acumulados, pelas reservas de lucros e pela reserva legal, nessa ordem. Caso os prejuízos ultrapassem os lucros acumulados e as reservas citadas, opcionalmente, a companhia pode utilizar reservas de capital para sua absorção.

Essa alteração teve como objetivo evitar a retenção injustificada de lucros.

Todavia, ainda deverá existir uma conta transitória (fora do Balanço) denominada Lucros Acumulados para os lançamentos de destinações do lucro e de reversões de reservas.

8. DIVIDENDOS

Os dividendos representam a remuneração atribuída aos acionistas em função da sua participação no capital da companhia. Podem ser pagos a partir do lucro líquido do exercício, dos lucros acumulados, das reservas de lucros ou, eventualmente, das reservas de capital (somente em casos especiais para pagamento de dividendos às ações preferenciais com prioridade na distribuição de dividendo cumulativo, no exercício em que o lucro for insuficiente).

8.1. Dividendo obrigatório

Os acionistas têm direito de receber como dividendo obrigatório, em cada exercício, a parcela dos lucros estabelecida no estatuto. O estatuto pode estabelecer o dividendo como uma porcentagem do lucro do exercício, do capital social ou qualquer outro critério, desde que sejam regulados com precisão e minúcia e não sujeitem os acionistas minoritários apenas à vontade da administração ou da maioria.

Caso o estatuto seja omisso quanto à parcela do lucro que será distribuída, os acionistas têm direito a receber, como dividendo mínimo obrigatório, metade do lucro líquido do exercício ajustado da seguinte forma:

- exclusão da parcela destinada à constituição da reserva legal;
- exclusão da parcela destinada à formação da reserva para contingências;

– soma da reversão da reserva de contingências formada em exercícios anteriores.

Opcionalmente, pode ser excluída também a parcela do lucro líquido decorrente de doações ou subvenções governamentais para investimentos destinada para a reserva de incentivos fiscais.

Conforme visto no item 5.6, o dividendo obrigatório pode deixar de ser distribuído ou ser distribuído em montante menor quando o seu valor for superior ao lucro realizado.

A lei societária prevê ainda a possibilidade de não distribuição do dividendo obrigatório, quando incompatível com a situação financeira da companhia (ver item 5.7).

Exemplo: Calcular o dividendo obrigatório da companhia Alpha, cujo estatuto é omisso quanto a essa matéria. Dados: Lucro Líquido do Exercício: R$ 80.000,00; Reserva Legal Constituída no Exercício: R$ 4.000,00; Reserva para Contingências Constituída no Exercício: R$ 28.000,00; Reversão de Reserva para Contingências: R$ 2.000,00.

Cálculo:

Lucro Líquido do Exercício	80.000,00
(-) Reserva Legal no Exercício	(4.000,00)
(-) Reserva para Contingências no Exercício	(28.000,00)
(+) Reversão de Reserva para Contingências	2.000,00
(=) Lucro Líquido Ajustado	50.000,00
	X 50%
Dividendo Mínimo Obrigatório	25.000,00

Se o estatuto for omisso e a companhia alterá-lo para definir o cálculo do dividendo obrigatório, este não poderá ser inferior a 25% do lucro líquido ajustado.

Nas seguintes sociedades, a assembleia geral pode, caso nenhum acionista presente se oponha, deliberar pela distribuição de dividendo inferior ao obrigatório ou a retenção de todo o lucro líquido:

– companhias abertas exclusivamente para a captação de recursos por debêntures não conversíveis em ações (companhias abertas que negociem no mercado apenas debêntures, mas não suas ações);

- companhias fechadas, exceto nas controladas por companhias abertas que não se enquadrem na condição prevista no item anterior.

Os lucros não destinados às reservas de lucro devem ser distribuídos como dividendos.

8.2. Contabilização dos dividendos

A distribuição de dividendos somente é feita a partir do lucro do exercício, dos lucros acumulados, das reservas de lucros ou, em casos especiais, das reservas de capital, mas a contabilização deve ser efetuada a débito de Lucros Acumulados, conforme o exemplo:

D Lucros Acumulados

C Dividendos a Pagar

Essa forma de contabilização dos dividendos, com contrapartida no passivo, é aplicável ao dividendo mínimo obrigatório e ao declarado pela assembleia geral, caso excedente ao mínimo.

Os dividendos excedentes ao mínimo obrigatório propostos pela administração, pendentes de aprovação pela assembleia geral, não atendem aos requisitos de obrigação presente e, por isso, não são registrados no passivo.

Conforme a Interpretação Técnica ICPC 08 (R1) Contabilização da Proposta de Pagamento de Dividendos:

> (...) a parcela do dividendo que se caracterize efetivamente como obrigação presente deve figurar no passivo da entidade. Mas a parcela que exceder a esse mínimo obrigatório deve ser mantida no patrimônio líquido, em conta específica, do tipo "dividendo adicional proposto", até a deliberação definitiva que vier a ser tomada pelos sócios.

9. JUROS SOBRE O CAPITAL PRÓPRIO

As empresas tributadas com base no lucro real podem deduzir da base de cálculo do imposto de renda e da contribuição social sobre o lucro líquido, a título de remuneração do capital próprio, os juros pagos ou creditados a titular, sócios ou acionistas, calculados sobre as contas do patrimônio líquido e limitados à variação pro rata dia da Taxa de Juros de Longo Prazo – TJLP.

Para efeito de cálculo dos juros sobre o capital próprio (JCP), o §8º do art. 9º da Lei nº 9.249/1995, na redação dada pela Lei nº 14.789/2023, estabelece que devem ser consideradas exclusivamente as seguintes contas do patrimônio líquido:

- Capital social integralizado
- Reservas de capital formadas na subscrição de ações com ágio
- Reservas de lucros, exceto a reserva de incentivos fiscais
- Ações em tesouraria
- Lucros ou prejuízos acumulados

Conforme o §8ºA do art. 9º da Lei nº 9.249/1995:

> § 8º-A. Para fins de apuração da base de cálculo dos juros sobre capital próprio:
>
> I - não serão consideradas as variações positivas no patrimônio líquido decorrentes de atos societários entre partes dependentes que não envolvam efetivo ingresso de ativos à pessoa jurídica, com aumento patrimonial em caráter definitivo, independentemente do disposto nas normas contábeis; e
>
> II - deverão ser considerados, salvo os casos em que for aplicado o disposto no inciso I deste parágrafo:
>
> a) eventuais lançamentos contábeis redutores efetuados em rubricas de patrimônio líquido que não estiverem previstas no § 8º deste artigo, quando decorrerem dos mesmos fatos que deram origem a lançamentos contábeis positivos efetuados em rubricas previstas no referido parágrafo; e
>
> b) valores negativos registrados em conta de ajuste de avaliação patrimonial decorrentes de atos societários entre partes dependentes.

Exemplo:

Capital Social Integralizado	R$ 5.000,00
Reservas de Capital na subscrição de ações	R$ 1.000,00

Reservas de Lucros (apenas reservas legal e estatutária)	R$ 2.000,00
Ajustes de Avaliação Patrimonial	R$ 500,00
Total do Patrimônio Líquido:	R$ 8.500,00
TJLP	4,5%

Juros sobre o capital próprio = 4,5% X (5.000 + 1.000 + 2.000) = R$ 360,00

O efetivo pagamento ou crédito dos juros fica limitado ao maior dos seguintes valores:

I – 50% do lucro líquido do exercício, computados antes da dedução dos juros;

II – 50% da soma dos lucros acumulados e das reservas de lucros.

O valor dos juros pagos ou creditados, a título de remuneração do capital próprio, pode ser imputado ao valor do dividendo mínimo obrigatório.

Os juros sobre o capital próprio podem ser registrados como despesa na escrituração contábil ou ser excluídos na escrita fiscal.

Tópico-síntese: Patrimônio Líquido	
Subdivisões do Patrimônio Líquido	Capital Social; Reservas de Capital; Ajustes de Avaliação Patrimonial; Reservas de Lucros; Ações em Tesouraria; e Prejuízos Acumulados
Capital Social	Investimento dos sócios/acionistas na empresa, através de valores entregues ou decorrentes de lucros anteriores retidos e formalmente incorporados.
Capital Subscrito	Valores que os sócios/acionistas se comprometeram a entregar para a formação do capital da empresa. Também denominado capital nominal, capital registrado ou capital declarado.

Tópico-síntese: Patrimônio Líquido	
Capital Integralizado ou Realizado	Valor do capital da empresa efetivamente entregue pelos sócios/acionistas.
Capital a Realizar ou a Integralizar	Valor ainda não entregue pelos sócios/acionistas à empresa, dentre o registrado no Capital Subscrito. Representa a diferença entre o Capital Subscrito e o Realizado.
Capital Autorizado	Valor autorizado no estatuto da sociedade anônima para o qual o capital social pode ser aumentado independentemente de reforma estatutária. Não é registrado na contabilidade.
Reservas de Capital	Valores recebidos pela empresa e que aumentam o seu patrimônio líquido, mas não transitam pelo resultado do exercício como receitas. A Lei nº 6.404/76 estabelece as seguintes reservas de capital: I – contribuição do subscritor de ações que ultrapassar o valor nominal e a parte do preço de emissão das ações sem valor nominal que ultrapassar a importância destinada à formação do capital social, inclusive nos casos de conversão em ações de debêntures ou partes beneficiárias (ágio na emissão de ações); II – o produto da alienação de partes beneficiárias e bônus de subscrição.
Utilização Permitida das Reservas de Capital	I – absorção de prejuízos que ultrapassarem os lucros acumulados e as reservas de lucros; II – resgate, reembolso ou compra de ações; III – resgate de partes beneficiárias; IV – incorporação ao capital social; V – pagamento de dividendo cumulativo a ações preferenciais, quando essa vantagem lhes for assegurada.

Tópico-síntese: Patrimônio Líquido	
Reservas de Lucros	Reservas constituídas a partir da apropriação do lucro da companhia. A Lei nº 6.404/76 prevê as seguintes reservas de lucros: reserva legal; reservas estatutárias; reservas para contingências; reservas de incentivos fiscais; reserva de retenção de lucros; reserva de lucros a realizar; reserva especial para dividendo obrigatório não distribuído.
Limite do Saldo das Reservas de Lucros	A soma do saldo das seguintes reservas não pode ultrapassar o valor do capital social: reserva legal; reservas estatutárias; reserva de retenção de lucros; reserva especial para dividendo obrigatório não distribuído. Atingindo o limite, a assembleia geral deve decidir sobre aplicação do excedente na integralização ou no aumento do capital social ou na distribuição de dividendos.
Ações em Tesouraria	Ações da própria companhia que foram adquiridas por ela mesma. Possuem saldo devedor (retificadora do patrimônio líquido).
Prejuízos Acumulados	As contas de lucros acumulados ou de prejuízos acumulados representam o saldo remanescente dos lucros ou prejuízos, após as destinações para reservas de lucros e dividendos distribuídos. Como o lucro líquido do exercício que não for retido em reserva de lucros deve ser distribuído aos acionistas, atualmente só poderá aparecer no balanço a conta Prejuízos Acumulados (caso existente).
Dividendos	Remuneração atribuída aos acionistas em função da sua participação no capital da companhia. Podem ser pagos a partir: do lucro do exercício; dos lucros acumulados; das reservas de lucros; ou das reservas de capital (em casos especiais para pagamento de dividendos às ações preferenciais).

Tópico-síntese: Patrimônio Líquido	
Dividendo Mínimo Obrigatório	Acionistas têm direito de receber como dividendo obrigatório, em cada exercício, a parcela dos lucros estabelecida no estatuto. Caso o estatuto seja omisso, o dividendo mínimo obrigatório corresponde a 50% do lucro do exercício ajustado da seguinte forma: Lucro líquido do exercício (-) exclusão da parcela destinada à reserva legal; (-) exclusão da destinação à reserva para contingências (+) reversão da reserva de contingências (-) parcela destinada para a reserva de incentivos fiscais (opcional) Caso o estatuto seja omisso e a companhia alterá-lo para definir o cálculo do dividendo obrigatório, este não poderá ser inferior a 25% do lucro líquido ajustado.
Juros sobre o Capital Próprio	Juros pagos ou creditados a sócios ou acionistas, calculados sobre as contas do patrimônio líquido e limitados à variação, pro rata dia, Taxa de Juros de Longo Prazo – TJLP. Limite é o maior dos seguintes valores: I – 50% do lucro líquido do exercício, computados antes da dedução dos JCP; II – 50% da soma dos lucros acumulados e das reservas de lucros.

Capítulo

21

DEMONSTRAÇÃO DO RESULTADO DO EXERCÍCIO E DEMONSTRAÇÃO DO RESULTADO ABRANGENTE

Leia a lei:

- *Arts. 187 e 189 a 192 da Lei nº 6.404/76 (Lei das S/A)*

1. INTRODUÇÃO

O Pronunciamento Técnico CPC 26 (R1) – Apresentação das Demonstrações Contábeis estabelece que todas as variações quantitativas do patrimônio líquido que não sejam transações entre a empresa e seus sócios ou acionistas na condição de proprietários devem ser reconhecidas na Demonstração do Resultado do Exercício e na Demonstração do Resultado Abrangente.

A Demonstração do Resultado do Exercício – DRE apresenta as receitas e despesas realizadas no exercício e destaca, ao final, o resultado líquido do período.

Os outros resultados abrangentes incluem as mutações do patrimônio líquido que não são reconhecidos como receitas e despesas na DRE (exceto as transações com sócios ou acionistas na qualidade de proprietários). São exemplos de outros resultados abrangentes: as variações de reserva de reavaliação, os ajustes acumulados de conversão e os ganhos e perdas classificados em ajustes de avaliação patrimonial na mensuração a valor justo de instrumentos financeiros.

Quando era permitida no Brasil, a reavaliação era contabilizada a débito do ativo imobilizado e a crédito de reserva de reavaliação no patrimônio líquido.

A Demonstração do Resultado Abrangente – DRA inicia com o resultado líquido apurado na DRE e inclui os outros resultados abrangentes.

Portanto o resultado abrangente é composto pela mutação do patrimônio líquido no período resultante de transações e outros eventos que não sejam derivados de transações com os sócios ou acionistas na sua qualidade de proprietários (integralização de capital social, distribuição de dividendos, aquisição de ações dos sócios, entre outras operações).

2. APRESENTAÇÃO DA DEMONSTRAÇÃO DO RESULTADO DO EXERCÍCIO CONFORME A LEI Nº 6.404/76

O art. 187 da Lei nº 6.404/76 estabelece a seguinte estrutura para apresentação da DRE:

RECEITA BRUTA DE VENDAS E SERVIÇOS

(-) DEDUÇÕES DA RECEITA BRUTA

– Devoluções de Vendas

– Abatimentos

– Descontos Incondicionais Concedidos

– Tributos Incidentes sobre Vendas e Serviços

(=) RECEITA LÍQUIDA DAS VENDAS E SERVIÇOS

(-) CUSTO DAS MERCADORIAS E DOS SERVIÇOS VENDIDOS

(=)LUCRO/PREJUÍZO BRUTO

(-) DESPESAS OPERACIONAIS

– Com Vendas

– Financeiras, deduzidas das Receitas Financeiras

- Gerais e Administrativas

- Outras

(+) OUTRAS RECEITAS OPERACIONAIS

(=) LUCRO OU PREJUÍZO OPERACIONAL

(+) OUTRAS RECEITAS

(-) OUTRAS DESPESAS

(=) RESULTADO ANTES DO IMPOSTO DE RENDA

(-) PROVISÃO PARA O IMPOSTO DE RENDA E CSLL

(-) PARTICIPAÇÕES

- Debêntures
- Empregados
- Administradores
- Partes Beneficiárias
- Instituições/Fundos de Assistência/Previdência de Empregados

LUCRO/PREJUÍZO LÍQUIDO DO EXERCÍCIO

LUCRO/PREJUÍZO LÍQUIDO DO EXERCÍCIO POR AÇÃO

2.1. Receita bruta de vendas e de serviços

A receita de venda de mercadorias considera-se realizada quando ocorre a efetiva entrega ao cliente. Nesse momento incide o custo das mercadorias vendidas como despesa incorrida.

A receita de serviços é realizada quando ocorre a efetiva prestação dos serviços. Nesse momento incorre o custo dos serviços prestados.

2.2. Deduções da receita bruta

Devoluções de vendas, abatimentos, descontos incondicionais concedidos e tributos incidentes sobre vendas.

2.2.1. IPI

A base de cálculo do IPI é a receita bruta.

O valor do IPI não integra a receita bruta. Sendo assim, o IPI não deduz a receita bruta, pois não é contabilizado como despesa. Apenas a obrigação correspondente ao IPI a Recolher será registrada no passivo. Portanto **o IPI não irá constar na DRE**.

Conforme visto, o IPI é calculado por fora do preço. O seu valor é somado à venda bruta para determinar o total pago pelo comprador.

2.2.2. ICMS

A condição do adquirente e a destinação da mercadoria vendida são relevantes para a determinação da base de cálculo do ICMS, mas não influenciarão a forma de contabilização da venda. A apuração da base de cálculo é idêntica para o comprador e o vendedor (ver Capítulo 10, item 2.3.1.2.).

O ICMS é uma das deduções da receita bruta de vendas, logo irá aparecer na DRE.

2.2.3. PIS/PASEP e COFINS

O PIS/PASEP e a COFINS, com incidência não cumulativa, incidem sobre o total das receitas auferidas no mês pela pessoa jurídica, independentemente de sua denominação ou classificação contábil.

Para efeitos da incidência dessas contribuições, no regime não cumulativo, o total das receitas inclui a receita bruta definida no art. 12 do Decreto-Lei nº 1.598/77, e todas as demais receitas auferidas pela pessoa jurídica com os respectivos valores decorrentes do ajuste a valor presente de elementos do ativo.

Conforme o art. 12 do Decreto-Lei nº 1.598/77:

> Art. 12 – A receita bruta compreende:
>
> I – o produto da venda de bens nas operações de conta própria;
>
> II – o preço da prestação de serviços em geral;
>
> III – o resultado auferido nas operações de conta alheia; e
>
> IV – as receitas da atividade ou objeto principal da pessoa jurídica não compreendidas nos incisos I a III.
>
> § 1º A receita líquida será a receita bruta diminuída de:
>
> I - devoluções e vendas canceladas;
>
> II - descontos concedidos incondicionalmente;
>
> III - tributos sobre ela incidentes; e
>
> IV - valores decorrentes do ajuste a valor presente, de que trata o inciso VIII do *caput* do art. 183 da Lei no 6.404, de 15 de dezembro de 1976, das operações vinculadas à receita bruta.

> (...)
>
> § 4º Na receita bruta não se incluem os tributos não cumulativos cobrados, destacadamente, do comprador ou contratante pelo vendedor dos bens ou pelo prestador dos serviços na condição de mero depositário.
>
> § 5º Na receita bruta incluem-se os tributos sobre ela incidentes e os valores decorrentes do ajuste a valor presente, de que trata o inciso VIII do *caput* do art. 183 da Lei nº 6.404, de 15 de dezembro de 1976, das operações previstas no *caput*, observado o disposto no § 4º.

Na contabilização das vendas, o IPI não faz parte da base de cálculo do PIS/Pasep e da Cofins.

As contribuições para o PIS/PASEP e a COFINS, no regime cumulativo, são calculadas com base no faturamento da pessoa jurídica, o qual compreende a receita bruta definida no art. 12 do Decreto-Lei nº 1.598/77.

Essas contribuições, independentemente do regime de apuração, incidem sobre vendas de mercadorias, produtos ou serviços e fazem parte das deduções da receita bruta.

O valor do ICMS que tenha incidido na receita de vendas (destacado no documento fiscal) não integra a base do cálculo do PIS e da COFINS.

A incidência cumulativa ou não cumulativa dessas contribuições não influencia a contabilização da venda.

2.2.4. Exemplo de venda de mercadorias com tributos

Exemplo: A empresa Industrial Insumos LTDA vendeu, a prazo, 1.000 rolamentos ao preço unitário de R$ 5,00, para industrialização. Na operação incidiu o IPI à alíquota de 10%. O ICMS incidiu com alíquota de 12%. Considere o regime não cumulativo e alíquotas: 1,65% PIS e 7,6% COFINS. O Custo dos Produtos Vendidos foi de R$ 3.000,00.

NOTA FISCAL DE VENDA			
CONTRIBUINTE: INDUSTRIAL INSUMOS LTDA			
Quantidade	Produto	Preço Unitário	Preço Total
1.000	ROLAMENTOS	R$ 5,00	R$ 5.000,00
Alíquota IPI 10%	Base de Cálculo R$ 5.000,00	VALOR DO IPI R$ 500,00	
TOTAL DA NOTA FISCAL			R$ 5.500,00
Alíquota ICMS 12%	Base de Cálculo R$ 5.000,00	VALOR DO ICMS R$ 600,00	

Valor da Venda	R$ 5.000,00
IPI(10%) – BC 5000,00	R$ 500,00
Total da Nota	R$ 5.500,00
ICMS (12%) – incluso – BC 5000,00	R$ 600,00
PIS/PASEP (1,65%) – incluso – BC 4.400,00	R$ 72,60
COFINS (7,6%) – inclusa – BC 4.400,00	R$ 334,40

Lançamentos na empresa vendedora:

RECEITA BRUTA	
	5.000,00

CLIENTES	
5.500,00	

IPI A RECOLHER	
	500,00

ICMS	
600,00	

ICMS A RECOLHER	
	600,00

PIS/PASEP	
72,60	

PIS/PASEP a Recolher	
	72,60

COFINS	
334,40	

COFINS a Recolher	
	334,40

ESTOQUES	
XXX	3.000,00

CPV	
3.000,00	

DEMONSTRAÇÃO DO RESULTADO DO EXERCÍCIO

RECEITA BRUTA DE VENDAS	R$ 5.000,00
(-) ICMS	(R$ 600,00)
(-) PIS/Pasep	(R$ 72,60)
(-) Cofins	(R$ 334,40)
RECEITA LÍQUIDA DE VENDAS	R$ 3.993,00
(-) CPV	(R$ 3.000,00)
LUCRO OPERACIONAL BRUTO	R$ 993,00

O valor total a ser pago pela venda será de R$ 5.500,00, embora o valor contabilizado como Receita Bruta seja de R$ 5.000,00. A diferença de R$ 500,00 corresponde ao IPI. Ou seja, a Receita Bruta é líquida do valor do IPI.

Já o ICMS, o PIS/PASEP e a COFINS são deduzidos da Receita Bruta. Por isso são denominados tributos por dentro (estão contidos dentro do valor da Receita Bruta).

2.2.5. Resumo dos tributos incidentes sobre vendas

TRIBUTO	INCLUSÃO NO PREÇO	BASE DE CÁLCULO
IPI	Não (Por fora)	Receita Bruta
ICMS	Sim (por dentro)	Compra para revenda ou industrialização: Receita Bruta
		Demais casos: Receita Bruta + IPI
PIS/PASEP COFINS	Sim (por dentro)	Receita Bruta - ICMS

2.2.6. Devolução de vendas

Quando ocorre a devolução de vendas pelo adquirente, o valor correspondente deve ser contabilizado como dedução da receita bruta no vendedor. Haverá estorno nas contas envolvidas na contabilização das vendas, exceto a receita bruta (a devolução de vendas é registrada em conta própria).

Supondo-se a devolução de 10% das vendas do exemplo anterior, os lançamentos na empresa vendedora seriam:

DEVOLUÇÃO DE VENDAS	
500,00	

CLIENTES	
	550,00

IPI A RECOLHER	
50,00	

ICMS	
	60,00

ICMS A RECOLHER	
60,00	

PIS/PASEP	
	7,26

PIS/PASEP A RECOLHER	
7,26	

COFINS	
	33,44

COFINS A RECOLHER	
33,44	

ESTOQUES	
300,00	

CPV	
	300,00

A Demonstração do Resultado do Exercício, ao final será:

RECEITA BRUTA DE VENDAS	R$ 5.000,00
(-) Devolução de Vendas	(R$ 500,00)
(-) ICMS	(R$ 540,00)
(-) PIS/Pasep	(R$ 65,34)
(-) Cofins	(R$ 300,96)
RECEITA LÍQUIDA DE VENDAS	R$ 3.593,70
(-) CPV	(R$ 2.700,00)
LUCRO OPERACIONAL BRUTO	R$ 893,70

2.2.7. Descontos incondicionais (comerciais) concedidos

Os descontos comerciais, também conhecidos como comerciais, são concedidos no momento da venda. Devem constar na nota fiscal de venda. São deduzidos da Receita Bruta.

Exemplo: A empresa Comercial LTDA vendeu R$ 5.000,00 em mercadorias, a prazo. Foi concedido um desconto de 10% no ato da venda. O ICMS incidiu com alíquota de 12%. Incidiram as contribuições de

PIS/PASEP a 1,65% e COFINS a 7,6%. O Custo dos Produtos Vendidos foi de R$ 3.000,00.

Lançamentos:

Receita Bruta	
	5.000,00

Clientes	
4.500,00	

Descontos Comerciais	
500,00	

ICMS	
540,00	

ICMS a Recolher	
	540,00

PIS/PASEP	
65,34	

PIS/PASEP a Recolher	
	65,34

COFINS	
300,96	

COFINS a Recolher	
	300,96

Estoques	
XXX	3.000,00

CPV	
3.000,00	

DEMONSTRAÇÃO DO RESULTADO DO EXERCÍCIO

RECEITA BRUTA DE VENDAS	R$ 5.000,00
(-) Descontos Comerciais	(R$ 500,00)
(-) ICMS	(R$ 540,00)
(-) PIS/Pasep	(R$ 65,34)
(-) Cofins	(R$ 300,96)
RECEITA LÍQUIDA DE VENDAS	R$ 3.593,70
(-) CPV	(R$ 3.000,00)
LUCRO OPERACIONAL BRUTO	R$ 593,70

2.2.8. Abatimentos sobre vendas

Os abatimentos sobre vendas são reduções de preço que o vendedor concede ao adquirente para evitar a devolução de uma venda. Após o recebimento da mercadoria, o comprador pode constatar algum defeito ou outras inconformidades. São contabilizados como dedução da Receita Bruta.

Supondo a concessão de um abatimento de R$ 400,00 sobre as vendas do exemplo anterior, devido a pequenos defeitos constatados após a entrega das mercadorias, o lançamento seria o seguinte:

D	Abatimentos	R$ 400,00	
C	Clientes		R$ 400,00

A Demonstração do Resultado do Exercício, ao final será:

RECEITA BRUTA DE VENDAS	R$ 5.000,00
(-) Descontos Comerciais	(R$ 500,00)
(-) Abatimentos	(R$ 400,00)
(-) ICMS	(R$ 540,00)
(-) PIS/Pasep	(R$ 65,34)
(-) Cofins	(R$ 300,96)
RECEITA LÍQUIDA DE VENDAS	R$ 3.193,70
(-) CPV	(R$ 3.000,00)
LUCRO OPERACIONAL BRUTO	R$ 193,70

2.3. Despesas operacionais

As despesas operacionais englobam aquelas incorridas para vender produtos, mercadorias ou serviços, bem como para administrar a empresa e, ainda, as despesas líquidas de financiamento e de atividades acessórias.

A Lei nº 6.404/76 divide as despesas operacionais em: despesas com vendas; despesas financeiras, deduzidas das receitas financeiras; despesas gerais e administrativas; outras despesas operacionais.

2.3.1. Despesas com vendas

Representam os gastos associados às vendas, tais como promoção, colocação, entrega, garantia de produtos. Entre outros itens, incluem: salários e comissões dos vendedores, com encargos; gastos com propaganda e publicidade; gastos com garantia de produtos vendidos; ajuste para perdas com créditos de liquidação duvidosa.

2.3.2. Despesas financeiras, deduzidas das receitas financeiras

Incluem juros e descontos decorrentes de vendas ou oriundos de aplicações financeiras em títulos ou investimentos temporários.

As despesas financeiras aparecem deduzidas das receitas financeiras. Exemplos: juros incorridos nos empréstimos e financiamentos obtidos; juros incorridos em desconto de títulos, juros de mora pagos por atraso de pagamentos; descontos condicionais concedidos no recebimento de vendas.

São exemplos de receitas financeiras: juros ganhos na concessão de empréstimos e financiamentos; descontos condicionais obtidos nos pagamentos; juros de mora cobrados nos recebimentos em atraso; rendimentos de investimentos temporários.

Caso as receitas financeiras superem o valor das despesas financeiras, o valor excedente deverá deduzir as despesas operacionais.

2.3.3. Despesas gerais e administrativas

As despesas administrativas representam os gastos relacionados à gestão da empresa, tais como: remuneração dos administradores, salários e encargos do pessoal administrativo, material de escritório, entre outros.

As despesas gerais estão relacionadas a mais de um departamento, como seguros, energia elétrica, higiene e limpeza, entre outras.

2.3.4. Outras despesas operacionais

São classificadas como outras despesas operacionais, aquelas que não se enquadram nos subgrupos anteriores, como por exemplo, resultado negativo da equivalência patrimonial.

2.3.5. Outras receitas operacionais

São classificadas como outras receitas operacionais, entre outras: resultado positivo da equivalência patrimonial, receita de dividendos de investimentos avaliados pelo custo de aquisição, aluguéis ativos.

2.4. Outras receitas e outras despesas

Anteriormente a Lei nº 6.404/76 distinguia as receitas e as despesas como operacionais ou não operacionais, sem definir, no entanto, o critério de classificação das últimas. Na DRE, os resultados não operacionais eram seguidos imediatamente pelo resultado antes do Imposto de Renda.

Conforme a legislação do Imposto de Renda, eram classificados como não operacionais: os resultados na alienação, na desapropriação, na baixa por perecimento, extinção, desgaste, obsolescência ou exaustão, ou na liquidação de bens do ativo permanente.

A partir da entrada em vigor da MP nº 449/2008 foi eliminada a segregação das receitas e despesas como operacionais e não operacionais. As receitas e despesas anteriormente classificadas como não operacionais passaram a ser denominadas Outras Receitas e Outras Despesas.

Resumidamente, são consideradas outras receitas e outras despesas, os lucros ou prejuízos na venda ou baixa de bens do Ativo Não Circulante, subgrupos Investimentos, Imobilizado ou Intangível.

Exemplo: A empresa vendeu, por R$ 12.000,00, à vista, um veículo do seu imobilizado. O veículo estava registrado na contabilidade por R$ 40.000,00 e depreciado em R$ 32.000,00.

Veículos	R$ 40.000,00
(-) depreciação acumulada	(R$ 32.000,00)
(=) valor contábil	R$ 8.000,00

Lançamentos:

D	Caixa	12.000,00	
D	Depreciação Acumulada	32.000,00	
D	Custo Veículo Vendido	8.000,00	
C	Veículos		40.000,00
C	Outras Receitas		12.000,00

Resultado da alienação:

Outras Receitas	R$ 12.000,00

(-) Outras Despesas	(R$ 8.000,00)
Lucro	R$ 4.000,00

2.5. Imposto de renda - IR e Contribuição Social sobre o Lucro Líquido - CSLL

Logo após as outras receitas e as outras despesas, tem-se o resultado antes do IR e CSLL.

A base de cálculo do IR é o lucro real, presumido ou arbitrado, correspondente ao período de apuração.

Determinadas pessoas jurídicas são obrigadas à apuração pelo lucro real, tendo em vista a atividade, a receita total auferida no ano anterior ou outras condições previstas na legislação.

As pessoas jurídicas que não estejam obrigadas à apuração pelo lucro real podem optar pela tributação com base no lucro presumido.

Algumas situações ensejam o arbitramento do lucro tributável pelo fisco. Seria o caso da escrituração imprestável para identificar a movimentação bancária ou determinar o lucro real. Outra situação que provoca a utilização do lucro arbitrado é quando o contribuinte opta indevidamente pelo lucro presumido.

A CSLL pode incidir sobre o lucro real, presumido ou arbitrado, conforme o regime de tributação de IR ao qual a empresa esteja sujeita.

2.6. Participações

O artigo 190 da Lei nº 6.404/76 estabelece que as participações de terceiros sobre o lucro, previstas no estatuto, destinadas a empregados, administradores e partes beneficiárias serão calculadas, sucessivamente e nessa ordem, com base nos lucros que remanescerem depois de deduzida a participação anteriormente calculada.

Embora o artigo citado tenha omitido a participação dos debenturistas, ao se observar o artigo 187 da Lei Societária, conclui-se que essa participação é incluída antes daquela destinada aos empregados.

2.6.1. Cálculo das participações

Conforme a Lei nº 6.404/76, devem ser deduzidos do resultado do exercício, antes de qualquer participação, os prejuízos acumulados e a provisão para o Imposto de Renda.

Atenção

Quando houver Prejuízos Acumulados estes devem ser deduzidos da base cálculo das participações, mas NÃO IRÃO APARECER na Demonstração do Resultado do Exercício.

Dessa forma, para o cálculo das participações, parte-se do Lucro antes do Imposto de Renda, do qual são deduzidos a provisão para o IR e, se houver, os prejuízos acumulados. Desse valor, aplica-se o percentual da participação dos debenturistas; do saldo, após a retirada da participação dos debenturistas, calcula-se o percentual da participação dos empregados; do saldo remanescente aplica-se o percentual da participação dos administradores; e assim sucessivamente até a última participação prevista no estatuto.

Exemplo: Calcular as participações no lucro da companhia, conforme os dados a seguir.

Lucro antes do Imposto de Renda	R$ 60.000,00
Provisão para o Imposto de Renda	R$ 7.000,00
Prejuízos Acumulados	R$ 3.000,00
Participação dos debenturistas	10%
Participação dos empregados	10%
Participação dos administradores	5%
Participação das partes beneficiárias	3%

Cálculo da participação dos debenturistas:

– Lucro antes do Imposto de Renda	R$ 60.000,00
– Provisão para o Imposto de Renda	(R$ 7.000,00)
– Prejuízos Acumulados	(R$ 3.000,00)
Base de Cálculo	R$ 50.000,00

Percentual de Participação	10%
Participação debenturistas	R$ 5.000,00

Cálculo da participação dos empregados:

Base de Cálculo Anterior	R$ 50.000,00
(-) Participação Anterior	(R$ 5.000,00)
Base de Cálculo	R$ 45.000,00
Percentual de Participação	10%
Participação dos Empregados	R$ 4.500,00

Cálculo da participação dos administradores:

Base de Cálculo Anterior	R$ 45.000,00
– Participação Anterior	(R$ 4.500,00)
Base de Cálculo	R$ 40.500,00
Percentual de Participação	5%
Participação Administradores	R$ 2.025,00

Cálculo da participação das partes beneficiárias

Base de Cálculo Anterior	R$ 40.500,00
– Participação Anterior	(R$ 2.025,00)
Base de Cálculo	R$ 38.475,00
Percentual de Participação	3%
Participação Partes Beneficiárias	R$ 1.154,25

Após o cálculo das participações, pode-se apurar o lucro líquido exercício na DRE:

...

RESULTADO ANTES DO IMPOSTO DE RENDA	R$ 60.000,00
(-) PROVISÃO PARA O IMPOSTO DE RENDA	(R$ 7.000,00)

(-) PARTICIPAÇÕES	
– Debêntures	(R$ 5.000,00)
– Empregados	(R$ 4.500,00)
– Administradores	(R$ 2.025,00)
– Partes Beneficiárias	(R$ 1.154,25)
LUCRO LÍQUIDO DO EXERCÍCIO	R$ 40.320,75
LUCRO LÍQUIDO POR AÇÃO (200.000 AÇÕES)	R$ 0,2016

3. DEMONSTRAÇÃO DO RESULTADO CONFORME CPC 26 (R1)

O Pronunciamento Técnico CPC 26 (R1) – Apresentação das Demonstrações Contábeis estabelece uma estrutura mínima a ser apresentada na Demonstração do Resultado, obedecidas também as determinações legais:

(a) receitas, apresentando separadamente:

(i) receita de juros calculada utilizando o método de juros efetivos; e

(ii) receita de seguro;

(aa) ganhos e perdas decorrentes do desreconhecimento de ativos financeiros mensurados pelo custo amortizado;

(ab) despesas de serviço de seguro de contratos emitidos dentro do alcance da IFRS 17;

(ac) receitas ou despesas de contratos de resseguro mantidos;

(b) custos de financiamento;

(ba) perda por redução ao valor recuperável (incluindo reversões de perdas por redução ao valor recuperável ou ganhos na redução ao valor recuperável), determinado de acordo com a Seção 5.5 do CPC 48;

(bb) receitas ou despesas financeiras de seguro de contratos emitidos dentro do alcance do CPC 50;

(bc) receitas ou despesas financeiras de contratos de resseguro retidos;

(c) parcela dos resultados de empresas investidas, reconhecida por meio do método da equivalência patrimonial;

(ca) se o ativo financeiro for reclassificado da categoria de mensuração ao custo amortizado de modo que seja mensurado ao valor justo por meio do resultado, qualquer ganho ou perda decorrente da diferença entre o custo amortizado anterior do ativo financeiro e seu valor justo na data da reclassificação (conforme definido no CPC 48);

(cb) se o ativo financeiro for reclassificado da categoria de mensuração ao valor justo por meio de outros resultados abrangentes de modo que seja mensurado ao valor justo por meio do resultado, qualquer ganho ou perda acumulado reconhecido anteriormente em outros resultados abrangentes que sejam reclassificados para o resultado;

(d) tributos sobre o lucro;

(e) um único valor para o total de operações descontinuadas;

(f) em atendimento à legislação societária brasileira vigente na data da emissão do Pronunciamento, a demonstração do resultado deve incluir ainda as seguintes rubricas:

(i) custo dos produtos, das mercadorias e dos serviços vendidos;

(ii) lucro bruto;

(iii) despesas com vendas, gerais, administrativas e outras despesas e receitas operacionais;

(iv) resultado antes das receitas e despesas financeiras;

(v) resultado antes dos tributos sobre o lucro;

(vi) resultado líquido do período.

A estrutura definida pelo CPC 26 (R1) não conflita com a lei societária, mas traz inúmeras diferenças, a exemplo da evidenciação, de forma destacada, do resultado proveniente da aplicação do método da equivalência patrimonial e do resultado financeiro, além da separação entre os resultados obtidos das operações continuadas e das operações descontinuadas.

Ainda, de acordo com o referido Pronunciamento, devem ser divulgados os resultados líquidos atribuíveis à participação de sócios não controladores e aos proprietários da entidade controladora.

O CPC 26 (R1) estabelece a subclassificação das despesas de forma a permitir a análise de seus componentes. As formas de análise previstas são: o método da natureza da despesa e o método da função da despesa.

O método da natureza da despesa utiliza como elemento agregador a natureza das despesas, como depreciações, consumos de matérias-primas, salários. Esse método é mais simples de ser aplicado, pois as despesas do período são listadas, sem haver alocações de gastos a partir da função dentro da entidade. Um exemplo de classificação conforme a natureza da despesa é apresentado a seguir:

Receitas

Outras Receitas

Variação do estoque de produtos acabados e em elaboração

Consumo de matérias-primas e materiais

Despesa com benefícios a empregados

Depreciações e amortizações

Outras despesas

Total da despesa

Resultado antes dos tributos

O método da função das despesas ou do custo dos produtos e serviços vendidos classifica as despesas conforme sua função, por exemplo, despesas com vendas, despesas administrativas etc.

A estrutura de apresentação da DRE exigida pela lei societária, vista neste capítulo, utiliza o método da função da despesa. Portanto, no Brasil, esse é o método adotado por exigência legal.

O CPC 26 (R1) determina que o uso da classificação por função das despesas obriga a entidade a divulgar informação adicional sobre a natureza das despesas, incluindo as despesas de depreciação e de amortização e as despesas com benefícios aos empregados.

4. DEMONSTRAÇÃO DO RESULTADO ABRANGENTE DO EXERCÍCIO – DRA

O CPC 26 (R1) estabeleceu a obrigatoriedade de apresentação da DRA como um relatório à parte, iniciando com o resultado líquido e incluindo os outros resultados abrangentes. Embora o CPC 26 (R1) incentive a inclusão da DRA na Demonstração das Mutações do Patrimônio Líquido – DMPL, essa situação não elimina a obrigatoriedade de sua apresentação separadamente.

Outros resultados abrangentes devem apresentar rubricas para valores de:

(a) outros resultados abrangentes (excluindo valores previstos no item b), classificados por natureza e agrupados naquelas que, de acordo com outros pronunciamentos:

(i) não serão reclassificados subsequentemente para o resultado do período; e

(ii) serão reclassificados subsequentemente para o resultado do período, quando condições específicas forem atendidas;

(b) participação em outros resultados abrangentes de coligadas e empreendimentos controlados em conjunto contabilizados pelo método da equivalência patrimonial, separadas pela participação nas contas que, de acordo com outros pronunciamentos:

(i) não serão reclassificadas subsequentemente para o resultado do período; e

(ii) serão reclassificadas subsequentemente para o resultado do período, quando condições específicas forem atendidas.

Outrossim, devem ser divulgados os resultados abrangentes totais atribuíveis à participação de sócios não controladores e aos proprietários da entidade controladora.

Determinados itens provocam a necessidade de ajustes de reclassificação, os quais devem ser divulgados pela entidade na DRA ou nas notas explicativas. Essa situação ocorre quando um item anteriormente classificado como outro resultado abrangente é incluído em resultado de período posterior. Por exemplo, um ganho de um ativo financeiro mensurado ao valor justo por meio de outros resultados abrangentes é reconhecido inicialmente em ajustes de avaliação patrimonial diretamente no patrimônio líquido, sendo, portanto, classificado como outros resultados abrangentes. Se ocorrer a alienação desse ativo em exercício posterior, o ganho não realizado é transferido para o resultado. Esse ganho não realizado deve ser deduzido do resultado líquido desse período posterior, evitando o seu reconhecimento em duplicidade.

Caso a entidade opte pela apresentação dos ajustes de reclassificação nas notas explicativas, deve apresentar os componentes dos outros resultados abrangentes após os respectivos ajustes de reclassificação.

<table>
<tr><th colspan="2">Tópico-síntese: Demonstração do Resultado do Exercício e Demonstração do Resultado Abrangente</th></tr>
<tr><td>Apresentação da DRE Conforme a Lei nº 6.404/76</td><td>RECEITA BRUTA DE VENDAS E SERVIÇOS
(-) DEDUÇÕES DA RECEITA BRUTA
– Devoluções de Vendas
– Abatimentos
– Descontos Incondicionais Concedidos
– Tributos Incidentes sobre Vendas e Serviços
(=) RECEITA LÍQUIDA DAS VENDAS E SERVIÇOS
(-) CUSTO DAS MERCADORIAS E DOS SERVIÇOS VENDIDOS
(=) LUCRO/PREJUÍZO BRUTO
(-) DESPESAS OPERACIONAIS
– Com Vendas
– Financeiras, Deduzidas das Receitas Financeiras
– Gerais e Administrativas
– Outras
(+) OUTRAS RECEITAS OPERACIONAIS
(=) LUCRO OU PREJUÍZO OPERACIONAL
(+) OUTRAS RECEITAS
(-) OUTRAS DESPESAS
(=) RESULTADO ANTES DO IMPOSTO DE RENDA
(-) PROVISÃO PARA O IMPOSTO DE RENDA E CSLL
(-) PARTICIPAÇÕES
– Debêntures
– Empregados
– Administradores
– Partes Beneficiárias
– Instituições/Fundos de Assistência/Previdência de Empregados
(=) LUCRO/PREJUÍZO LÍQUIDO DO EXERCÍCIO
LUCRO/PREJUÍZO LÍQUIDO DO EXERCÍCIO POR AÇÃO</td></tr>
</table>

Tópico-síntese: Demonstração do Resultado do Exercício e Demonstração do Resultado Abrangente	
Métodos de Apresentação da DRE **Natureza da Despesa** **X** **Função da Despesa**	Natureza da Despesa: agregação por natureza, como por exemplo, depreciações, compras de materiais, despesas com transportes, despesas com benefícios a empregados, entre outras. EXEMPLO: Receitas Outras Receitas Variação do estoque de produtos acabados e em elaboração Consumo de matérias-primas e materiais Despesa com benefícios a empregados Depreciações e amortizações Outras despesas Total da despesa Resultado antes dos tributos Função da Despesa: despesas são classificadas de acordo com a sua função como parte do custo dos produtos/serviços vendidos ou, por exemplo, das despesas administrativas. EXEMPLO: Receitas Custo dos produtos e serviços vendidos Lucro bruto Outras receitas Despesas de vendas Despesas administrativas Outras despesas Resultado antes dos tributos
Resultado Abrangente	Mutação do patrimônio líquido no período resultante de transações e outros eventos que não sejam derivados de transações com os sócios ou acionistas na sua qualidade de proprietários (integralização de capital social, distribuição de dividendos, aquisição de ações dos sócios, entre outras operações). Composto pelo resultado líquido apurado na DRE e pelos outros resultados abrangentes. Exemplos de outros resultados abrangentes: as variações de reserva de reavaliação e os ganhos e perdas na mensuração a valor justo de instrumentos financeiros por meio de outros resultados abrangentes.

Capítulo

22

RECEITA DE CONTRATO COM CLIENTE

1. RECEITA DE CONTRATO COM CLIENTE

O Pronunciamento Técnico CPC 47 – Receita de Contrato com Cliente estabelece como princípio básico que "a entidade deve reconhecer receitas para descrever a transferência de bens ou serviços prometidos a clientes no valor que reflita a contraprestação à qual a entidade espera ter direito em troca desses bens ou serviços".

Conforme definição do CPC 47, "contrato é um acordo entre duas ou mais partes que cria direitos e obrigações exigíveis", podendo ser escrito, verbal ou decorrente das práticas usuais de negócios da entidade.

O CPC 47 deve ser aplicado a todos os contratos com clientes, exceto: contratos de arrendamento dento do alcance do CPC 06; contratos dentro do alcance do CPC 50 – Contratos de Seguro (entretanto, uma entidade pode escolher aplicar este Pronunciamento a contratos de seguro que têm como finalidade principal a prestação de serviços por uma taxa fixa de acordo com o item 8 do CPC 50), instrumentos financeiros e outros direitos ou obrigações contratuais dento do alcance do CPC 48, do CPC 36, do CPC 19, do CPC 35 e do CPC 18; e permutas não monetárias entre entidades na mesma linha de negócios para facilitar vendas a clientes ou clientes potenciais (por exemplo, duas empresas do segmento de óleo e gás permutam petróleo para atender a demanda de seus clientes em regiões diferentes).

2. RECONHECIMENTO

2.1. Identificação do contrato

O CPC 47 estabelece critérios para **identificação de um contrato com cliente**, conforme transcrito a seguir:

> "A entidade deve contabilizar os efeitos de um contrato com um cliente que esteja dentro do alcance deste pronunciamento somente quando todos os critérios a seguir forem atendidos:
>
> (a) quando as partes do contrato aprovarem o contrato (por escrito, verbalmente ou de acordo com outras práticas usuais de negócios) e estiverem comprometidas em cumprir suas respectivas obrigações;
>
> (b) quando a entidade puder identificar os direitos de cada parte em relação aos bens ou serviços a serem transferidos;
>
> (c) quando a entidade puder identificar os termos de pagamento para os bens ou serviços a serem transferidos;
>
> (d) quando o contrato possuir substância comercial (ou seja, espera-se que o risco, a época ou o valor dos fluxos de caixa futuros da entidade se modifiquem como resultado do contrato); e
>
> (e) quando for provável que a entidade receberá a contraprestação à qual terá direito em troca dos bens ou serviços que serão transferidos ao cliente. Ao avaliar se a possibilidade de recebimento do valor da contraprestação é provável, a entidade deve considerar apenas a capacidade e a intenção do cliente de pagar esse valor da contraprestação quando devido. O valor da contraprestação à qual a entidade tem direito pode ser inferior ao preço declarado no contrato se a contraprestação for variável, pois a entidade pode oferecer ao cliente uma redução de preço".

Para aplicação do CPC 47, um contrato é considerado inexistente caso cada parte tenha o direito incondicional de rescindir o contrato não cumprido, sem compensar a outra parte. O contrato é considerado inteiramente não cumprido quando a entidade ainda não transferiu qualquer bem ou serviço prometido ao cliente e tampouco recebeu ou tem direito ao recebimento de qualquer contraprestação em troca de bens ou serviços.

Caso o contrato não atenda os critérios de identificação e a entidade receba contraprestação do cliente, deve ser contabilizado um passivo, devendo ser reconhecida como receita somente quando uma das seguintes hipóteses tenha ocorrido:

1. A entidade não possui obrigações restantes de transferir bens ou serviços ao cliente, e toda ou praticamente toda contraprestação prometida pelo cliente foi recebida pela entidade e não é restituível; e
2. O contrato foi rescindido, não sendo restituível a contraprestação recebida do cliente.

2.2. Identificação de obrigação de performance

O CPC 47 estabelece que:

> "No início do contrato, a entidade deve avaliar os bens ou serviços prometidos em contrato com o cliente e deve identificar como **obrigação de performance** cada promessa de transferir ao cliente:
>
> (a) bem ou serviço (ou grupo de bens ou serviços) que seja distinto; ou
>
> (b) série de bens ou serviços distintos que sejam substancialmente os mesmos e que tenham o mesmo padrão de transferência para o cliente". (grifo nosso)

A obrigação de performance não inclui atividades que a entidade deve executar para cumprir o contrato, exceto se tais atividades transfiram o bem ou serviço ao cliente. Por exemplo, as tarefas administrativas que o prestador de serviços executa para elaborar o contrato não se incluem entre as obrigações de performance.

Dentre os bens ou serviços prometidos, o CPC 47 cita os seguintes:

a) Venda de bens produzidos pela entidade, como o estoque de fabricante;

b) Revenda de mercadorias, por varejista;

c) Revenda de direitos sobre bens ou serviços adquiridos pela entidade;

d) Execução de tarefas contratadas;

e) Prestação de serviço de fornecimento de bens ou serviços, sob prontidão (por exemplo, atualizações não especificadas de softwares fornecidas quando e se disponíveis) ou disponibilização de bens ou serviços ao cliente a serem usados à medida que ele decidir;

f) Intermediação para que outra parte transfira bens ou serviços ao cliente (por exemplo, atuando como agente de outra parte);

g) concessão de direitos sobre bens ou serviços a serem fornecidos no futuro que o cliente possa revender ou fornecer a seu cliente;

h) construção, fabricação ou desenvolvimento de ativo em nome do cliente;

i) concessão de licenças;

j) concessão de opções para a compra de bens ou serviços adicionais.

2.3. Satisfação de obrigação de performance

As **receitas devem ser reconhecidas** quando (ou à medida que) a entidade cumprir a obrigação de performance ao transferir o bem ou executar o serviço (ou seja, um ativo) prometido ao cliente.

O **ativo é considerado transferido** quando (ou à medida que) o **cliente obtiver o seu controle.**

No início do contrato a entidade deve determinar se a obrigação de performance será satisfeita **ao longo do tempo ou em um momento específico no tempo.**

Bens e serviços são considerados ativos, quando recebidos e usados.

O controle do ativo está associado à capacidade de determinar o seu uso e de obter substancialmente a totalidade dos benefícios restantes provenientes do ativo, bem como evitar que outras entidades o façam.

Os benefícios do ativo são os fluxos de caixa potenciais (entradas ou economias em saídas de caixa) que podem ocorrer diretamente ou indiretamente de muitas formas, como: venda ou troca do ativo; retenção do ativo; caução do ativo em garantia de empréstimo; uso do ativo para produzir bens ou prestar serviços, aumentar o valor de outros ativos, liquidar passivos, reduzir despesas.

A entidade satisfaz à **obrigação de performance ao longo do tempo**, reconhecendo as receitas ao longo do tempo, caso um dos seguintes critérios for atendido:

(a) o cliente recebe e consome simultaneamente os benefícios gerados pelo desempenho por parte da entidade à medida que a entidade efetiva o desempenho (por exemplo, os serviços rotineiros ou recorrentes como os de limpeza);

(b) o desempenho por parte da entidade cria ou melhora o ativo (por exemplo, produtos em elaboração) que o cliente controla à medida que o ativo é criado ou melhorado; ou

(c) o desempenho por parte da entidade não cria um ativo com uso alternativo para a entidade e esta possui direito executável (*enforcement*) ao pagamento pelo desempenho concluído até a data presente.

Caso a obrigação de performance não seja satisfeita ao longo do tempo, de acordo com o exposto anteriormente, considera-se que a obrigação de performance é **satisfeita em momento específico no tempo**.

O CPC 47 estabelece que:

> "A entidade deve aplicar um único método de mensuração do progresso para cada obrigação de performance satisfeita ao longo do tempo e a entidade deve aplicar esse método de forma consistente a obrigações de performance similares e em circunstâncias similares. Ao final de cada período contábil a que se referem essas demonstrações, a entidade deve remensurar seu progresso em relação à satisfação completa da obrigação de performance satisfeita ao longo do tempo".

Os métodos para mensurar o progresso incluem **métodos de produto e métodos de insumo**.

3. MENSURAÇÃO

Quando (ou à medida que) uma obrigação de performance for satisfeita, a entidade deve reconhecer como receita o valor do preço de transação, que deve ser alocado àquela.

3.1. Determinação do preço da transação

Conforme o CPC 47:

> "A entidade deve considerar os termos do contrato e suas práticas de negócios usuais para determinar o preço da transação. O preço da transação é o valor da contraprestação à qual a entidade espera ter direito em troca da transferência dos bens ou serviços prometidos ao cliente, excluindo quantias cobradas em nome de terceiros (por exemplo, alguns impostos sobre vendas). A contraprestação prometida em contrato com o cliente pode incluir valores fixos, valores variáveis ou ambos".

A natureza, a época e o valor da contraprestação prometida ao cliente afetam a estimativa do preço da transação. A entidade deve considerar os seguintes efeitos ao determinar o preço da transação:

(a) contraprestação variável;

(b) restrição de estimativas de contraprestação variável;

(c) existência de componente de financiamento significativo no contrato;

(d) contraprestação não monetária; e

(e) contraprestação a pagar ao cliente.

3.1.1. Contraprestação variável

Caso a contraprestação inclua um valor variável, a entidade deve estimar o valor da contraprestação a qual terá direito em troca da transferência dos bens ou serviços.

O valor da contraprestação pode variar devido a descontos abatimentos, restituições, créditos, concessões de preços, incentivos, bônus de desempenho, penalidades.

A entidade deve estimar o valor da contraprestação variável, utilizando como método o valor esperado ou o valor mais provável.

A entidade deve incluir no preço da transação, parte ou todo valor estimado da contraprestação variável apenas se for altamente provável que uma reversão significativa no valor das receitas acumuladas reconhecidas não deva ocorrer, quando a incerteza associada à contraprestação variável for resolvida futuramente.

3.1.2. Passivo de restituição

Um passivo de restituição deve ser reconhecido caso a entidade espere restituir ao cliente no todo ou em parte a contraprestação dele recebida.

3.1.3. Existência de componente de financiamento significativo no contrato

O valor prometido da contraprestação deve ser ajustado para refletir os efeitos do valor do dinheiro no tempo, caso o período dos pagamentos ajustados entre as partes do contrato proporcionar a uma delas um benefício significativo de financiamento da transferência dos bens ou serviços. O ajuste terá como resultado o reconhecimento das receitas pelo valor que reflita o valor pago à vista por esses bens ou serviços quando (ou à medida que) forem transferidos ao cliente.

3.1.4. Contraprestação não monetária

Quando o cliente promete contraprestação de forma distinta do pagamento em dinheiro, a entidade deve mensurá-la pelo valor justo. Se não for possível estimar razoavelmente o valor justo da contraprestação não monetária, esta deve ser mensurada indiretamente por referência ao preço de venda individual dos bens ou serviços prometidos ao cliente.

3.1.5. Contraprestação a pagar ao cliente

Conforme o CPC 47, "contraprestação a pagar ao cliente inclui valores à vista que a entidade paga ou espera pagar ao cliente (ou a outras partes que compram do cliente bens ou serviços da entidade). A contraprestação a pagar ao cliente inclui ainda crédito ou outros itens (por exemplo, cupom ou voucher) que podem ser aplicados contra valores devidos à entidade (ou a outras partes que comprem do cliente bens ou serviços da entidade)".

A contraprestação a pagar ao cliente deve ser contabilizada como redução do preço de transação (e, em contrapartida, das receitas), exceto no caso em que o pagamento ao cliente ocorra em troca de bem ou serviço distinto.

No caso da contraprestação a pagar ao cliente ocorrer com bem ou serviço distinto do cliente, a compra destes deve ser contabilizada da mesma forma que a entidade contabiliza outras compras de fornecedores. Se o valor da contraprestação a pagar ao cliente for superior ao valor justo do bem ou serviço distinto recebido dele, a entidade deve contabilizar esse excedente como redução do preço de transação. Caso o bem ou serviço recebido do cliente não possa ter o seu valor justo estimado razoavelmente, a totalidade da contraprestação a pagar ao cliente deve ser contabilizada como redução do preço de transação.

3.2. Alocação do preço da transação a obrigação de performance

A entidade deve alocar o preço da transação a cada obrigação de performance com base no preço de venda individual, exceto nos casos de alocação de descontos ou de contraprestação que inclua valores variáveis.

3.2.1. Alocação com base em preço de venda individual

O preço de venda individual é o que seria obtido se a entidade vendesse o bem ou serviço prometido separadamente ao cliente.

O CPC 47 cita métodos adequados para estimar o preço de venda individual de bem ou serviço, conforme transcrito a seguir:

> "(a) abordagem de avaliação de mercado ajustada – a entidade pode avaliar o mercado no qual vende bens ou serviços e estimar o preço que o cliente nesse mercado estaria disposto a pagar por esses bens ou serviços. Essa abordagem pode incluir também consultar os preços dos concorrentes da entidade para bens ou serviços similares e ajustar esses preços, conforme necessário, para refletir os custos e margens da entidade;
>
> (b) abordagem do custo esperado mais margem – a entidade pode prever seus custos esperados para satisfazer à obrigação de performance e então adicionar a margem apropriada para esse bem ou serviço;
>
> (c) abordagem residual – a entidade pode estimar o preço de venda individual por referência ao preço de transação total menos a soma dos preços de venda individuais observáveis de outros bens ou serviços prometidos no contrato. Contudo, a entidade pode usar uma abordagem residual para estimar, de acordo com o item 78, o preço de venda individual de bem ou serviço somente se for atendido um dos seguintes critérios:

(i) a entidade vender o mesmo bem ou serviço a diferentes clientes (ao mesmo tempo ou aproximadamente ao mesmo tempo) por ampla gama de valores (ou seja, o preço de venda é altamente variável porque o preço de venda individual representativo não pode ser discernido de transações passadas ou de outras evidências observáveis); ou

(ii) a entidade ainda não estabeleceu o preço para esse bem ou serviço e o bem ou serviço não foi vendido anteriormente de forma individual (ou seja, o preço de venda é incerto)".

3.2.2. Alocação de desconto

Considera-se que foi recebido desconto, quando a soma dos preços de venda individuais dos bens ou serviços prometidos no contrato exceder a contraprestação prometida no contrato. A entidade deve alocar o desconto proporcionalmente a todas as obrigações de performance do contrato, exceto quando houver evidências observáveis de que todo o desconto refere-se somente a parte das obrigações de performance do contrato.

3.2.3. Alocação de contraprestação variável

A contraprestação variável prometida no contrato pode ser atribuível ao contrato inteiro ou apenas a parte dele.

3.3. Alterações no preço da transação

Após o início do contrato, pode haver alteração no preço da transação motivada por várias razões, inclusive a solução de eventos incertos ou outras alterações nas circunstâncias que alterem o valor da contraprestação à entidade em troca dos bens ou serviços prometidos.

Quaisquer alterações subsequentes no preço de transação devem ser alocadas às obrigações de performance.

4. CUSTOS DO CONTRATO

4.1. Custo incremental para obtenção de contrato

Os custos incrementais para obtenção de contrato com cliente devem ser reconhecidos como ativo, caso a entidade espere recuperá-los.

De acordo com o CPC 47, "custo incremental para obtenção de contrato são os custos em que a entidade incorre para obter o contrato com o cliente que ela não teria incorrido, se o contrato não tivesse sido obtido (por exemplo, comissão de venda)".

Já os custos incorridos independentemente da obtenção do contrato, devem ser reconhecidos como despesa, exceto quando sejam expressamente cobráveis do cliente, independentemente da obtenção do contrato.

4.2. Custo para cumprir o contrato

Conforme estabelece o CPC 47:

> "Se os custos incorridos no desempenho do contrato com o cliente não estiverem dentro do alcance de outro pronunciamento (por exemplo, o CPC 16 – Estoques, o CPC 27 – Ativo Imobilizado ou o CPC 04 – Ativo Intangível), a entidade deve reconhecer o ativo a partir dos custos incorridos para cumprir o contrato, somente se esses custos atenderem a todos os critérios a seguir:
>
> (a) os custos referem-se diretamente ao contrato ou ao contrato previsto que a entidade pode especificamente identificar (por exemplo, custos relativos a serviços a serem prestados de acordo com a renovação de contrato existente ou custos para projetar o ativo a ser transferido, de acordo com contrato específico que ainda não foi aprovado);
>
> (b) os custos geram ou aumentam recursos da entidade que serão usados para satisfazer (ou para continuar a satisfazer) a obrigações de performance no futuro; e
>
> (c) espera-se que os custos sejam recuperados".

No caso dos custos no desempenho do contrato com o cliente que estejam dentro do alcance de outro pronunciamento, estes devem ser contabilizados de acordo com esses pronunciamentos.

4.3. Amortização e redução ao valor recuperável

O ativo reconhecido a partir dos custos incrementais para obtenção de contrato ou dos custos para cumprir o contrato deve ser amortizado em base sistemática, conforme ocorra a transferência ao cliente dos bens ou serviços aos quais o ativo se refere.

A perda por redução ao valor recuperável deve ser reconhecida no resultado, caso o valor contábil do ativo reconhecido a partir dos custos incrementais para obtenção de contrato ou dos custos para cumprir o contrato exceda:

(a) o valor restante da contraprestação que a entidade espera receber em troca dos bens ou serviços aos quais o ativo se refere; subtraídos

(b) os custos diretamente relacionados ao fornecimento desses bens ou serviços e que não foram reconhecidos como despesa.

Tópico-síntese: Receita de Contrato com Cliente	
CPC 47 – Princípio Básico	"A entidade deve reconhecer receitas para descrever a transferência de bens ou serviços prometidos a clientes no valor que reflita a contraprestação à qual a entidade espera ter direito em troca desses bens ou serviços".
Obrigação de Performance	Cada promessa de transferir ao cliente: (a) bem ou serviço (ou grupo de bens ou serviços) que seja distinto; ou (b) série de bens ou serviços distintos que sejam substancialmente os mesmos e que tenham o mesmo padrão de transferência para o cliente.
Satisfação de Obrigação de Performance	As **receitas devem ser reconhecidas** quando (ou à medida que) a entidade cumprir a obrigação de performance ao transferir o bem ou executar o serviço (ou seja, um ativo) prometido ao cliente. O **ativo é considerado transferido** quando (ou à medida que) o cliente obtiver o seu controle. No início do contrato a entidade deve determinar se a obrigação de performance será **satisfeita ao longo do tempo ou em um momento específico no tempo.** Bens e serviços são considerados ativos, quando recebidos e usados.
Mensuração da Receita	Quando (ou à medida que) uma obrigação de performance for satisfeita, a entidade deve reconhecer como receita o valor do preço de transação, que deve ser alocado a essa obrigação de performance.

Tópico-síntese: Receita de Contrato com Cliente	
Determinação do Preço da Transação	O preço da transação é o valor da contraprestação à qual a entidade espera ter direito em troca da transferência dos bens ou serviços prometidos ao cliente, excluindo quantias cobradas em nome de terceiros (por exemplo, alguns impostos sobre vendas). A contraprestação prometida em contrato com o cliente pode incluir valores fixos, valores variáveis ou ambos.
Alocação do Preço da Transação a Obrigação de Performance	A entidade deve alocar o preço da transação a cada obrigação de performance com base no preço de venda individual, exceto nos casos de alocação de descontos ou de contraprestação que inclusa valores variáveis.
Custos do Contrato	**1. Custos incrementais para obtenção de contrato com cliente** (custos incorridos pela entidade para obter o contrato, que não ocorreriam se o contrato não fosse obtido). Devem ser reconhecidos como ativo, caso a entidade espere recuperá-los. Já os custos incorridos independentemente da obtenção do contrato, devem ser reconhecidos como despesa, exceto quando sejam expressamente cobráveis do cliente, independentemente da obtenção do contrato. **2. Custos para cumprir o contrato.** Devem ser reconhecidos como ativo somente se atenderem aos seguintes critérios: os custos referem-se diretamente ao contrato ou ao contrato previsto que a entidade pode especificamente identificar; os custos geram ou aumentam recursos da entidade que serão usados para satisfazer (ou para continuar a satisfazer) a obrigações de performance no futuro; e espera-se que os custos sejam recuperados.

Capítulo

23

ATIVO NÃO CIRCULANTE MANTIDO PARA VENDA E OPERAÇÃO DESCONTINUADA

1. ATIVO NÃO CIRCULANTE MANTIDO PARA VENDA

O Pronunciamento Técnico CPC 31 – Ativo Não Circulante Mantido para Venda e Operação Descontinuada exige que o ativo não circulante (ou grupo de ativos) colocado à venda deve ser reconhecido pelo menor dos valores entre o valor contábil até então registrado e o valor justo menos despesas de venda, devendo cessar nesse momento a contabilização da depreciação ou amortização. Além disso, esses ativos devem ser apresentados separadamente no balanço patrimonial e os resultados líquidos das operações descontinuadas devem ser segregados na demonstração do resultado.

Os requisitos de classificação, apresentação e mensuração requeridas no CPC 31 para o ativo não circulante (ou grupo de ativos) mantido para venda também são aplicáveis aos ativos não circulantes destinados para distribuição aos proprietários.

Um ativo não circulante (ou grupo de ativos) deve ser classificado como mantido para venda se o seu valor contábil vai ser recuperado, principalmente, através da sua venda e não pelo uso contínuo. Para isso, deve estar disponível para venda em suas condições atuais, sendo altamente provável a sua ocorrência. O preço de venda deve ser condizente em relação ao mercado e deve se esperar que ocorra em até um ano contado da data da classificação, mas é permitida a exceção transcrita a seguir:

> "Acontecimentos ou circunstâncias podem estender o período de conclusão da venda para além de um ano. A extensão do período durante o qual se exige que a venda seja concluída não impede que o ativo seja classificado como mantido para venda se o atraso for causado por acontecimentos ou circunstâncias fora do controle da entidade e se houver evidência suficiente de que a entidade continua comprometida com o seu plano de venda do ativo."

Os requisitos de classificação descritos anteriormente são aplicados de forma semelhante em caso de ativo não circulante (ou grupo de ativos) mantido para distribuição aos sócios. É necessário que os ativos estejam disponíveis para imediata distribuição na sua condição atual e que a distribuição seja altamente provável, devendo ocorrer em até um ano contado da classificação.

O ativo não circulante (ou grupo de ativos) mantido para distribuição aos sócios deve ser reconhecido pelo menor montante entre seu valor contábil e seu valor justo menos despesas de distribuição.

Os ativos não circulantes a serem baixados não devem ser classificados como mantidos para venda, pois sua recuperação ocorrerá principalmente por meio do uso contínuo. Entretanto, se o grupo de ativos classificado como mantido para venda que será baixado satisfizer os critérios de operação descontinuada, neste caso, os resultados e os fluxos de caixa do ativo mantido para venda devem ser apresentados como operações descontinuadas, na data na qual ele deixar de ser usado.

Quando a entidade deixar de classificar um ativo como mantido para venda por ter deixado de satisfazer os critérios, deve mensurá-lo pelo valor mais baixo entre:

(a) valor contábil antes da classificação como mantido para venda, ajustado por qualquer depreciação, amortização ou reavaliação (se permitida legalmente) que teria sido reconhecida se o ativo ou o grupo de ativos não estivesse classificado como mantido para venda; e

(b) valor recuperável após decisão de não vender.

2. OPERAÇÃO DESCONTINUADA

Conforme o CPC 31, "Uma operação descontinuada é um componente da entidade que foi baixado ou está classificado como mantido para venda e

(a) representa uma importante linha separada de negócios ou área geográfica de operações;

(b) é parte integrante de um único plano coordenado para venda de uma importante linha separada de negócios ou área geográfica de operações; ou

(c) é uma controlada adquirida exclusivamente com o objetivo da revenda".

Um componente da entidade inclui operações e unidades geradoras de caixa claramente distinguíveis do restante da entidade, enquanto mantido em uso.

O CPC 31 estabelece que a entidade deve evidenciar em relação às operações descontinuadas:

(a) um montante único na demonstração do resultado compreendendo o resultado total após o imposto de renda das operações descontinuadas; e os ganhos ou as perdas após o imposto de renda reconhecidos na mensuração pelo valor justo menos as despesas de venda ou na baixa de ativos ou de grupo de ativos mantidos para venda que constituam a operação descontinuada.

(b) análise da quantia única referida no item anterior com:

(i) as receitas, as despesas e o resultado antes dos tributos das operações descontinuadas;

(ii) as despesas com os tributos sobre o lucro;

(iii) os ganhos ou as perdas reconhecidas na mensuração pelo valor justo menos as despesas de venda ou na alienação de ativos ou de grupo de ativos mantidos para venda que constitua a operação descontinuada; e

(iv) as despesas de imposto de renda.

Essa análise pode ser apresentada em notas explicativas ou na DRE. Na DRE, deve ser apresentada de forma segregada das operações em continuidade.

Os resultados oriundos de ativo não circulante mantido para venda que não seja classificado como operação descontinuada devem ser incluídos nos resultados das operações em continuidade.

Exemplo 1: Uma transportadora decide vender 10 caminhões de sua frota de veículos. Os ativos estão registrados pelo valor de R$ 750.000,00, já depreciados em 40% (valor contábil = 750.000 – 300.000 = 450.000). Segundo avaliação, o valor provável de venda será de R$ 500.000,00. As despesas de comissão e outras para concretizar a venda são estimadas em R$ 70.000,00. Portanto o valor justo menos despesa de venda é de R$ 430.000,00. Esses caminhões devem ser transferidos do ativo imobilizado para o ativo circulante, como ativos não circulantes destinados à venda. A diferença de R$ 20.000,00 entre o valor contábil e o valor justo menos despesa de venda deve ser reconhecido imediatamente como perda no resultado.

O ativo não circulante mantido para venda (e os passivos a ele associados) deve ser apresentado separadamente dos outros ativos (e passivos) no balanço patrimonial. Esses ativos e passivos associados não devem ser compensados ou apresentados em um único montante. Da mesma forma, outros resultados abrangentes relacionados a um ativo não circulante (ou grupo de ativos) mantido para venda devem ser divulgados separadamente.

Exemplo 2: A entidade decide alienar parte de seus ativos (e passivos diretamente associados), sendo então classificados como mantidos para venda:

Imobilizado	10.000
Ativo Financeiro	2.500
Passivos	(3.500)
Valor contábil líquido do grupo de ativos	9.000

No valor de $2.500,00 do ativo financeiro, estão reconhecidos $ 500,00 em outros resultados abrangentes e acumulado no patrimônio líquido (ajustes de avaliação patrimonial).

A apresentação no balanço dos grupos de ativos classificados como mantidos para venda será a seguinte:

ATIVO		PASSIVO	
Ativo circulante	X	Passivo circulante	X
Ativos não circulantes classificados como mantidos para venda	12.500	Passivos diretamente associados a ativos não circulantes classificados como mantidos para venda	3.500
Ativo não circulante	X	Passivo não circulante	X
Realizável a longo prazo	X		
Investimentos	X	Patrimônio líquido	X
Imobilizado	X	Capital social	X
Intangível	X	Reservas de capital	X
		Ajustes de Avaliação Patrimonial	X
		Reservas de Lucros	X
		Valores reconhecidos em outros resultados abrangentes e acumulados no patrimônio líquido relacionados a ativos não circulantes mantidos para venda	500
		Ações em tesouraria	X
		Prejuízos acumulados	X
TOTAL DO ATIVO	X	TOTAL DO PASSIVO	X

Na Demonstração do Resultado do Exercício, o resultado das operações descontinuadas é apresentado separadamente das operações em continuidade, líquido dos impostos, logo após o lucro do exercício das operações em continuidade:

DEMONSTRAÇÃO DO RESULTADO DO EXERCÍCIO	
Operações em continuidade	
Receita Bruta das vendas e serviços	X
(-) Deduções da receita bruta	X
(=) Receita líquida das vendas e serviços	X
(-) Custo das mercadorias vendidas e dos serviços prestados	X
(=) Lucro Bruto	X
(-) Despesas com Vendas	X
(-) Despesas financeiras	X
(-) Despesas gerais e administrativas	X
(+) Outras Receitas	X
(-) Outras Despesas	X
(=) Resultado antes do Imposto de Renda	X
(-) Despesa de IR e CSLL	X
(=) Lucro do Exercício das operações em continuidade	X
Operações descontinuadas	X
Lucro do período proveniente de operações descontinuadas	X
Lucro líquido do período	X

No caso do Exemplo 1, se a venda dos caminhões foi motivada, por exemplo, para renovação de frota, então não haveria descontinuidade. Nesse caso, qualquer valor de resultado seria classificado nas operações em continuidade.

Por outro lado, se a venda ocorresse pelo fato de a empresa desativar a linha de transporte de cargas perigosas, então o resultado obtido no exercício proveniente da operação desativada será evidenciado, líquido de tributos, nas operações descontinuadas.

Tópico-síntese: Ativo Não Circulante Mantido para Venda e Operação Descontinuada	
Classificação como Ativo Não Circulante Mantido para Venda	Quando o valor contábil vai ser recuperado, principalmente, através da sua venda e não pelo uso contínuo. Deve estar disponível para venda em suas condições atuais, com alta probabilidade de ocorrer. O preço de venda deve ser condizente em relação ao mercado. Deve se esperar que a venda ocorra em até um ano contado da data da classificação. Exceção permitida: se o atraso for causado por acontecimentos ou circunstâncias fora do controle da entidade e houver evidência de continuidade do compromisso com o plano de venda do ativo.
Reconhecimento de Ativo Não Circulante Mantido para Venda	Menor valor entre: Valor contábil até então registrado; e Valor justo menos despesas de venda Contabilização da depreciação ou amortização deve cessar. Apresentação em separado no balanço patrimonial. Critérios também aplicáveis aos ativos não circulantes destinados para distribuição aos proprietários.
Operação Descontinuada	Componente da entidade que foi baixado ou está classificado como mantido para venda e: (a) constitui uma importante linha separada de negócios ou área geográfica de operações; (b) é parte integrante de um único plano coordenado para venda de uma importante linha separada de negócios ou área geográfica de operações; ou (c) é uma controlada adquirida exclusivamente para ser revendida.
Apresentação das Operações Descontinuadas	Deve ser segregada das operações continuadas na DRE, apresentada como um montante único, compreendendo: I – o resultado total após o imposto de renda das operações descontinuadas; e II – os ganhos ou as perdas após o imposto de renda reconhecidos na mensuração pelo valor justo menos as despesas de venda ou na baixa de ativos ou de grupo de ativos mantidos para venda que constituam a operação descontinuada.

Capítulo

24

DEMONSTRAÇÃO DE LUCROS OU PREJUÍZOS ACUMULADOS E DEMONSTRAÇÃO DAS MUTAÇÕES DO PATRIMÔNIO LÍQUIDO

Leia a lei:

- *Art. 186 da Lei nº 6.404/76 (Lei das S/A)*

1. DEMONSTRAÇÃO DE LUCROS OU PREJUÍZOS ACUMULADOS – DLPA

A Demonstração de Lucros ou Prejuízos Acumulados – DLPA evidencia a movimentação ocorrida, durante o exercício, na conta Lucros ou Prejuízos Acumulados.

A Lei nº 6.404/76 estabelece a seguinte estrutura para a DLPA:

SALDO DO INÍCIO DO PERÍODO

(+) ou (-) AJUSTES DE EXERCÍCIOS ANTERIORES

(+) REVERSÕES DE RESERVAS

(+) ou (-) LUCRO OU PREJUÍZO LÍQUIDO DE EXERCÍCIO

(-) TRANSFERÊNCIAS PARA RESERVAS DE LUCROS

(-) DIVIDENDOS PROPOSTOS (E POR AÇÃO DO CAPITAL SOCIAL)

(-) JUROS SOBRE O CAPITAL PRÓPRIO

(-) PARCELA DOS LUCROS INCORPORADA AO CAPITAL SOCIAL

(=) SALDO AO FIM DO PERÍODO

DIVIDENDO POR AÇÃO DO CAPITAL SOCIAL

A DLPA é obrigatória segundo a Lei Societária. Para satisfazer essa exigência, a DLPA pode ser incluída na Demonstração das Mutações do Patrimônio Líquido – DMPL, caso esta última seja elaborada e publicada pela companhia.

1.1. Ajustes de exercícios anteriores

Os ajustes de anos anteriores não devem afetar o resultado do exercício atual. Por isso, esses ajustes devem ser registrados diretamente na conta Lucros ou Prejuízos Acumulados. A lei societária determina ainda que apenas são considerados ajustes de exercícios anteriores os decorrentes de:

- efeitos de mudança de critério contábil;
- efeitos de retificação de erro imputável a exercício anterior, e que não possam ser atribuídos a fatos subsequentes.

1.1.1. Mudança de critério contábil

Se houver mudança de critério contábil no exercício, a empresa deve apurar seu efeito em valor monetário e, se for relevante, indicá-la em nota explicativa. Quando essa alteração influenciar o resultado do exercício, os efeitos devem ser lançados diretamente na conta Lucros ou Prejuízos Acumulados.

São exemplos de mudanças de critério contábil que podem gerar esses efeitos: a alteração do método de avaliação de estoques de PEPS para MPM, alteração de método de avaliação de investimentos permanentes do método de custo para o de equivalência patrimonial.

Exemplo: Ao final do exercício de X1, a empresa avaliava seu estoque de mercadorias ao preço de R$ 52.000,00, pelo método MPM. No exercício de X2 a empresa resolveu alterar o critério de avaliação de estoques para PEPS. Por esse critério, o estoque inicial seria avaliado por R$ 55.000,00. Tendo em vista a mudança de critério contábil, no exercício de X2 a empresa deve fazer um ajuste no estoque inicial.

D	Mercadorias	R$ 3.000,00	
C	Lucros Acumulados		R$ 3.000,00

Esse lançamento no ano de X2 ajustará o estoque de mercadorias como se o critério PEPS tivesse sido adotado desde o exercício anterior.

1.1.2. Retificação de erro de exercícios anteriores

Os efeitos no resultado da retificação de erros de exercícios anteriores devem ser lançados na conta Lucros ou Prejuízos Acumulados.

Exemplo: A companhia A efetuou em X0 o seguinte lançamento de depreciação:

D	Despesas de Depreciação	R$ 50,00	
C	Depreciação Acumulada		R$ 50,00

No ano seguinte foi constatado que o lançamento correto deveria ser de R$ 500,00. A diferença não pode ser lançada no exercício de X1, pois refere-se a despesa de exercício anterior. Portanto, a retificação tem que ser efetuada em Lucros Acumulados:

D	Lucros Acumulados	R$ 450,00	
C	Depreciação Acumulada		R$ 450,00

1.2. Reversões de reservas

Parcelas de reservas de lucros constituídas em exercícios anteriores podem ser revertidas para Lucros Acumulados, em determinadas circunstâncias. A reserva para contingências, por exemplo, deve ser revertida no exercício em que deixarem de existir as razões que justificaram a sua constituição ou em que ocorrer a perda.

Lançamento de reversão de Reserva para Contingências:

D Reserva para Contingências

C Lucros Acumulados

1.3. Parcela dos lucros incorporada ao capital social

A companhia pode aumentar o capital social, mediante capitalização de lucros.

Lançamento de incorporação de lucros ao capital social:

D Lucros Acumulados

C Capital Social

2. DEMONSTRAÇÃO DAS MUTAÇÕES DO PATRIMÔNIO LÍQUIDO

A Lei nº 6.404/76 não obriga a elaboração e a divulgação da Demonstração das Mutações do Patrimônio Líquido – DMPL. Por outro lado, a Comissão de Valores Mobiliários – CVM, através da Instrução nº 59/86, exigia a sua publicação pelas companhias abertas.

O Pronunciamento Técnico CPC 26, aprovado pela Resolução CFC nº 1.185/09, tornou a DMPL obrigatória para praticamente todas as empresas, substituindo a DLPA.

A Demonstração das Mutações do Patrimônio Líquido evidencia a movimentação das contas do Patrimônio Líquido ocorrida no exercício. Essa demonstração deve indicar o dividendo por ação do capital social, discriminando por espécie e classe.

Conforme o CPC 26 (R1), a DMPL deverá apresentar o seguinte conteúdo:

"(a) o resultado abrangente do período, apresentando separadamente o montante total atribuível aos proprietários da entidade controladora e o montante correspondente à participação de não controladores;

(b) para cada componente do patrimônio líquido, os efeitos da aplicação retrospectiva ou da reapresentação retrospectiva, reconhecidos de acordo com o Pronunciamento Técnico CPC 23 – Políticas Contábeis, Mudança de Estimativa e Retificação de Erro;

(c) para cada componente do patrimônio líquido, a conciliação do saldo no início e no final do período, demonstrando-se separadamente (no mínimo) as mutações decorrentes:

(i) do resultado líquido;

(ii) de cada item dos outros resultados abrangentes; e

(iii) de transações com os proprietários realizadas na condição de proprietário, demonstrando separadamente suas integralizações e as distribuições realizadas, bem como modificações nas participações em controladas que não implicaram perda do controle."

Os dividendos distribuídos e o seu montante por ação devem ser apresentados na DMPL ou em notas explicativas, de acordo com o CPC 26 (R1).

2.1. Modelo de demonstração

A DMPL é composta por colunas onde são representadas cada conta do patrimônio líquido e as operações que o afetaram.

Um modelo simplificado é apresentado a seguir:

	Capital Realizado	Reservas de Capital	Reservas de Lucros	Lucros Acumulados	Total
Saldos Iniciais	11.000	1.000	500	0	12.500
Ajustes de exercícios anteriores					
Mudança de Critério Contábil				25	25
Retificação de Erros de Exercícios Anteriores				(15)	(15)
Aumentos de capital					
Com Lucros e Reservas	700		(250)	(450)	----------
Novas Subscrições	1.300				1.300
Reversões de reservas					
Contingências			(30)	30	----------

	Capital Realizado	Reservas de Capital	Reservas de Lucros	Lucros Acumulados	Total
Lucro líquido do exercício				1.500	1.500
Transferência para reservas					
Reserva legal			75	(75)	----------
Reserva Estatutária			10	(10)	----------
Reserva para Contingências			55	(55)	----------
Juros s/ capital próprio				(250)	(250)
Dividendos (R$ 0,07 por ação)				(700)	(700)
Saldos Finais	13.000	1.000	360	0	14.360

Tópico-síntese: Demonstração ode Lucros ou Prejuízos Acumulados – DLPA e Demonstração das Mutações do Patrimônio Líquido – DMPL	
DLPA	Evidencia a movimentação ocorrida, durante o exercício, na conta Lucros ou Prejuízos Acumulados. Obrigatória pela Lei nº 6.404/76. Pode ser incluída na DMPL, caso esta seja elaborada e publicada pela companhia.
DMPL	Evidencia a movimentação das contas do Patrimônio Líquido ocorrida no exercício. Embora não seja obrigatória pela lei societária, a CVM exige sua publicação pelas companhias abertas. Obrigatória para praticamente todas as empresas por força das normas contábeis.

REFERÊNCIAS BIBLIOGRÁFICAS

FERREIRA, Ricardo José. *Contabilidade avançada*. 5. Ed. Rio de Janeiro: Ed. Ferreira, 2012.

FRANCO, Hilário; MARRA, Ernesto. *Auditoria contábil*. 4. Ed. São Paulo. Atlas, 2001.

IUDÍCIBUS, Sérgio et al. *Contabilidade introdutória*. 11. Ed. São Paulo. Atlas, 2010.

IUDÍCIBUS, Sérgio et al. *Manual de contabilidade societária*. 1. Ed. São Paulo. Atlas, 2010.

MARION, José Carlos. *Contabilidade básica*. 10. Ed. São Paulo. Atlas, 2009.

MARTINS, Eliseu. *Contabilidade de custos*. 9. Ed. São Paulo. Atlas, 2008.

PADOVEZE, Clóvis Luís. *Manual de contabilidade básica: contabilidade introdutória e intermediária*. 8. Ed. São Paulo. Atlas, 2012.

EDITORA
JusPODIVM
www.editorajuspodivm.com.br

JUS4732

COLOR system